CLAUDE PIRON

Gerda kaj Elza

Claude Piron naskiĝis la 26-an de februaro 1931 en Namuro, Belgio. Li lernis Esperanton izole en 1942 kaj uzis ĝin komence en privata taglibro kaj kiel sekretan lingvon kun unu el siaj fratoj. Nur ĉirkaŭ 1946 li ekkonis la pli grandan Esperantan mondon.

Diplomite de la Interpretista Lernejo de Ĝeneva Universitato, li laboris de 1956 ĝis 1961 kiel tradukisto kaj protokolisto ĉe la Unuiĝintaj Nacioj en Novjorko, kaj de 1961 ĝis 1969 por Monda Organizaĵo pri Sano diversloke en la mondo.

Trejnite kiel psikanalizisto kaj psikoterapiisto, li komencis praktiki psikoterapion en 1969 en la ĝeneva regiono, kaj li instruis en la Psikologia kaj Edukscienca Fako de Ĝeneva Universitato de 1973 ĝis sia emeritiĝo en 1994.

En Esperanto li verkis poemaron, krim-romanojn kaj -novelojn, kursojn pri psikologio, rakontojn por lernantoj, kaj la furoran libron *La bona lingvo*, en kiu li klarigis siajn ideojn pri Esperanto.

En la franca kaj aliaj naciaj lingvoj li verkis pri psikologiaj temoj kaj pri internacia kaj interkultura komunikado, interalie en sia libro *Le défi des langues*.

Claude Piron mortis la 22-an de januaro 2008 en Gland, Svislando.

CLAUDE PIRON

Gerda kaj Elza

ESPERANTO-ASOCIO DE BRITIO

2023

Claude Piron (1931–2008)
Gerda kaj Elza
Novelaro

Esperanto-Asocio de Britio
Barlastono, 2023
esperanto.org.uk

ISBN: 978-0-906632-08-6

Kompilaĵo de:
Gerda malaperis! © 1983–2006 Claude Piron
Lasu min paroli plu! © 1984–2005 Claude Piron
Ili kaptis Elzan! © 1985–2007 Claude Piron

ENHAVO

GERDA MALAPERIS!	7
LASU MIN PAROLI PLU!	57
ILI KAPTIS ELZAN!	167

Gerda MALAPERIS!

1

(*En universitata restoracio*)

Tom Saluton, Linda.
Linda Saluton, Tom.
Tom Diru al mi: kiu estas tiu?
Linda Kiu?
Tom Tiu alta, blonda, juna viro ...
Linda Kiu?
Tom Tiu, kiu sidas en la angulo.
Linda Ho, tiu!
Tom Jes, tiu.
Linda Mi ne scias. Mi ne scias, kiu li estas. Nova studento, ver-ŝajne.
Tom Li estas tute sola.
Linda Ne. Rigardu: bela knabino iras al li.
Tom Ne bela. Juna, eble, sed ne bela. Nur vi estas bela, Linda.
Linda Tom, kara! Kio okazas al vi? Eble vi laboras tro multe, kaj ...
Tom Nenio speciala okazas al mi. Kaj mi ne laboras tro multe. Fakte mi laboras malmulte nun. La vera demando estas: kio okazas al *vi*, Linda? Nur vi estas vere bela.

Linda	Nu, nu ...
Tom	Estas fakto. Nur vi estas bela, Linda. Mi estas sincera. Venu kun mi!
Linda	Sed ...
Tom	Venu. Al la granda spegulo. Rigardu. Jen estas Linda, la plej bela virino en la mondo, la plej bela virino en la tuta mondo.
Linda	Kaj jen estas Tom, la plej malserioza knabo en la tuta universitato.

2

Linda	Tom!
Tom	Kio okazas al vi? Vi estas pala! Bela, sed pala.
Linda	Tom! Ne rigardu!
Tom	Kio okazas?
Linda	Strange! Okazas io stranga, io tre stranga. Tiu ulo, tiu nova studento ... Ne, ne, mi petas vin, ne rigardu. Estu diskreta.
Tom	Diable! Diru al mi: kio estas tiu mistero?
Linda	Lia mano agas strange. Rigardu, se vi volas, sed plej diskrete. Turnu vin iomete, eble, sed tute nature. Li ne vidu, ke vi rigardas al li.
Tom	Vi pravas. Io stranga okazas. Dum ŝi ne rigardas al li – ŝi nun rigardas al la granda spegulo – lia mano iom post iom, tre tre malrapide, proksimiĝas al ŝia taso ...

Linda	Estas io en lia mano ...
Tom	Mi ne vidas. Li estas tro malproksima. Diable! Tiu alta forta knabo nun staras inter ili kaj mi. Mi ne plu vidas.
Linda	Sed *mi* vidas. Mi vidas bone. Mi vidas tre bone. Mi vidas tute bone. Ej!
Tom	Kio okazas?
Linda	Ŝi rigardas al li nun, kaj lia mano haltas.
Tom	Kaj kio plu? Diru al mi!
Linda	Nun li parolas al ŝi. Li montras al la pordo.
Tom	Eble li volas, ke ŝi rigardu al alia direkto, ke ŝi ne plu rigardu al li.
Linda	Prave, tute prave. Jen ŝi rigardas al la pordo. Li plu parolas kaj parolas. Dum ŝi ne rigardas al lia direkto, lia mano plu proksimiĝas al la taso. Ej!
Tom	Kio? Kio okazas?
Linda	Lia mano revenas, tute diskrete, kvazaŭ tute nature.
Tom	Ĉu estas io en lia mano?
Linda	Nenio plu. Sed tute certe nun estas io en ŝia taso.

3

Bob	Diable! Kio okazas? Vi aspektas kiel spionoj. Ĉu mi povas sidi kun vi?
Linda	Saluton, Bob.
Tom	Bonan tagon, Bob.

Bob	Bonan tagon, Linda. Bonan tagon, Tom. Pardonu, ke mi ne salutis vin tuj.
Linda	Ne gravas. Nun vi salutis, kaj ni pardonas vin.
Bob	Ĉu vi permesas, ke mi sidu ĉe via tablo?
Linda	Kompreneble, vi sidu kun ni.
Bob	Mi tamen ne volas esti maldiskreta. Eble Tom parolas pri amo kaj preferas esti sola kun vi.
Tom	Mi ne parolis pri amo.
Linda	Li nur diris, ke mi estas la plej bela virino en la tuta mondo.
Bob	Li pravas. Tio ne estas am-deklaro, tio estas simpla fakto.
Tom	Prave. Simpla fakto.
Bob	Nu, certe, Linda estas tre bela, sed ne tio gravas nun.
Linda	Ne gravas, ĉu? Ne gravas, ke mi estas bela, ĉu? Jen bela deklaro!
Bob	Pardonu min. Mi volas diri, ke io estas pli grava.
Tom	Kio? Pri kio vi parolas? Kio estas pli grava?
Bob	Vi ne vidis min, dum mi proksimiĝis al vi, sed mi vin rigardis.
Linda	Mi ne komprenas, pri kio vi parolas.
Bob	Mi parolas pri via vizaĝo.
Linda	Kio pri mia vizaĝo? Ĉu ĝi ne estas bela?
Bob	Ho jes, ĝi estas bela. Ĝi estas la plej bela en la mondo. Sed ĝi estis mistera!
Linda	Mistera? Ĉu mia vizaĝo estis mistera?
Bob	Jes. Via vizaĝo estis mistera. Fakte, viaj vizaĝoj estis misteraj. Mistera vizaĝo de spionino ĉe mistera vizaĝo de spiono. Vi aspektis strange. Vi

aspektis mistere. Mi bone rigardis vin, dum mi proksimiĝis al vi, kaj estis mistera esprimo sur via vizaĝo, Linda, kaj ankaŭ sur via, Tom. Kiel mi jam diris, vi aspektis kiel spionoj.

4

Bob	Diru al mi sincere: pri kio vi parolis?
Tom	Ni parolis pri tiu ulo.
Bob	Kiu ulo?
Tom	Tiu viro ĉe la angulo. Tiu juna viro.
Bob	Pri kiu vi parolas? Ĉu pri tiu blondulo, kiu sidas kun Gerda?
Linda	Gerda! Vi do scias, ke ŝia nomo estas Gerda! Vi do konas ŝin!
Bob	Nu, mi ne vere konas ŝin. Mi scias, kiu ŝi estas. Tio estas alia afero.
Linda	Kiu do ŝi estas?
Bob	Sed vi ne respondis al mi. Vi ne respondis al mia demando. Ĉu vere pri tiu blonda junulo vi parolis?
Tom	Jes. Pri li.
Bob	Mi ne konas lin. Mi neniam vidis lin antaŭe.
Linda	Sed, diru al mi, kiu estas tiu Gerda?
Bob	Ŝi venis por instrui. Temas pri io mistera, fakte. Kriptaĵo-scienco.
Linda	Kio? Kiel vi diris? Krip-ta-ĵo-sci-en-co, ĉu? Kio estas tio?

Bob Ĉu vere vi ne scias, kio estas kriptaĵo-scienco? Oni diras ankaŭ «kriptografio».

Linda Ne. Mi ne scias. Mi tute ne scias. Ĉu vi scias, Tom?

Tom Ĉu tio ne estas la arto kompreni, pri kio temas sekreta mesaĝo?

Bob Prave. Jen ŝia fako. Fakte, ŝia fako estas la malnovaj sekretaj lingvoj.

Tom Mi ne komprenas. Kiu, en universitato, volas lerni pri malnovaj sekretaj lingvoj?

Bob Ankaŭ mi ne tute komprenas. Estis ideo de Ronga, la profesoro pri lingvistiko. Li konsideras, ke sekretaj lingvoj estas aspekto de la arto komuniki, kaj ke ili do rilatas al lingvistiko.

Linda Eble jes. Eble li pravas. Kaj tamen tiu ideo estas iom stranga, ĉu vi ne konsentas?

Bob Jes. Ĝi aspektis strange ankaŭ al mi, kiam oni parolis pri ĝi.

Linda Eble Ronga, la lingvistika profesoro, nur deziris, ke bela virino kunlaboru kun li. Ĉu ne estas bona ideo kunlabori kun bela knabino, kiam tio estas ebla?

Tom Mi jam diris al vi, ke ŝi ne estas bela. Nur vi estas bela.

Bob Mi ne konsentas. Estas fakto, ke Linda estas tre bela, ke ŝi estas la plej bela knabino en la mondo. Sed ankaŭ Gerda estas bela. Iom malpli bela, sed tamen bela. Ĉu vi konsentas?

Tom Tute ne. Por vi, eble. Sed por mi ne. Por mi, nur Linda ekzistas kiel bela virino.

Bob Ĉu vi volas diri, ke por vi Linda estas la sola bela virino en la tuta mondo?

Tom	Jes. Por mi, Linda estas la sola bela virino en la tuta mondo.
Bob	Diable! Vi verŝajne amas ŝin.

5

Bob	Nu, vi ankoraŭ ne diris al mi, kio okazis, dum vi spione rigardis tiun paron.
Linda	Okazis io vere stranga.
Tom	Vere stranga, fakte. En la mano de tiu junulo estis io.
Bob	Kio?
Linda	Ni ne povis vidi. Io tre eta. Malgranda afero. Afereto.
Tom	Kaj dum ŝi ne rigardis, lia mano alproksimiĝis al ŝia taso.
Linda	Kaj kiam ŝi ekrigardis lin, lia mano ekhaltis.
Tom	Tiam li montris ion al ŝi. Evidente, li deziris forturni ŝian atenton.
Linda	Kaj li sukcesis. Li plene sukcesis. Ŝi rigardis al la pordo. Kaj dum ŝi rigardis for, lia mano subite estis super ŝia taso, dum unu sekundo, ne pli, kaj tute nature revenis. Malplena.
Bob	Ĉu ĝi estis plena antaŭe?
Tom	Ne plena. Kompreneble, ĝi ne estis plena. Sed estis io en ĝi, kaj post kiam ĝi estis dum sekundo super la taso de Gerda, estis plu nenio en ĝi.

Linda	Certe estas iu mistera substanco.
Tom	Iu drogo.
Bob	Kiel vi povas scii, ke ne estis tute simple peco da sukero?
Linda	Li ne agus tiel kaŝe, se estus nur sukero.
Tom	Cetere, ĉi tie ne estas peca sukero. Estas nur pulvora sukero, en sukerujoj.
Bob	Eble li havis suker-pecon en la poŝo kaj ...
Tom	Ĉu vi ofte promenas kun sukerpecoj en via poŝo?
Bob	Vi pravas. Tiu ideo estas absurda. Tamen ...
Linda	Rigardu! Jen ŝi ekstaras, kaj ekiras for.
Bob	Ŝi ŝajnas tute normala. Verŝajne vi imagis ion draman, dum temas pri tute simpla, tute natura okazaĵo.

6

Tom	Ĉu vi aŭdis? Kio estis tio?
Bob	Jes, mi aŭdis. Mi aŭdis ion.
Linda	Ankaŭ mi aŭdis strangan bruon, kvazaŭ iu falus en la koridoro.
Bob	Kvazaŭ *ŝi* falus.
Tom	Mi havis la saman penson kiel vi. Ankaŭ mi pensis tion. Ankaŭ mi pensis: jen Gerda falas en la koridoro.
Linda	Ĉu ni iru vidi?
Tom	Komprenble. Ni iru tuj.

Bob	Mi iru kun Tom, sed vi restu ĉi tie, Linda. Observu tiun junulon, kun kiu Gerda parolis, kaj kiu eble metis drogon en ŝian kafon.
Linda	Ĉu vi ambaŭ foriras kaj mi restu tute sola? Mi iom timas.
Bob	Ni ne havas la tempon diskuti. Ni devas iri vidi tuj. Restu trankvile ĉi tie. Vi nenion riskas. Venu, Tom, ni ne perdu tempon.

7

(*En la koridoro*)

Tom	Jen ŝi estas. Ni pravis. Ŝi apenaŭ havis la tempon alveni ĝis la angulo, jam ŝi falis. Videble, ŝi estas nekonscia. Ŝi perdis la konscion kaj falis.
Bob	Ĉu ŝi ankoraŭ vivas?
Tom	Jes. Ne timu. Ŝi perdis la konscion, sed ŝi ne perdis la vivon. La koro batas. Ĝi batas malforte, sed tamen batas. Ŝi do vivas. Eble ŝi apenaŭ vivas, sed ŝi vivas.
Bob	Kion ni faru?
Tom	Kion vi opinias?
Bob	Ŝajnas, ke ŝi dormas.
Tom	Ni devas informi la aŭtoritatojn. Tuj. Mi iros. Ili eble decidos voki doktoron, kuraciston, kaj almenaŭ tuj sendos flegistinon. Certe estas flegistino en ĉi tiu universitato, ĉu ne?

Bob	Verŝajne, sed mi ne scias certe. Mi estas ĉi tie apenaŭ unu semajnon.
Tom	Nu, mi tuj iros informi ilin. Restu ĉi tie kun ŝi. Sed ni unue metu ŝin pli bone, ke ŝi kuŝu komforte, kun la piedoj pli altaj ol la kapo.
Bob	Ĉu vere? Ĉu vere vi volas, ke ŝi kuŝu kun la piedoj pli altaj ol la kapo? Tio ne estas komforta.
Tom	Tamen, kiam iu perdis la konscion, tio estas la ĝusta pozicio, se mi bone memoras, kion oni instruis al mi.

8

En la universitata memserva restoracio, Linda sidas kaj pensas. Ŝi pensas ne tre trankvile. Fakte, ŝiaj pensoj iĝas pli kaj pli maltrankvilaj.

Ŝi observas la junan viron, kiu metis ion en la kafon de Gerda.

Ŝi pli kaj pli maltrankviliĝas.

Tom kaj Bob estas for jam longe. Ili ne revenas. Ĉu do vere okazis io al Gerda? Sed kio okazis? Ĉu io grava?

Linda observas la junulon kaj pensas:

«Kion mi faros, se li ekstaros kaj foriros?

«Ĉu mi sekvos lin? Ĉu mi sekvu lin?

«Kion mi faru, se li iros eksteren? Ĉu mi sekvu lin eksteren? Ĉu mi sekvu lin ekstere? Mi ne scias, kion mi faru. Mi ne scias, kion mi faros. Mi ne scias, ĉu mi sekvos lin aŭ ne.

«Kaj se li foriros en aŭto? Ĉu ankaŭ mi sekvu lin aŭte?

«Jam estas vespero. Baldaŭ venos nokto. Jes. Baldaŭ noktiĝos. Ĉu mi sekvu lin nokte?

«Kaj eĉ se li ne iros eksteren de la universitato, eĉ se li restos ĉi tie, ĉu mi sekvu lin?

«Se li eliros tra tiu ĉi pordo, li iros en la koridoro al iu ĉambro. Ĉu mi sekvu lin en la koridoron? Ĉu mi sekvu lin en la koridoro? Ĉu mi sekvu lin en la ĉambron, en kiun li eniros? Ne. Neeble. Mi atendos en la koridoro. Sed se nenio okazos? Se li restos longe plu en la ĉambro?

«Kaj se li eliros tra tiu pordo, li iros eksteren, verŝajne al la urbo. Ĉu mi sekvu lin al la urbo? Ĉu mi sekvu lin en la urbon? Ĉu mi sekvu lin en la urbo?

«Se li iros piede, eble li vidos min, verŝajne li vidos min. Li suspektos, ke mi lin sekvas. Li turnos sin al mi. Mi ektimos. Mi paliĝos, aŭ mia vizaĝo iĝos ruĝa kiel tomato. Jes. Mi konas min. Mi paliĝos kaj tuj poste ruĝiĝos. Ĉiaokaze, mi maltrankviliĝos. Jam nun mi maltrankviliĝas.

«Se li iros per buso, li eĉ pli certe vidos, ke mi sekvas lin, ĉar ni devos kune atendi ĉe la haltejo.»

Linda ne sukcesas decidi, kion ŝi faru.

Ŝi timas. Ŝia koro batas rapide. Ŝi volus, ke Tom kaj Bob estu kun ŝi, ke ili helpu ŝin, ke ili helpu ŝin decidi. Ŝi estas tute sola. Ŝi sentas, ke ŝia koro rapidiĝas, sed ŝi ne scias, kion fari.

Kaj jen, antaŭ ol ŝi povis decidi, antaŭ ol ŝi sukcesis retrankviliĝi, jen la juna viro ekstaras. Li rigardas al la koridora pordo. Ĉu tien li iros? Li rigardas al la pordo, tra kiu oni eliras al la urbo. Ĉu tien? Jes, tien li iras.

Kaj Linda aŭtomate ekstaras kaj ekpaŝas al la sama pordo. Ne ŝi decidis. Ŝajnas, ke ŝia korpo decidis mem. Ŝajnas, ke ŝiaj kruroj agas mem. Nu, ĉiaokaze, jen Linda sekvas lin. Al kiu mistera destino?

9

«... Ŝi kuŝas meze de la koridoro! Venu, venu tuj. Certe la afero urĝas», diras Tom.

Li rigardas la flegistinon. Ŝi estas dika, grasa virino kun bluaj okuloj, ruĝaj haroj, kaj tre ronda vizaĝo. Jam kelkajn minutojn li provas diri, kio okazis, sed ŝajnas, ke tiu flegistino ne rapide komprenas. La vorto «urĝa» ŝajnas ne ekzisti en ŝia vortaro.

«Kuŝas, ĉu? Meze de la koridoro, ĉu vere?» ŝi diras.

Videble, la flegistino apenaŭ povas kredi.

«Kial, diable, ŝi kuŝus meze de la koridoro?» ŝi demandas.

«Mi petas, venu urĝe. Mi ne scias, kial ŝi kuŝas tie. Mi nur diras, kion mi vidis. Ni trovis ŝin tie. Eble ŝi estis malsana. Mi ne scias. Ŝi svenis, ŝi perdis la konscion. Nun certe oni devas urĝe okupiĝi pri ŝi.»

«Stranga afero!»

«Nu, mi ne estas fakulo. Vi jes. Okupiĝi pri malsanaj homoj estas via fako, ĉu ne? Venu tuj. Urĝas!»

«Nu, nu, nu, nu. Kial, diable, ŝi svenis en la koridoro? Stranga ideo! Oni neniam svenas tie.»

«Ĉu vere? Kie do oni svenas en ĉi tiu universitato? Pardonu min, sed mi ne konas la tradiciojn. Mi estas novulo. Apenaŭ unu semajnon mi estas ĉi tie.»

«Juna viro, en ĉi tiu universitato, oni svenas en la klasĉambroj, oni svenas en la restoracio, oni svenas en la dormĉambroj, oni svenas en la ban-ĉambroj, eble oni eĉ povus sveni en iu administra oficejo. Sed pri sveno koridora mi neniam aŭdis. Stranga epoko! Stranga generacio! Oni faras ion ajn niaepoke!»

«Vi parolas, parolas, paroladas, kaj dume tiu kompatinda knabino kuŝas en koridoro, kaj neniu zorgas pri ŝi!»

«Nu, nu. Ne maltrankviliĝu, juna viro, ne havu zorgojn. Ni tuj rapidos tien, kaj mi tuj prizorgos ŝin.»

Kaj ili kune rapidas al la loko, kie Tom lasis sian amikon kun Gerda.

Sed jen subite Tom haltas.

«Kio okazas? Kial vi ekhaltis?» demandas la flegistino.

«Ŝi estis ĉi tie, kaj ne plu estas, sed ...»

«Sed estas iu alia, kaj *li* estas senkonscia, ŝajnas al mi. Ĉu vi konas lin?»

«Jes, estas mia amiko Bob. Kio okazis al li?»

La flegistino iras al Bob, kiu fal-sidas ĉe la koridora muro. Ŝi tuŝas lian kapon.

«Batita! Oni batis la kapon al li!»

«Diable! Bob, Bob! Respondu! Ĉu vi aŭdas min? Diru ion, mi petas! Kio okazis?»

Sed Bob ne respondas, kaj Tom iĝas pli kaj pli maltrankvila.

10

Fakte, Tom ne estas ema fidi la flegistinon. Kial? Ĉu vi scias, kara amiko, vi kiu sekvas ĉi tiun aventuron ekde la unua vorto? Ĉu vi scias, kial Tom ne emas fidi la flegistinon?

Ne. Certe vi ne scias. Ankaŭ mi ne scias. Sed fakto restas fakto, eĉ se ni ne komprenas ĝin. Kaj la fakto estas, ke Tom ne emas ŝin kredi.

Tom estas agema knabo, eĉ iom aventurema, kaj eble tiu tro parolema flegistino ne ŝajnas al li kredinda. Eble li opinias, ke tiu flegistino tro emas paroli, kaj do ne estas fidinda. Aŭ ĉu temas pri io alia?

Tom ege ŝatas sian amikon Bob. Li ŝategas lin. Li lin amas, fakte. Bob kaj li amikiĝis antaŭlonge en la urbego, kie ili vivis tiutempe – ili dumtempe eĉ iradis al la sama lernejo – sed poste Tom devis iri al malsama urbo, kaj ili ne plu vidis sin reciproke. Kiam, antaŭ kelkaj tagoj, ili retrovis unu la alian en la sama universitato, ambaŭ ege dankis la destinon.

Ili treege ŝatas la tiean bonegan vivon. Ili ŝategas ĝin. Ambaŭ estas agemaj, laboremaj knaboj, kun speciala ŝato al la iom timemaj studentinoj. Eble ĉar timema junulino estas malpli timinda ol ino neniam ema timi, ol sen-tim-ulino. Ĉu vi komprenas?

Sed nun Tom malŝatas la aventuron. Li sin demandas, kial

li sentas tiun flegistinon nefidinda. Li preferus silenteman, grav-aspektan sinjorinon. Tiu ĉi ne aspektas tre zorgeme, kaj li ne trovas ŝin atentema pri liaj demandoj. Verdire, li opinias ŝin ema fuŝi sian laboron. Li timas, ke ŝi ofte agas fuŝe. Fuŝemaj homoj ekzistas en la mondo. Kial tiu tro parolema flegistino ne estus unu el ili? Ĉu li mispaŝis, kiam li turnis sin al ŝi? Sed al kiu alia li povus sin turni? Ŝi estis la sola flegistino, kiu troviĝis en la universitato. Aŭ ĉu li mispensas?

Kaj nun li sentas sin ema zorgi pri Linda. Ĉu tiu belega knabino ne troviĝas en danĝero? Li amas ŝin, li eĉ amegas ŝin, pli kaj pli, kaj la ideo, ke danĝeraj homoj povus fari ion al ŝi, apenaŭ estas travivebla. La vivo ne estas facila, kaj ŝajnas nun, ke la tuta afero iĝas pli kaj pli malŝatinda.

11

Linda ekhavis ideon. Ŝi aliris la junan blondan viron, dum li proksimiĝis al sia aŭto, kaj alparolis lin:

«Sinjoro, ĉu vi bonvolus helpi al mi?»

Li turnis sin al ŝi, kun vizaĝo ŝajne ne tre kontenta, kaj ŝin rigardadis dum longa senvorta minuto.

«Kiel mi povus vin helpi?» li fine demandis, kaj li tuj aldonis: «Bonvolu pardoni min, se mi respondas nee, sed al mi tempo vere mankas. Mi devas urĝe veturi al la urbo.»

«Ĝuste tiel vi povas min helpi. Mia aŭto paneas. Io estas fuŝita en ĝi. Mi ne sukcesas ĝin irigi …»

«Pardonu min, sed mi ne sukcesus rebonigi la aferon, eĉ

kun plej granda bonvolo. Pri mekaniko mi scias nenion. Ĉiam mi miras vidi, ke veturiloj entute funkcias. Kiam mi vidas motoron, ĉiam mirigas min, ke tia ŝajne senorda aranĝo de pecoj kaj objektoj igas aŭton iri. Mi …»

«Mi ne petas vin ripari mian veturilon, vi min miskomprenis. Mi demandas nur, ĉu vi bonvolus akcepti min en via aŭto ĝis la urbo.»

La ideo de Linda estis jena: sekvi lin estus danĝere, sed se li veturos aŭte, mi petos lin akcepti, ke mi veturu kun li, kaj dum la veturado mi igos lin paroli. Mi diskrete faros ŝajne banalajn demandojn, kaj paroligos lin. Tiel mi scios kiel eble plej multe pri li.

«Nu, bone», li fine konsentas. «Konsentite, venu.» Kaj li malfermas la pordon de la aŭto por ŝi.

«Dankon! Vi vere estas tre afabla. Tio ege helpas min. Mi plej sincere dankas.»

«Ne dankinde», li respondas, iom seke. Kaj li ekirigas la motoron.

«Mi ne ŝatas la ideon, ke mi devos venigi ripariston, mekanikiston», ŝi diras. «Mi tute ne ŝatas aŭtojn, fakte. Mi havas veturilon, ĉar estas tre oportune, sed mi ne ŝatas aŭtojn.»

La alta junulo nur silentas.

«Ne estas facile igi lin diri ion», pensas Linda, iom zorge, sin demandante, ĉu estis saĝe enmiksi sin en tiun aventuron. Ŝi forte deziras lin paroligi, sed samtempe timas malkontentigi lin. Neniam estas facile trovi plene kontentigan manieron agi.

«Ĉu ĝenas vin, se mi parolas?» ŝi demandas. «Vi eble estas silentema.»

«Mi havas zorgojn», li respondas.

«Mi ne volas ĝeni vin. Estas jam tiel bonkore, ke vi

veturigas min. Mi vere sentas grandan dankemon al vi.»

«Ne dankinde», li ripetas, kaj silentas plu, pripensema.

12

Bob duone malfermas la okulojn, ilin refermas, ilin malfermetas denove, ilin refermas, ĝemas, kaj finfine malfermas ilin tute larĝe.

«Donu al mi ion por trinki», li diras.

«Trinki? Kion vi deziras trinki?» demandas Tom.

«Ion ajn. Brandon. Donu al mi glason da brando.»

«Kiel vi sentas vin?» diras fraŭlino Marta, la flegistino.

«La kapo doloras», Bob respondas ĝeme. «Mi petas vin, bonvolu doni al mi ion por trinki.»

«Ĉu vi bonvolas iri», Tom petas la flegistinon, «kaj alporti al li glason da brando?»

La flegistino iom hezitas, sed fine kap-jesas.

«Ĉu mi ankaŭ voku la policon?» ŝi diras. «Li ja ricevis baton, baton sufiĉe fortan, por ke li iĝu senkonscia. Laŭ mia opinio, tio pravigas, ke oni venigu la policon. Ĉu vi ne konsentas?»

«Ankaŭ akvon», diras Bob, antaŭ ol Tom trovas la tempon respondi al Marta. «Mi tre soifas. Mi trinkos brandon plezure, sed unue mi trinku akvon. Bonvolu alporti al mi tre grandan glason da akvo kaj iom grandan glason da brando.»

«Jes. Estus saĝe voki la policon», Tom respondas al la flegistino.

«Se vi ne alportos al mi ion por trinki, mi iros mem», diras Bob. «Mi tre soifas. Vi ne povas imagi, kiom soifa mi min sentas. Mi tuj iros trinki akvon. Kaj poste mi iros aĉeti brandon. Ĉu oni povas ricevi brandon en la memserva restoracio?»

«Ne, tute ne,» Marta respondas, «sed mi havas brandon en mia ĉambro. Mi alportos ĝin al vi. Aŭ venu mem, se vi povas. Ĉu vi povas stariĝi?»

«Mi povas,» diras Bob, tre malrapide stariĝante kun la helpo de Tom kaj de la flegistino, «kvankam dolore.»

Ili iras al ŝia ĉambro.

«Trinku tiom da akvo, kiom vi deziras», ŝi diras. «Kaj poste mi donos brandon al vi. Eksidu sur tiun seĝon, ĝi estas tre komforta, vi vidos.»

Bob sidiĝas sur la seĝon, iom ĝemas, kaj ricevas grandan glason da akvo kun videble grandega plezuro. «Doloras al mi la kapo», li diras.

«Diru,» petas Tom, «kio okazis. Ĉu finfine vi klarigos al ni? Ni estas ege sci-volaj.»

Bob pripensas iomete, trinkas iom da akvo, metas la manon al la kapo kun dolora esprimo survizaĝe, kaj fine respondas:

«Mi ne povus klarigi. Nenio estas klara. Mi estis tie apud Gerda. Mi aŭdis nenion, mi aŭdis neniun bruon. Kaj subite ĉio eksplodis en mia kapo kaj mi mortis.»

13

La vojo ŝajnas longa, kiam oni silentas la tutan tempon. Linda estas parolema. Krome, ŝi deziras ricevi informojn pri sia stranga kunulo. Ŝi do tute ne ŝatas tiun longan silentadon. Kial ne provi denove? Ŝi decidas, ke ŝi rekomencos paroli. Se li ne ŝatos, nu, li esprimos sian malŝaton, kaj ili plu veturos senvorte, kaj la vojo plu ŝajnos longega.

«Vi diris ...» ŝi komencas, ne sciante, kiel ŝi finos, sed feliĉe ideo tuj venas: «Vi diris, ke vi havas zorgojn. Nu, ofte oni sentas sin pli bone, kiam oni esprimas siajn zorgojn al iu.»

«Vi estas scivolema, ĉu ne? Nu, mi ne volas esti malafabla kun tiel bela knabino, kiel vi. Pardonu, se mi ne montras min pli amikiĝema. Sed miajn zorgojn mi ne povas klarigi.»

«Ĉu vi estas certa? Oni ofte imagas, ke afero estas neebla, ĉar oni ne scias, kiel komenci, sed ...»

«Ne. Kiom koncernas min, ne estas tiel. Mi ne povas rakonti pri miaj zorgoj, ĉar ili koncernas personojn, pri kiuj mi ne rajtas paroli. Oni devas esti diskreta, ĉu ne? Ĉu vi ŝatus, ke viaj amikoj rakontu ĉion pri vi al nekonato?»

«Kompreneble ne. Mi bone komprenas vin. Fakte, mi ne estas speciale scivola. Mi komencis diri tion nur, ĉar mi trovis la silenton peza kaj la vojon pli kaj pli longa. Sed mi tute ne volus maldiskreti.»

«Estas fakto, ke oni kutime interparolas, kiam oni veturas kune. Mi verŝajne ne estis tre ĝentila, lasante tiun silenton daŭri kaj daŭri pli kaj pli peze por vi. Mi eĉ ne rimarkis, ke silento estiĝas kaj daŭras. Mi estis absorbita de miaj pensoj, de miaj zorgoj, kaj ankaŭ de la vojo. Oni devas atenti la vojon, kiam oni ŝoforas, ĉu ne? Strange, kvankam vi estas tre bela kaj sidas tuj apud mi, plej proksime al mi, mi tamen forgesis pri vi. Nur ekzistis por mi la vojo en miaj okuloj, kaj la zorgoj en mia kapo.»

«Ĉe mi okazis la malo. Mi daŭre pensis pri vi. Mi rimarkis, ke vi ne aspektas tre ĝoje. Vi ŝajnis malfeliĉa. Mi min demandis, ĉu mi povus helpi. Vi ja tre afable konsentis min veturigi. Mi sentas min danka. Mi volus redoni al vi similan servon. Mi opiniis, ke se mi helpas vin vortigi vian malĝojon, tio eble senpezigos vin, kaj mi estos kontenta agi helpe. Eble estas stulte, sed mi ĉiam deziras feliĉigi la homojn.»

«Vere, vi estas tre bonkora. Mi ege bedaŭras, ke mi ne povas jesi al via propono. Sed, kiel mi jam diris, miaj zorgoj koncernas aferojn, pri kiuj mi ne rajtas rakonti. Nu, jen ni alvenas. Kie vi deziras, ke mi lasu vin?»

«Kien precize vi iras? Kie vi haltos? Kie vi lasos la aŭton? Vi povus lasi min tie. Estos plej facile por vi.»

«Ĉiam scivola, ĉu ne? Vi ŝatus scii, kien mi iras», li diras ridante, dum Linda sentas sin ruĝiĝi, ĉar similan rimarkon ŝi tute ne atendis. Dum momento ŝi ne scias, kiel respondi. Ŝi sentas sin stulta.

«Tute ne», ŝi fine diras, malvere. «Kien vi iras, tio tute ne interesas min. Mi proponis tion nur, ĉar tio ŝajnis plej facila. Sed se ĝenas vin, ke mi scios, vi povas lasi min ie ajn en la centro. Ekzemple ĉe la Internacia Hotelo, aŭ ĉe la Granda Teatro. Ĉiaokaze, mi treege dankas vin kaj mi facile trovos mian vojon. Jen. Tie ĉi estas perfekte. Koran dankon, kaj ĝis revido, kara sinjoro.»

«Ĝis revido, kara spionino!»

La aŭto forveturas, kaj Linda ne povas forturni la okulojn de ĝi. Kara spionino, vere! Kion li volis diri? Ĉu li suspektus ...? Nia kompatinda Linda ne scias, kion pensi.

14

«Kie diable mi troviĝas?» diris al si Gerda, kiam ŝi vekiĝis. Ŝi kuŝis sur lito – sur malkomforta, tro mallarĝa lito – en ĉambro nekonata, en domo nekonata.

Mankis al ŝi forto, kaj ŝia tuta korpo iom doloris. Ŝi estis laca, kvazaŭ ŝi estus laborinta multajn horojn sin-sekve en la kampoj, kvazaŭ ŝi estus movinta pezajn rokojn kaj ŝtonojn dum multaj kaj multaj tagoj, sen eĉ horo da dormo, kvazaŭ ŝi estus marŝinta dum multaj kaj multaj semajnoj sur malfacila monta vojeto. Unuvorte, ŝi estis lacega, kaj ŝajnis al ŝi, ke ĉiuj muskoloj de ŝia korpo plendas pri troa laboro, nehome peza, nehome malfacila, nehome laciga.

Kaj tamen ŝi sciis, ke ŝi faris neniun korpan laboron. Ŝi sentis sin malĝoja. Ŝiaj okuloj malsekiĝis. Ŝi ploris.

Ne estis multe da lumo en la ĉambro. Kvankam ŝi sentis sin tiel laca, tiel senforta, scivolo pri la situacio tamen superis ŝian deziron plu kuŝi. Ŝi sekigis siajn okulojn kaj ellitiĝis. Ŝi iris al la eta fenestro, esperante malfermi la dikajn fenestro-kovrilojn, kiuj malhelpis la envenon de lumo. Ŝi ankaŭ esperis, ke ŝi vidos la sunon. Krome, estis tre varme en la ĉambro, kaj estus saĝe malfermi la fenestron por enlasi iom da pura aero. Sed ŝi ne sukcesis. Io malhelpis, ke tiu malnova fenestro moviĝu.

Ŝi iris al la pordo. Ĝi estis ŝlosita, kaj ŝlosilo nenie videblis.

La ĉambro estis malbela, ne tre pura. Apud la muro staris tablo kaj seĝo. Ŝi sidiĝis sur la seĝon, metis la brakojn sur la tablon, la kapon en la manojn, kaj ploris. «Enŝlosita mi estas», ŝi pensis. «Oni enŝlosis min!»

Antaŭe ŝi ne multe pensis pri la plezuro esti libera. Liberi estis io perfekte natura. Ŝi iris, kien ŝi deziris, sen iu ajn malhelpo, kaj tiu libereco ŝajnis rajto evidenta. Kaj nun oni malliberigis ŝin malantaŭ ŝlosita pordo. Ŝi, kiu tiom ŝatis ĝoji, ridi, kanti, kiu tiom ŝatis ludi kaj promeni sub la suno, nun ne plu trovis en si la humuron, kiu tiom ofte helpis ŝin en la malfacilaj horoj de la vivo. Ŝi ne povis vidi la eksteran sunon, kaj same en ŝia koro ne plu lumis la kutima suno de ĝojo.

Kaj jen subite ŝi reagis. Ŝi iris al la pordo kaj ĝin batis kun plej granda forto. Ŝi faris timigan bruon, sed nenio okazis. Ŝi vokis pli kaj pli laŭte, kriis, kriegis, samtempe pied-batante la pordon, sed venis neniu respondo, neniu reago. Senespera, ŝi revenis al la lito kaj rekuŝiĝis, pli laca ol iam ajn. Dum multaj horoj ŝi restis tiel, kuŝe, kaj fine, tro laca, ŝi ekdormis.

Vekis ŝin infana voĉo. Ĝi venis el iu alia ĉambro, en la sama domo, tute certe. Ĝi diris: «Neniam diru, nek al via patro, nek al via patrino, ke ni venis en la forlasitan domon. Estas malpermesite ludi ĉi tie. Se ili scius ...» Alia voĉeto respondis: «Mi neniam diros. Nek al mia patro, nek al mia patrino. Ne havu zorgojn. Neniam oni scios, ke ni venis ludi ĉi tie.»

Gerda diris: «Infanoj, ĉu vi aŭdas min?» Ŝia koro batis espere.

«Iu parolis», sonis unu el la infan-voĉoj, sed aŭdeble la knabo ne parolis al Gerda, nur al sia kunulo. «Ĉu vi aŭdis?»

«Estis kvazaŭ voĉo de virino», diris la alia.

«Infanoj, venu, helpu min, mi estas mallibera, oni ŝlosis la pordon, mi estas enŝlosita, venu, mi petas, mi petegas, liberigu min!» Gerda plu petegis. Sed la reago de la infanoj estis plej senkuraĝiga.

«Venu!» kriis unu. «Estas fantomo!»

«Vi pravas», la dua respondis. «Oni ĉiam rakontis pri fantomo en ĉi tiu forlasita domo. Fantomino, oni diris, kaj la voĉo estis ina. Ni rapide forkuru!»

«Mi timas», ankoraŭ diris la unua, dum la bruoj klarigis al Gerda, ke la du knaboj forkuras kaj lasas ŝin sola, sola, sola ...

15

Tom	Bonan matenon, ho plej bela! Ĉu vi bone dormis?
Linda	Bonan matenon, Tom. Mi ne dormis tre multe. Kaj vi? Ĉu vi dormis kontentige?
Tom	Perfekte, kara, perfekte. Sed diru do al via plej fidinda amiko, kial vi ne sufiĉe dormis.
Linda	Ĉu ne estas klare al vi? Mi tro pensis. Mi pensadis dum la tuta nokto pri ĉio, kio okazis hieraŭ.
Tom	Estas fakto, ke mi ne revidis vin hieraŭ, post kiam mi eliris kun Bob por okupiĝi pri Gerda. Ni lasis vin en la memserva restoracio kun la tasko observi la blondulon. Kiam mi revenis, vi estis for. Kien vi iris? Ĉu vi faros al mi precizan raporton?
Linda	Kun plezuro, sed ankaŭ vi raportos al mi poste, ĉu ne? Nu, mi veturis al la urbo-centro kun tiu

junulo. Mi rakontis al li, ke io fuŝa okazis al mia aŭto, kaj mi petis lin min veturigi. Li hezitis, sed fine decidis jese. Mi deziris lin paroligi, por ekscii pri li kiel eble plej multe, sed mi ne sukcesis. Ni diris unu al la alia nur tre banalajn aferojn.

Tom Ĉu vi almenaŭ scias, kien li iris en la urbo, laŭ kiuj stratoj, al kiu domo?

Linda Atendu. Mi rakontos ĉion. Por ke mia peto ŝajnu natura, mi petis lin lasi min en la centro. Li lasis min ĉe la dekstra flanko de la Granda Teatro, kaj li veturis plu. Mi ne sciis, kion fari. Mi promenis en la urbo, pensante, ke mia ideo ne estis tiel bona: mi eksciis nenion pri li, kaj troviĝis sen aŭto en la mezo de la urbo. Fakte, mi sentis min iom stulta. Mi promenis de strato al strato, provante elpensi planon, kaj jen subite mi vidas lin eliri el la poŝtoficejo. Mi estis nekredeble bonŝanca. Imagu! Se mi estus troviĝinta nazon-al-nazo kun li ĝuste kiam li eliris el la poŝtoficejo …! Sed mi vidis lin sufiĉe frue por min kaŝi.

Tom Feliĉe, ke vi vidis lin sufiĉe frue!

Linda Kiel mi diris: mi estis bonŝanca, mi vidis lin ĝustatempe. Nu, li iris piede, kaj mi decidis lin sekvi. Ĉu vi konas tiun grandan magazenon, kiu vendas kvardek malsamajn specojn de pano kaj ĉia-specajn ĉokoladojn kaj aliajn dolĉaĵojn? Sur la maldekstra flanko de la strato, kiu iras al la Ĉefa Sportocentro. Estas granda vendejo de mebloj apude. Nu, ne gravas, ĉu vi konas aŭ ne. Li eniris tiun panejon, aŭ tiun dolĉaĵ-vendejon, aŭ tiun

... nu ... tiun pan- kaj dolĉaĵ-vendejon, kaj eliris post minuto portante paperan sakon, kiu aspektis plenplena. Ŝajnis, ke li aĉetis la tutan magazenon. Mi devas diri, ke ili vendas tre bonajn aĵojn en tiu ejo. Mi, kiu tiom ŝatas ĉokoladon kaj dolĉaĵojn, ofte irus tien kaj aĉetus multon, se mi ne timus dikiĝi. Nu ... e ... kion mi rakontis?

Tom Vi raportis pri via spiona sekvado, sed vi devojiĝis de la ĉefa vojo de via raporto al flankaj konsideroj pri pano kaj ĉokolado. Fakte, ĉu vi deziras iom pli da pano? Kion vi trinkas ĉi-matene? Teon, mi vidas. Ĉu vi ŝatus, ke mi replenigu vian tason?

Linda Jes, dankon. Mi plezure trinkos plian tason da teo. Dankon, Tom, kara. Nu, do ...

16

Linda Kie mi estis en mia raporto? Ha, jes! Mi memoras. Li eliris el tiu vendejo kun papera sako ŝajne plena je dolĉaĵoj.

Tom Eble estis ĉefe pano.

Linda Prave, eble pano. Ĉiaokaze, jen mi ekvidis lian aŭton, kiu staris flanke de la strato. Mi pensis: nun li forveturos aŭte, kaj mi ne plu povos sekvi lin. Sed ne. Li nur iris porti tiun sakon al la aŭto, ĝin metis en ĝin, reŝlosis la aŭto-pordon, kaj plu piediris. Nur tiam mi havis la ideon noti la numeron de lia aŭta numer-plato. Mi do eksekvis lin plu. Li paŝis sur la dekstra flanko de la strato, kaj mi sekvis iom malproksime sur la maldekstra flanko.

Tom Ĉu li rimarkis, ke vi lin sekvas?

Linda Certe ne. Subite, li eniris restoracion. Mi hezitis. Ĉu ankaŭ mi eniru? Aŭ ĉu mi tro riskas, ke li vidos kaj rekonos min? Unuflanke, mi deziris spioni lin. Aliflanke, la risko, ke li rekonos min, estis reala, kaj min ĝenis. Dum mi staris tie hezitante, eniris la restoracion grupo da soldatoj, eble ok aŭ naŭ, junaj viroj, kiuj milit-servis, videble. Dum ili eniris kaj la pordo estis malfermita, mi vidis, ke la restoracio estas granda kaj plena je homoj. Mi sekvis la ok aŭ naŭ soldatojn kaj trovis sid-lokon ne tre videblan de la loko, kie mia blondulo ĵus eksidis.

Tom Li do estas *via* blondulo, ĉu?

Linda Ne parolu malsaĝe. Vi perfekte scias, kion mi volas diri. Estis turka aŭ pseŭdo-turka restoracio, kun stranga muziko kaj strangaj vestaĵoj. La kelneroj estis vestitaj per t.n. (= tiel nomataj) naciaj vestoj multkoloraj. Mi manĝis bonegan supon, sed poste ion, pri kio mi ankoraŭ nun min demandas, ĉu estis pecoj el hundo aŭ kato. Certe ne estis kokidaĵo, sed krom tio mi havas neniun certecon. Ankaŭ la salato estis tre bona, sed la kuko estis treege dolĉa, tro dolĉa por mi, kaj same la turka kafo. Ĝi estis nekredeble plena je sukero, kaj mi manĝis tiom da kaf-pulvoro, kiom mi trinkis da kafo.

Tom   Mi miras pri la grava loko, kiun konsideroj pri manĝo kaj trinko okupas en via spion-raporto. Mi atendis aventurojn, sed venas ĉefe menuoj.

Linda   Ne ridu pri mi, aŭ mi ne daŭrigos la rakonton. Okazis io. Du el la soldatoj estis furiozaj, ĉar la kelnero ne volis porti al ili bieron. Ili faris bruegon, kriegis, kriaĉis, la aliaj provis ilin silentigi, kaj finfine speco de milito komenciĝis inter ili. Ili ekbatis unu la alian kun rimarkinda forto. Subite, jen unu telero flugis tra la aero, poste du, tri, kvar, kvin aliaj teleroj, unu taso eĉ flugis ĝis la plafono …

Tom   Kia ĝojo! Kia plezuro! Kiajn perfektajn amikojn vi trovis!

Linda   Ĉefe, kia bruo! Ŝajnis, ke ili rompas mil glasojn samtempe, dum cent viroj kune kriaĉas, kaj dek muzikistoj provas kune superi la bruon de la telera milito.

Tom   Tre bela atmosfero, ĉu ne? Mi gratulas vin. Estis kuraĝe resti tie.

Linda   Jes. Kia vivo! Cetere, mi estas kuraĝa, ĉu vi neniam rimarkis?

Tom   Mi ne konas vin sufiĉe, sed via kuraĝo ne mirigas min. Bela, kuraĝa, riskema, aventurema, bonkora: vi estas la perfekta virino. Sed pri via perfekteco ni havos aliajn okazojn paroli. Kio okazis post la telera, glasa kaj turka-kafa milito?

Linda   Mi rimarkis tre bedaŭrindan aferon, nome, ke la blondulo ne plu troviĝas en la restoracio. Li certe foriris, dum mi tiom interesiĝis pri la inter-soldata milito. Mi vere bedaŭras mian mankon de observemo. Sed kion fari? Bedaŭri ne helpas. Mi fuŝis mian taskon. Mi provos ne fuŝi ĝin alian fojon.

Tom Nu, prave, estas tre bedaŭrinda afero. Eĉ se nur ĉar ĝi montras, ke vi tamen ne estas plene perfekta. Sed mi almenaŭ ĝojas pri unu afero: vi fakte ne tiom interesiĝis pri *via* blondulo. Do eble vi pravas, eble li ne estas *via* blondulo, eble vi tamen preferas vian karan brun-haran amikon Tom.

Linda Eble, eble. Sed ĉu vi vere scias, kial mi forturnis miajn okulojn de tiu blondulo, kvankam mi antaŭe decidis plej multe informiĝi pri li?

Tom Nu, verŝajne ĉar ...

Linda Ĉar unu el tiuj junaj soldatoj estis tiel bela viro!

17

«Sed kial, kial, kial?» diris la policano preskaŭ krie al sia edzino, kiu estis lia plej helpema kunlaboranto. «Diru al mi kial, kaj mi solvos la problemon. Oni ne kaptas homon por la simpla plezuro travivi aventuron! Ŝi ne estas riĉa. Ne kun la espero ricevi monon ili ŝin kaptis. Ŝi ĉiam vivis plej trankvilan, honestan vivon. Do ne ĉar ŝi enmiksis sin en iun kriman agadon ili ŝin kaptis. Pro kio do? Por kio?»

«Ŝi instruas, vi diris al mi. Kion do ŝi instruas? Kio estas ŝia fako?»

«Ŝi instruas historion, sed ŝi estas specialisto pri la sekretaj lingvoj de la deksepa kaj dekoka jarcentoj.»

«Pro tio verŝajne ŝi malaperis, sed ni ne trovos la motivon uzante nur nian imagon. Ni prefere uzu la faktojn. Ni provu kunmeti ilin, rekunmeti la sinsekvon de la okazaĵoj. Kiel la afero komenciĝis?»

«Ni ne scias multon. Mi raportu jene. Du gestudentoj – Tom kaj Linda – rimarkis, ke alta blondulo metas ion en la tason de Gerda. Ili rimarkis pro lia kaŝa, ŝtela maniero agi. Iom poste, Gerda eliras el la memserva restoracio tra la pordo koridora. Tuj poste aŭdiĝas bruo, kvazaŭ iu falus. Bob, kiu aliĝis al Tom kaj Linda intertempe, eliras kune kun Tom. Ili trovas Gerdan en la koridoro: ŝi kuŝas senkonscia. Tom foriras serĉe al helpo, dum Bob gardas la junan profesorinon. Kiam Tom revenas kun la flegistino, Gerda malaperis, sed ĉi-foje Bob estas senkonscia, batita al-kape. Intertempe la blondulo eliris tra la alia pordo de la memserva restoracio, kaj lin sekvis Linda. Ŝi sukcesas kunveturi en lia aŭto, sed ne sukcesas igi lin diri ion helpan. Tamen ŝi notas la numeron, markon kaj tipon de la aŭto …»

«Ĉu la aŭto estis lia? Ĉu ne estis ŝtelita veturilo?»

«Ne. Verŝajne li ne suspektis, ke iu suspektos ion. Kiam ŝi petis, ke li veturigu ŝin, tio al li ne plaĉis, sed li verŝajne opiniis, ke estus eĉ pli suspekte malakcepti ŝin.»

«Vi do scias, kiu li estas, ĉu ne?»

«Jes, ni kontrolis. Estas la frato de fraŭlino Marta, unu el la universitataj flegistinoj, tiu, kiun Tom venigis.»

«Interese! Plej interese! La gefratoj eble kunlaboras en iu malhonesta agado. Kion ili respondas al via demandado pri tiuj strangaj okazaĵoj?»

«La flegistino nur rediras la samon, kiel Tom. Kaj la

blondulon ni ankoraŭ ne pridemandis.»

«Kial?»

«Por ke li ne suspektu, ke ni suspektas lin. Li estas nia sola ŝanco retrovi Gerdan. Bedaŭrinde, en la lastaj tagoj, li vivas plej normalan vivon, iris al neniu speciala loko, faris nenion atentindan. Eble li ludis sian rolon kaj ĝin finis. La aliaj – tiuj, kiuj forkuris kun Gerda, kiam Bob, kiu gardis ŝin, estis senkonsciigita – certe estas la gravuloj. Ili devas ekzisti, ĉar nek la alta blondulo, nek lia fratino Marta povis forporti Gerdan. Se evidentiĝos, ke la tasko de la blondulo estis nur faligi ian dormigan substancon en la trinkaĵon de Gerda, ni lin pridemandos. Ni ĝis nun esperis, ke li kondukos nin al la malaperinta belulino. Sed pli kaj pli ŝajnas, ke tio ne okazos.»

18

«Via situacio ne plaĉas al vi, ĉu? Vi dezirus ŝanĝi ĝin, ĉu ne? Nu, estas facile ŝanĝi vian situacion.

«Vi ŝatus manĝi ion, ĉu ne? Pecon da pano vi deziras, tute certe. Aŭ ĉu frukton? Jen, rigardu, mi havas pomon kaj oranĝon por vi. Kiel belaj ili estas! Plenaj je suko, evidente. Se vi estus konsentinta labori por ni, vi jam estus plene sata. Kaj jen io alia: kuko. Ĉu ne bonega, belega, manĝinda kuko? Ĵus bakita, ankoraŭ varma. Tuŝu, sentu mem, kiel plaĉe varmeta ĝi estas. Vi malsatas nur pro via stulteco. Se vi estus saĝa, vi konsentus fari la etan laboron, kiun ni petas de vi, kaj vi tuj ricevus la manĝaĵojn. Mi bedaŭras, ke vi estas tiel obstina.

Estas bedaŭrinde, vidi tiel belan knabinon suferi pro malsato. Mi sincere bedaŭras vian obstinecon. Nur eta ‹jes›, kaj ĉio estos via.»

Li ŝajnigas sin afabla, sed estas io tre aĉa en lia vizaĝa esprimo. Gerda sentas sin pli kaj pli malforta. Estas varme en ĉi tiu ĉambraĉo, kio ne estas facile elportebla. Krome, ŝi malsatas, kaj la vido de tiu pomo kaj de tiu oranĝo estas vere suferiga. Kaj tamen ŝia devo estas diri «ne».

«Ĉu vi legis la dokumenton? Ĉu vi komprenis ĝin?» li aldonas, kvazaŭ espere.

Kompreneble ŝi legis. Ŝi estis scivola. Almenaŭ ŝi bezonis scii, kial oni ŝin kaptis kaj senigis je libereco. Tial ŝi legis. Estis malfacile kompreni, komence, sed iom post iom ŝia memoro plene revenis, ŝi rememoris la principojn de tiu sekreta lingvo, kaj ŝi sukcesis kompreni ĉion. Ŝi havis nenion alian por fari. Dum multaj horoj ŝi estis sola kun tiu dokumento, kiun ili lasis al ŝi. Sed ŝi decidis neniam respondi al ili. Ŝi ja antaŭ longe promesis al Profesoro Kosadi, ke pri tio ŝi ĉiam silentos. Neniam ŝi ŝanĝos sian decidon.

«Ĉu vi legis la dokumenton?» sonas duan fojon la aĉa voĉo.

Ŝi plu silentas, kaj li eliras, furioza. Li eliras kun la pano, la pomo, la oranĝo kaj la kuko. Feliĉe, ke almenaŭ ili lasis al ŝi akvon, varmaĉan akvon, jes ja, apenaŭ trinkeblan, certe, preskaŭ ne sensoifigan, prave, sed tamen akvon. Malsaton eblas pli malpli elporti, sed soifon ne.

Minutoj pasas. Multaj minutoj. Unu horo, du horoj, ĉu tri horoj? Ĉu multaj horoj? Kiel scii? Ne estas horloĝo sur la muro, kaj ili prenis ŝian brakhorloĝon. La lumo apenaŭ ŝanĝiĝas en la ĉambro, pro la nemoveblaj fenestro-kovriloj. Ĉu estas frue, ĉu estas malfrue, ŝi tute ne povas scii. Tago, nokto, mateno, vespero ĉi tie estas samaj. Sun-lumo neniam envenas.

Kaj jen la aĉulo revenas, kun radio-kaj-kased-aparato. Li enmetas kasedon, kaj irigas la aparaton. Eta, plenda, plorema voĉeto aŭdiĝas, kaj ŝiras la koron de Gerda:

«Patrino, patrineto mia, mi petegas vin. Faru, kion ili volas. Ili kaptis min. Mi ne scias, kie mi estas. Estas terure. Mi timas. Mi tiom deziras reiri hejmen. Mi petegas vin, faru tion, kion ili deziras. Se ne, ili faros malbonon al mi. Ili ne diris, kion. Ili ne volas diri. Sed mi scias, mi sentas, ke estos terure. Kompatu min, kara, kara patrino. Kompatu vian filinon. Mi timegas. Rapidu, ke plej frue ili liberigu min. Ili ne volas, ke mi parolu pli longe, sed mi havas paperon kaj plumon, kaj mi tuj skribos leteron al vi. Mi nur petegas: obeu ilin!»

«Jen la letero», li kriaĉas, kaj post ridaĉo li aldonas: «Nu, tio verŝajne sufiĉos. Mi revenos post iom da tempo. Mi estas certa, ke vi iĝos saĝa, finfine. Kaj jen. Prenu ĉi tion. Ĝi helpos vin pensadi.» Kaj tion dirante, li ĵetas al ŝi belegan pomon. Gerda sentas sin, kvazaŭ Eva ĉe l' serpento.

19

Petro   Eble ni forkuris tro rapide. Ĉu vere fantomoj ekzistas?

Ralf   Ĉu vi volas raporti pri la voĉo al viaj gepatroj? Se jes, vi ne plu estas mia amiko. Se ili scios, ke ni ludis en la malpermesita domaĉo, vi ...

Petro   Ne. Mi tute ne volas diri al la gepatroj, ke ni ludis

	tie. Tio estas nia sekreto. Mi nur v…
Ralf	Jes. Sekreto kunigas la amikojn. Se vi gardos la sekreton, vi restos mia amiko. Sed se vi malkaŝos ĝin al granduloj, mi … mi … mi suferigos vin, mi igos vin plori tiel grave, ke neniam plu en via tuta vivo vi forgesos tiun tagon. Kredu min, en via tuta vivo, tio estos la lasta fojo, kiam vi rompis promeson. Kio? Ĉu tio igas vin ridi?
Petro	Mi ne ridas, mi nur v…
Ralf	Ankaŭ mi ne ridas. Mi parolas plej serioze. Oni ne ridas pri veraj danĝeroj, ĉu? Kaj se vi …
Petro	Sed mi tute ne volas diri ion al la gepatroj. Mi nur …
Ralf	Kaj se vi rakontos ĝin en la lernejo, ne estos pli bone por vi. Mi plorigos vin tute same. Mi malpurigos viajn vestojn, kaj via patrino krios furioze, kiam vi revenos hejmen. Mi kuŝigos vin en akvon kaj sidos sur via kapo. Mi kaptos vin per mia speciala kaptilo kaj veturigos vin en la montaron kaj forlasos vin tie, kaj vi estos tute sola kaj perdita, kaj vi ploros. Vi …
Petro	Vi eĉ ne scias ŝofori. Mi ne kredas je via kaptilo. Kaj cetere, mi nur …
Ralf	Jes, mi scias ŝofori.
Petro	Vi ne rajtas ŝofori, ĉar vi estas tro juna. Kaj vi ne havas aŭton.
Ralf	Mi ne zorgas pri tio, ĉu mi rajtas aŭ ne. Se mi farus nur tion, kion mi rajtas fari, mi farus nenion. Mi ŝtelos iun veturilon, jes, mi ŝtelos veturilon de iu instruisto en la lernejo, kaj veturigos vin sur monton kaj lasos vin tie kaj vi ploros. Se vi parolos

	al iu el niaj samklasanoj, aŭ samlernejanoj, la tuta lernejo ekscios pri la virino en la malnova domaĉo, kaj poste la gepatroj.

Petro Vi diris «virino», do vi ne kredas, ke estas fantomo. Vi do konsentas, ke ...

Ralf Kompreneble mi ne kredas je fantomoj. La virino, kiun ni aŭdis, estas virino, kiun mi kaptis kaj gardas tie. Mi planas igi ŝin mia servistino. Ŝi faros ĉion, kion mi volos. Kaj se vi parolos pri ŝi ... Nu, mi ne volas paroli pri tio, kio okazos al vi, ĉar vi tro timus ...

20

Paŝoj. Oni paŝas sur la strato. Gerda aŭskultas atente. Ŝi antaŭsentas, ke io grava baldaŭ okazos. Bruo de multaj homoj. Ili venas. Ili ŝajnas multaj, laŭ la bruo. Ĉu nun oni venos grupe por ŝin suferigi? Ŝlosiloj. Bruo de ŝlosiloj trans la pordo. Iu enmetas ŝlosilon en la seruron. Ŝi scias, ke ne estas ŝia kutima vizitanto. Li ne agas tiel. Li enmetas tre rapide la ŝlosilon, ĝin turnas, eniras. Ne ĉi tiu. Li provas unu fojon. Ne sukcesas. Plia bruo de ŝlosiloj. Alian fojon li provas, sen pli da sukceso. Li provas ree kaj ree per diversaj ŝlosiloj. Aŭdeblas, ke li ne konas la seruron. Kiam li enmetis ŝlosilon, li tenas ĝin laŭ diversaj direktoj, kvazaŭ li ludus per ĝi, verŝajne ĉar li esploras nekonatan seruron.

Kaj jen li fine sukcesas! Li eniras.

«Polico!» li diras, kaj Gerda devas superi fortan emon salti al li por lin kisi. Estas alta viro, maldika, kun nigraj haroj kaj verdaj okuloj, kiu sin tenas tre digne.

Post li venas aliaj homoj, multe pli junaj. Ŝi jam vidis tiujn vizaĝojn. Studentoj ili estas. Ilia sinteno estas tute malsama: senstreĉa.

«Tiuj gejunuloj multe helpis min», la policano klarigas. «Ni ne estas sufiĉe multaj en la polico por ĉion fari, kaj ilia helpo estis tre bonvena.» Kaj li prezentas ilin: Tom, Bob, Linda. Kiam ŝi aŭdis la paŝojn, Gerda imagis, ke venas sep, ok, eble naŭ homoj, sed almenaŭ ses; fakte, ili estas nur kvar.

«Mia filino ...?» ŝi demandas, kaj ŝi apenaŭ povas eligi la du vortojn, tiom ŝi timas la respondon.

«Savita. Ŝi nun estas en via hejmo, kun via edzo. Viaj kaptintoj estas amatoroj, kiuj agis fuŝe. La etulino estis ĉe la onklino de tiu f-ino (= fraŭlino) Marta, la universitata flegistino. Ni facile trovis ŝin. Ŝi tre ĝojis revidi la patron, kaj la hejmon, komprenebles.»

«Ho, mi dankas, mi dankegas vin. Via diro ŝanĝas mian tutan vivon. Sed diru: kiel vi alvenis ĉi tien? Kiel vi malkovris, ke ili tenas min enŝlosita en ĉi tiu domaĉo?»

«Du knaboj rakontis pri voĉo en ĉi tiu malnova, forlasita domo. Dank' al ili ... Sed nun rakontu *vi*. Kion viaj kaptintoj celas? Kio estas ilia celo? Kial vin teni mallibera?»

«Ili volas, ke mi traduku malnovan dokumenton. Mi malkonsentis. Tiam ili opiniis, ke perforte ili sukcesos. Ili preskaŭ sukcesis. Per malsato, unue, kaj poste per la mesaĝo de mia filino. La malsato ne estis facile elportebla, kredu min, sed la mesaĝo sur-kaseda ...! Fakte mi terure malsatas nun. Mi petas, ĉu iu el vi bonvolus iri aĉeti manĝajxojn por mi? Io ajn estos bonvena.»

Linda foriras por aĉeti manĝaĵojn.

«Vi rakontos al mi. Ĉion, senmanke», ŝi diras al la du knaboj, elirante.

Gerda raportas pri la dokumento. Ŝi tenas ĝin enmane kaj tradukas, vorton post vorto; krome, ŝi donas ĉiujn necesajn klarigojn.

La policano kap-jesas komprene. Gerda klarigas al li ankoraŭ pli pri la kondiĉoj de sia mallibereco. Kaj jen la policano havas ideon.

«Bob, ĉu vi konsentus kaŝi vin sub la lito, se iu envenus?»

«Kial?»

«Mi havas planon. Mi ŝatus, ke ni ĉiuj foriru, krom vi kaj Gerda, kaj ke ŝi diru al la kaptinto, ke ŝi konsentas klarigi al li, kio estas skribita sur tiu papero, mi volas diri: sur tiu malnova dokumento. Ili tiam agos laŭ la dokumento, kaj ni kaptos ilin tiom pli facile. Sed tamen, ni ne rajtas riski, ke Gerda suferu. Kiu scias? Kiam ŝi ne plu estos necesa por ili, ili povus ... Nu, vi komprenas. Vi restos ĉi tie, kaj kiam vi aŭdos paŝojn proksimiĝi, vi kaŝos vin sub la lito, kaj bone atentos ĉion, kio okazas. Gerda diris, ke ĉiam venas nur unu persono, unu viro, maldika ulo, ne tre forta. Fortulo kiel vi tuj superos lin, se necese.»

Bob konsentas, kvankam, se diri la veron, kun iom duba esprimo.

21

Gerda sentas sin pli bone. Ŝi ĵus finis manĝi. Foriris Linda, Tom kaj la policano. Ŝi parolas kun Bob, tre mallaŭte. Ili ja devas atenti, ĉu iu proksimiĝas aŭ ne. Feliĉe, eĉ sen speciale aŭskulti, ŝi ĉiam bone aŭdis, sufiĉe frue, kiam la aĉulo venas. Bob plaĉas al ŝi. Li estas granda kaj forta, kun esprimo de bonkora, sin-donema hundo.

Ili parolas pri siaj vivoj, pri la lastaj okazaĵoj. Kiam ŝi parolas pri sia edzo, lia vizaĝo ŝanĝiĝas, alprenas iom malĝojan esprimon. Ĉu li enamiĝus al ŝi?

Kaj jen aŭdiĝas paŝoj. Bob saltas sub la liton, provas rapide trovi ne tro malkomfortan pozicion sub la lito. «Ne brui», li diras al si. «Plej grave, plej necese estas ne brui!»

Envenas la gardanto, la aĉa malgrasulo, kiu, per siaj vortoj pri manĝo, tiom suferigis Gerdan. Sed ĉi-foje ŝi povos kontentigi lin. Kia plezuro!

«Mi konsentas», krias Gerda, kiam la maldika aĉulo malfermas la pordon. «Mi akceptas vian proponon. Mi ne plu elportas. Mi tradukos vian aĉan paperon. Liberigu mian filinon, kaj donu al mi manĝi, mi petas.»

«Jen», simple diras la maldikuleto, kaj li elprenas el sako panon, kolbason, kukon, fruktojn, ĉokoladon, kaj eĉ botelon da lakto. Gerda manĝas silente. Ŝi povus manĝi eĉ pli, kvankam ŝi ĵus iom manĝis. Bob, aŭdante la manĝo-bruon, pli kaj pli malsatas, sed kion li povus fari?

«Nun, bonvolu klarigi, kio estas skribita sur tiu malnova papero», la vizitanto diras.

Kaj Gerda klarigas. Ŝi rakontas, ke temas pri la trezoro de la Lumo-serĉantoj. La Lumoserĉantoj estis sekreta societo, kiu naskiĝis en la dekkvina jarcento kaj daŭris, jen forta, jen malforta, laŭ la epokoj, ĝis la mezo de la dekoka jarcento. Ĝi havis membrojn en tre multaj landoj, en popoloj plej malsamaj. Katolikoj, protestantoj, ortodoksuloj, judoj, islamanoj, budhanoj kaj aliaj estis membroj de tiu internacia aŭ supernacia societo. Ilia celo estis sekrete labori por la unuigo de la mondo, de la popoloj, por la harmoniigo de la religioj, kaj por ke la malsamaj tradicioj inter-kompreniĝu. Ili estis morala kaj filozofia elito. Ili estis elpensintaj sekretan lingvon, kiu ebligis al ili komuniki, el kiu ajn lando aŭ popolo ili estis. La ŝtatoj, kiam ili malkovris la ekziston de la Lumoserĉantoj, ektimis tiujn homojn, miskomprenis iliajn celojn, kaj ilin persekutis. Inter la Lumoserĉantoj, tre riĉaj homoj troviĝis. Tial, laŭ diversaj malnovaj dokumentoj, ilia trezoro estas multvalora. Tiu ĉi papero estas fotokopio de dokumento, kiu tre precize indikas, kie oni kaŝis la trezoron.

Gerda klarigas, tradukas, kaj la viro notas ĉiun detalon sur etan not-libron. Kiam ŝi finis, li diras:

«Dankon. Nun ni havas, kion ni deziris. Mi foriras. Mi lasas vin tie ĉi. Ni decidos poste, kion ni faros el vi. Adiaŭ, belulino, adiaŭ.»

Nur post kiam la pordo fermiĝis kaj la bruo de la paŝoj forsvenis, aŭdiĝas de sub la lito voĉo, kiu diras:

«Ĉu vi lasis al mi iom de tiu kuko?»

22

Baldaŭ venis la policanoj, por ilin liberigi. Gerda reiris hejmen, al siaj filino kaj edzo. Sed Bob rapidis al la flug-haveno. Li volis ĉeesti kun Linda kaj Tom, kiam la policano arestos la kaptintojn de Gerda.

Estis sufiĉe multekosta vojaĝo, sed la familio de Gerda – riĉa familio – pagis por ili la bileton, tiel esprimante sian dankemon.

Ĉar la policano kaj la gejunuloj sciis pli frue ol la ŝtelistoj, kie troviĝas la trezoro, ili havis multe da tempo por prepari sin. Ili ne dubis, ke la aliaj venos kiel eble plej baldaŭ, kaj ke la tuta bando venos. Kutime tiaj homoj ne fidas sin reciproke, kaj volas kune ĉeesti, por certiĝi, ke neniu kaŝos por si parton de la trovaĵo.

La loko indikita troviĝis ĉe la piedo de monto, en kaverno, kie, videble, neniu paŝis jam de jaroj.

«Feliĉe, ke ili ne kaŝis la trezoron trans la maro, ekzemple sur insulo, kien nur per ŝipo oni povas iri. Se estis vere internacia societo, kiel Gerda diris, tio estis ebla, ĉu ne?» Tiel parolis Linda.

«Vi pravas», diris Tom. «Mi tute ne ŝatus vojaĝi ŝipe. La maro ĉiam igas min malsana. Mi ŝatas rigardi la maron, resti ĉe la maro, liber-tempi apud la maro, sed ne vojaĝi per ŝipo sur ĝi. Ŝipoj konstante dancas sur la maro, kaj ilia danco tute ne plaĉas al mi. Feliĉe, ke hodiaŭ oni povas iri preskaŭ ien ajn aviadile. Aviadiloj preskaŭ tute ne dancas. Sed eĉ aviadiloj nur duone plaĉas al mi. Plej multe mi preferas, kiam mi veturas sur tero, sur bona firma tero. Mi bezonas sub mi ion pli firman ol akvo aŭ aero. Plej plaĉe estas promeni piede sur bona tera vojo. Mi ...»

Sed Linda interrompis lian paroladon, iom strangan en tiuj kondiĉoj, en kiuj ili troviĝis:

«Kiam alvenos la trezor-serĉantoj, laŭ via opinio?» ŝi demandis la policanon.

«Morgaŭ, tute certe. Ili ne povus alveni hodiaŭ, ĉar ne plu estis aviadilo post la nia, kaj aŭte ili bezonus la tutan nokton. Verŝajne Bob flugos en la sama aviadilo.»

La temperaturo estis plaĉa, kaj bela la vetero. Ili starigis sian tendon en la proksimeco, tamen bone prizorgante, ke ĝi ne estu videbla por alvenantoj. La sola maniero, laŭ kiu la trezorserĉantoj povus alveni antaŭ la morgaŭa tago, estus, ke ili flugu per malgranda aviadilo, speciale luita. Sed lui specialan aviadilon kostas tiel multe, ke plej verŝajne ili ne uzos tiun rimedon.

La sekvantan matenon, niaj amikoj vekiĝis frue. Tuj la policano kaj la du gestudentoj aranĝis, ke ĉiu el ili, unu post la alia, gardo-staros en loko, de kie eblas facile observi la solan vojon – aŭ pli ĝuste vojaĉon – laŭ kiu oni povas proksimiĝi al la kaverno, kaj ke ĉiu havos en la kaverno sian difinitan kaŝejon.

Post tri horoj da atendado, io fine okazis: Linda, kiu gardostaris en la iom alta observejo, faris la deciditan signalon, kaj rapide kuris de supre al siaj kunuloj.

«Aŭto alvenas!» ŝi kriis.

En tiu ege soleca regiono, kiu povus veni aŭte per tiu tera vojaĉo, se ne la trezorserĉantoj? La tri atendantoj sin kaŝis, ĉiu en sia difinita loko, malantaŭ rokoj, da kiuj oportune troviĝis multe en la kaverno.

23

Post duonhoro, iu envenis. Estis Bob!

«Kie sin kaŝas la lumserĉantoj?» li kriis. «Ĉu en la mallumo?»

La aliaj sin montris.

«Rekaŝu vin, ili tuj alvenos», li diris.

«Kiel vi faris por antaŭi ilin?»

«Dank' al Gerda. Ŝi telefone aranĝis, ke veturilo atendu min ĉe la flughaveno, kaj ke ŝoforo min veturigu ĉi tien. Ŝi estas riĉa, kaj mono solvas multajn problemojn. Ŝi donis tre precizajn indikojn por ebligi al la ŝoforo trovi la lokon, kaj jen mi estas. Sed niaj trezorserĉantoj tuj alvenos. Ili flugis en la sama aviadilo, kiel mi, kaj kiam la ŝoforo min trovis, mi vidis ilin iri al oficejo, kie oni luas aŭtojn.»

Tom kuris supren al la observejo. Post kelkaj minutoj, la aliaj aŭdis lian signalon.

Envenis la kavernon flegistino Marta, ŝia frato la alta blondulo, la malgrasulo, kiu rilatis kun Gerda, kiam ŝi estis mallibera, kaj du aliaj viroj.

«Profesoro Ronga!» mire diris al si la tri gestudentoj, kaj

tuj poste ili aldonis: «Kaj Profesoro Fergus!»

La unua instruis lingvistikon, la dua anglan literaturon.

Laŭ la malnova dokumento, la trezoro troviĝis en kofro metita en kavo aranĝita en la rokoj, kaj la ŝtonoj, kiuj ĝin kovris kaj kaŝis, kuŝis laŭ preciza desegno. Fakte, la ĝusta loko estis indikita per signoj tiel multaj, kvankam diskretaj, ke la pasado de l' jarcentoj ne povu forpreni ĉiujn. Pro tiuj precizaj indikoj, la ĝusta loko estis rapide trovita. La grupo forprenis la kaŝantajn ŝtonojn. Montriĝis, ke la kavo estis plenigita per korko kaj diversaj aliaj substancoj, kies celo verŝajne estis protekti la kofron kontraŭ malsekeco.

La kofro, kiun ili eltiris, ne estis tre granda, nek speciale bela aŭ valora. Ĝi estis ŝlosita. Per siaj iloj, ili ĝin malfermis.

24

«Nur papero!» kriis Ronga.

«Ankaŭ estas libro!» diris Marta, sed jam Ronga laŭt-legis:

> «*Ĉi tie kuŝas la Trezoro de la Lumo. Pro la daŭra persekutado, la Sankta kaj Sekreta Frataro de la Lumoserĉantoj baldaŭ ĉesos ekzisti. Sed ĝia Spirito plu vivos. Iun tagon, homoj retrovos la Sanktajn Principojn kaj rekomencos ilin apliki. Por ili estas ĉi tie kaŝita la Trezoro de la Lumo.*
>
> «*Ĝi estas skribita en la Speciala Lingvo de la Frataro, sed certe homoj troviĝos, kiuj ĝin povos kompreni. La Trezoro konsistas el la arto praktike apliki kaj defendi la*

Veron, la Justecon, la Dignecon, la Respekton al ĉiu homo, la Interkomprenon, la Honestecon, la Amon, la Kompatemon kaj la Konon de si mem kaj de sia ĝusta loko.

«Por la Frataro, la Spiritaj Valoroj estas la plej altaj. Tial ĝia Trezoro estas pure Spirita.

«Al vi, homo, kiu trovis ĝin, trans multaj aŭ malmultaj tagoj, semajnoj, monatoj, jaroj, jardekoj aŭ jarcentoj, Saluton kaj Fratecon!»

***

Ili sidis en komfortaj brakseĝoj en la hejmo de Gerda.

«Kio okazis poste?» ĉi-lasta demandis.

«Ni malkaŝis nin, kaj mi ilin arestis», diris la policano. «La loka polico estis antaŭe informita, kaj enŝlosis ilin.»

«Ĉu vi scias, kiel komenciĝis la afero?» scivolis Tom.

«Proksimume. Kiam Marta estis flegistino en la hospitalo, ŝi ĉeestis kirurgian operacion de historiisto, Prof. (= Profesoro) Kosadi. Kiam ĉi-lasta estis duone dormanta, duone vekiĝanta, li parolis nekonscie pri la trezoro de la Lumoserĉantoj. Li diris, ke temas pri malnova societo, elita, tre riĉa, pri kies trezoro li eksciis hazarde legante en la Vatikana Biblioteko.»

«Jes», daŭrigis Gerda. «Tiun parton de la afero mi konas. Li faris historian esploron en la Biblioteko Vatikana. Inter la paĝoj de malnova libro, li trovis dokumenton en la sekreta lingvo de la Lumoserĉantoj. Li antaŭe kelktempe interesiĝis pri tiu sekreta societo internacia, kaj iom komprenis ĝian sekretan lingvon. Li komprenis, ke tiu papero indikas, kie troviĝas la trezoro de la Lumoserĉantoj, sed mem ne povis traduki ĉiujn detalajn indikojn. Li ricevis la permeson fotokopii la dokumenton. Foje, kiam ni renkontiĝis, li parolis pri tio al mi. Li diris, ke eble homoj provos trovi tiun trezoron, ĉar pli kaj pli multaj personoj interesiĝas pri la malnovaj sekretaj societoj. Li sciis, ke mi estas la sola persono en la mondo, kiu vere ĝisfunde studis tiujn malnovajn sekretajn lingvojn, kaj li petis min solene promesi, ke mi neniam kunlaboros kun homoj serĉantaj la trezoron pro materia intereso.»

«Kion li volis, ke oni faru pri ĝi?» Linda demandis.

«Ke ĝi transiru al iu Muzeo aŭ Ŝtata Institucio.»

Tom intervenis:

«Kiel Marta ricevis la fotokopion?»

«Ŝi mem klarigis al mi», respondis la policano. «Ŝi konstatis, ke la substanco uzita antaŭ la operacio por dormigi la profesoron estas unu el tiuj, kiujn oni kelkfoje uzas por t.n. (= tiel nomata) ‹narkoanalizo›. Post la operacio, kiam la profesoro kuŝis en sia ĉambro – li havis privatan ĉambron, kaj do estis sola – ŝi injektis al li tiun substancon, kaj pridemandis lin. Sub la influo de la koncerna substanco, oni dormas, sed dormante aŭdas kaj respondas demandojn, ĝenerale dirante la veron. Li do dorme respondis al ŝi. Per tiu metodo ŝi eksciis pri tio, ke nur unu persono en la mondo, nome Gerda, komprenas tiun sekretan lingvon, kaj pri multaj aliaj aferoj.»

25

«Sed vi ne respondis pri la fotokopio!»

«Ho, pardonu. La profesoro havis ĝin en sia paperujo. Li

fartis tre malbone post la operacio. Marta simple prenis la dokumenton el lia paperujo, dum li dormis: ŝi ja sciis, ke li ne vivos longe. Li fartis malbone. Lia san-stato ne lasis multe da espero. Fakte, li baldaŭ mortis post tio. Neniu do zorgis pri la malaperinta papero.»

«Kiel Ronga enmiksiĝis en la aranĝon?»

«Li estis la amanto de Marta, kaj ŝi rakontis al li. Li vivas tiamaniere, ke li daŭre bezonas multe da mono. Li organizis la aferon. Estas li kaj kolego Fergus, kiuj forportis Gerdan, post kiam ili batis Bob senkonscia. La oficejo de Fergus estas tute proksima. Tien ili portis ŝin, kaj tie ili atendis, ĝis la vojo estis libera kaj ili povis veturigi ŝin al la forlasita domo.»

Gerda parolis:

«La frato de Marta plurfoje vizitis min, antaŭ kelkaj monatoj. Li provis igi min traduki por li la dokumenton. Sed kiam mi demandis, de kie li ricevis ĝin, li hezitis, iom paliĝis, ne respondis tuj, kaj mi komprenis, ke li ne agis honeste. Mi memoris la vortojn de Prof. Kosadi, kaj malakceptis kunlabori. Sed li revenis unufoje, dufoje, trifoje. Mi ĉiufoje rifuzis. Kiam mi poste ricevis inviton instrui pri malnovaj sekretaj lingvoj en la kadro de kurso de Prof. Ronga, mi tute ne imagis, ke estas rilato inter Ronga kaj la junulo, kiu tiel ofte venis al mia hejmo insisti, por ke mi traduku la paperon pri l' trezoro.»

«Jes», diris Tom. «Pro via plurfoja rifuzo, ili elpensis tiun planon. Kapti vin kaj perforte devigi vin traduki la tekston.»

«Tiom da riskoj kaj zorgoj por nenio!» komentis Gerda. «Kia malsaĝeco! Kia stulteco!»

«Jes. Amatoroj», diris la policano malestime. «Ili agis amatore ekde la komenco. Pro tio ni tiel facile ilin kaptis. Sed pri tiu amatoreco vi danku Dion, Gerda. Pro tiu amatoreco ni povis liberigi vin, kaj vi plu vivas. Neamatoroj en simila situacio ne hezitus: vin uzinte, ili vin mortigus.»

«Ĉu vere?»

«Jes. Vi sciis tro multe. Estus tro danĝere lasi vin vivi. Sincere, vi povas danki Dion, ke nur amatoroj planis kaj realigis tiun aferon.»

Gerda silentis, pensema.

«Terure!» ŝi fine diris. «Ĉiaokaze, mi plej sincere dankas vin. Ĉiun el vi. Vi agis mirinde. Vi savis min kaj mian filinon. Sed, Bob, kion vi opinias pri la tuta afero? Vi ankoraŭ diris nenion.»

Bob rigardis ŝin, kun iom stranga esprimo.

«Mi plezure trinkus glason da brando», li diris. Kaj li restis malĝojeta, dum ĉiuj aliaj ekridis.

Kara kaj estimata leginto,

Vi legis ĉi tiun aventuron ĝis la fino. Sendube vi estas kontenta, ke ĉio finiĝis bone. Sed ĉu vi rimarkis, ke en la rakonto grava kontraŭdiro troviĝas? Alivorte, en unu loko la aŭtoro diras ion, kaj en alia li diras la kontraŭon. Vi ne rimarkis, ĉu vere? Bedaŭrinde! Nun vi devos relegi la tutan tekston por trovi, pri kio temas. Legu atente, kaj se post unu legado vi ne trovis, relegu duan fojon, trian fojon, ktp. Certe vi fine trovos.

—CLAUDE PIRON

LASU MIN PAROLI PLU!

1. IZABELA

Izabela rigardas al la granda spegulo. La knabino en la granda spegulo rigardas al Izabela. Izabela scias, kiu estas la knabino en la spegulo. Tiu enspegula knabino estas juna, malgranda kaj ne bela. Estas Izabela.

«La mondo ne estas bela», diras Izabela al la spegulo. «Mi ne estas bela, mi ne estas granda, mi estas juna, tro juna. Nenio okazas al mi. En la tuta mondo ne estas knabo, kiu venas al mi kaj diras al mi ‹saluton!› kaj sidas kun mi. En la tuta mondo ne estas juna viro, kiu venas al mi kaj rigardas al mi kaj diras: ‹Kara Izabela, vi estas juna kaj bela, sed vi laboras tro multe. Ne laboru nun. Venu kun mi. Ne demandu, kiu mi estas, kio mi estas. Mi estas nur juna viro, kiu rigardas al vi kaj diras: Vi estas tute sola. Venu kun mi. Kun mi, la mondo estas bela kaj granda.› Sed ne venas tiu knabo, kaj en la tuta mondo nenio okazas. Nenio okazas al mi, nenio nova okazas, nenio speciala okazas. Nur laboro, laboro, laboro ... Estas tro.

«Mi sidas tute sola. Mi rigardas al vi, spegulo. Kaj en la spegulo estas nur Izabela, la plej malbela knabino en la tuta mondo. Vere, la nuna mondo ne estas bela.»

2. STRANGA STRANGULO

Tiu ulo estas stranga. Ĉu vi vidas lin? Tiu granda viro, vere forta, kiu staras proksime al la spegulo, kun io en la mano. Li ne plu estas tre juna, sed li ne estas maljuna. Ĉu vi vidas lin? Ĉu vi vidas lin nun?

Turnu vin iomete. Jen. Nun vi certe vidas lin, ĉu ne?

Nu, tiu stranga ulo parolas tute sola. Dum vi rigardas lin, li haltas, sed se vi ne rigardas, li reparolas. Li iras rapide al la pordo, staras proksime al tiu alia ulo, kiu sidas en la angulo kun bela knabino, lin rigardas, sed ne parolas al li. Poste li rigardas al la bela knabino, staras proksime al ŝi, tute proksime al ŝi, fakte. Li rigardas ŝin, sed ne parolas al ŝi. Estas io en lia mano, sed mi ne scias, kio. Poste li revenas al la pordo, staras inter la pordo kaj la alta spegulo, kaj nenio okazas.

Nun li malrapide proksimiĝas al la spegulo, parolas al la spegulo, dum juna virino sidas tute proksime. Sed li ne parolas al ŝi, li parolas al la spegulo! Strange, ĉu ne? Vere stranga ulo!

Nun, jen li malrapide revenas al la alia angulo. Io estas tute ne-natura en lia rigardo.

Ĉu vi scias, kiu estas tiu viro? Li estas forta kaj alta, sed pala, tro pala, multe tro pala. Li estas ne-nature pala. Vera strangulo!

Ĉu mi demandu al li, kiu li estas? Diable! Mi ne plu vidas

lin. Knabo kaj knabino staras inter li kaj mi. Ĉu vi vidas lin nun? Mi ne. Mi ne plu vidas lin. Ho jes, jen mi lin revidas. Fakte, li nun staras iom malproksime. Rigardu! Jen, nun li iras tre malrapide al la pordo. Vere, li agas plej strange. Mi demandas min ...

Kio estas en lia mano? Ĉu vi vidas? Ha, jen li reproksimiĝas. Mi bone vidas nun. Nun mi vidas, kio estas en lia mano. Estas taso. Estas nur taso. Rigardu, li agas vere strange! Li parolas al la taso! Li iras al tiu juna studentino, kiu sidas en la angulo, haltas, staras proksime al ŝi, sed ne parolas al ŝi. Li parolas nur al la taso. Li agas vere strange, vere tre strange, vere tro strange. Nun mi ne plu vidas lin.

Ho jes! Se mi turnas min iomete, mi revidas lin. Stranga ulo. Mi vere demandas al mi, kiu li estas. Li certe ne estas nova studento. Li estas tro maljuna.

3. AMDEKLARO

Izabela, pardonu min, sed mia deklaro estas plej grava. Permesu, ke mi parolu al vi. Permesu, ke mi rigardu al vi, al via bela, serioza vizaĝo.

Mi min demandas, ĉu vi povas kompreni min. Eble ne. Eble vi ne povas. Okazas io stranga al mi. Io tute nekomprenebla. Vi estas tro bela. Tio estas la grava fakto, la sola vere grava fakto en la mondo.

Mi rigardis al via tro bela vizaĝo, kaj io nekomprenebla okazis en mi. Mi ne plu komprenas min. Mi ne plu estas mi.

Mi rigardis vin, mi simple rigardis vin, kaj mi ne plu estas la juna malserioza knabo, kiu mi estis.

Mi estis knabo, kaj nun estas viro. Mi estis malforta, kaj mia forto nun estas nekomprenebla granda. Mi estas kvazaŭ tute nova. Mi estis sola en la mondo. Nun mi povas esti kun vi. Se vi volas, komprenebla.

Mi volas proksimiĝi al vi. Mi volas esti kun vi. Mi volas paroli al vi pri la belo de la tago, pri la bono de la naturo, pri la grando de la mondo. Mi volas paroli al vi pri viaj belaj manoj, pri via bela vizaĝo.

Mi scias, ke vi estas mistera. Virinoj al mi aspektas mistere. Mi volas ke vi, mistera virino, rigardu min, amu min. Mi volas sidi ĉe via tablo, mi volas paroli kun vi dum la tuta tago, dum multaj kaj multaj tutaj tagoj. Mi scias, ke mi ne esprimas min bone. Pardonu min, mi petas. Mi estas certa, ke vi komprenas min. Sed eble ne. Eble vi ne povas kompreni. Mi volas, ke vi komprenu min, sed eble vi ne povas. Mi petas vin, montru al mi, ke vi komprenas. Montru al mi, ke vi permesas, ke mi parolu plu. Diru al mi, ke vi permesas, ke mi deklaru plu, kiel forte mi amas vin. Certe vi permesas, ĉu ne?

Ho Izabela, permesu, ke mia mano proksimiĝu al via mano, ke mia mano iomete haltu sur via mano. Ĉu ne? Ĉu vi ne volas? Ĉu vi malpermesas? Ĉu mi estas nepardonebla? Ĉu mi agis nepardoneble? Mi agis nur nature.

Mi parolas serioze. Ĉu mi estis malprava? Ĉu vi ne pardonas min? Tamen, Izabela, mi nur amas. Ĉu vi ne volas, ke mi amu vin? Ĉu vi ne povas min ami? Ĉu vi ne volas min ami? Ĉu vi ne volas min?

Permesu tamen, ke mi vin rigardu. Mi parolas plej serioze. Vi ne komprenas, ke mi amas vin, ĉu? Ĉu eble vi ne scias, ke vi estas bela, tre bela, tre tre bela, fakte?

Se vi ne volas, ke mi amu vin tute, se vi preferas, ke mi ne amu vin, eble vi tamen permesas, ke mi amu vin iomete. Nur iomete, Izabela, mi petas. Se vi ne permesas, ke mi amu vin multe, mi petas vin, permesu, ke mi amu vin iomete.

Amo estas la plej alta vero en la mondo. Kio estas pli bela? Kio estas pli granda? Kio estas pli forta? Nenio. Mi povas plej serioze deklari al vi, ke nenio estas pli bela, nenio estas pli alta, nenio estas pli forta. Mi povas ankaŭ diri: nenio estas pli natura. Tio estas la plej certa vero en la tuta mondo.

Mi amas vin, Izabela. Mi vin amas forte. Mi amas vin pli kaj pli.

Mi petas vin, pardonu al mi, sed se vi povas, ankaŭ vi amu min. Ĉu vi scias, kiel simpla estas amo? Kiel simpla kaj bona? Nenio estas pli simpla. Nenio estas pli bona.

Mi amas vin, Izabela. Pardonu, se mi parolas iom strange. Sed mia amo estas tro forta, tro grava. Ne gravas, se vi ne komprenas. La sola, simpla fakto estas, ke mi amas vin. Kaj ke tio estas bona.

4. LINGVISTIKO

Mi deziras, ke vi komprenu, ke lingvistiko estas scienco inter multaj aliaj sciencoj. Lingvistiko estas mia fako. Oni do prave povas diri, ke mi estas fakulo pri lingvistiko. Lingvistiko estas mia specialaĵo, se vi volas.

Sed la fakto, ke mi lernis multe pri lingvoj kaj pri lingvistiko, la fakto, ke mi estis studento pri tiu fako, ne permesas al vi diri, ke mi scias multe pri la aliaj sciencoj. Multaj sciencaj aferoj estas por mi misteraj, en fakoj, kiuj ne estas la mia.

Nu, ni ne parolu pri tio. Ni ne parolu pri tiuj aliaj sciencoj. Ni parolu nur pri mia fako, nome lingvistiko. Lingvistiko estas la scienco pri lingvo. Pri lingvoj, se vi preferas. Lingvistiko, t.e. [= tio estas] lingvoscienco ... jes, oni povas diri ankaŭ «lingvoscienco» ..., estas la scienco pri tio, kiel ni esprimas nin lingve. Mi demandas, kaj vi respondas. Kiel? Ĉu mane? Ne. Ni ne demandas kaj respondas mane. Por demandi kaj respondi, ne niaj manoj agas, ni tute ne agas, fakte, ni parolas.

Eble oni povas diri, ke paroli jam estas agi. Ke parolo estas ago. Sed tamen, se oni povas konsideri, ke paroli estas agi, parolo tamen ne estas mana ago, parolo estas lingva ago.

Kiam do ni demandas kaj respondas, ni parolas, t.e. ni agas lingve. Kiam ni komunikas parole, ni rilatas lingve inter ni. Nia interrilato estas lingva. Niaj komunikoj estas lingvaj. Lingvo ekzistas por komuniki, por ke ni rilatu inter ni, por ke ni povu diri al aliulo, kio okazas, kio okazis, ĉu ni konsentas kun li, ĉu ni ne konsentas, ĉu ni deziras, ke li agu por ni. Lingvo ekzistas por lerni kaj por instrui. Se ideo venas al vi, eble vi deziras ĝin komuniki. Nu, por tio lingvo ekzistas. Por tio multaj lingvoj ekzistas. Por tio ni lernas ilin. Por rilati inter ni, ne nur mane, sed ankaŭ parole.

5. ĈU VERE VI NE VOLAS LABORI?

Rigardu, la sukerujo estas malplena. Se iu dezirus sukeron, li ne povus havi ĝin. Vi iras promeni kun Izabela, vi parolas kun ŝi dum la tuta tago pri arto kaj scienco, eble, sed eble ankaŭ pri malpli belaj aferoj – la diablo scias, pri kio vi parolas, kiam vi promenas kun ŝi – kaj dume la sukerujoj staras tute malplenaj sur la tabloj.

Vi tute ne atentas vian laboron. Ŝajnas, ke nur Izabela gravas por vi. Mi konsentas, ke ŝi estas tre bela junulino. Sed tamen vi agas malprave. Se subite iu dezirus sukeron, ĉe kiu li ekhavus ĝin?

Nur imagu! Se Profesoro Zuzu venus kaj vidus, ke la sukerujoj estas malplenaj … mi ne povas imagi – pli bone: mi preferas ne imagi – kio okazus, se li tion vidus. Vi scias, ke havi multe da sukero tre gravas por li. Vere mi ne komprenas vin.

Vi ne estas serioza. Vi ne laboras serioze. Kiam vi ne promenas, vi sidas en angulo kaj atentas nenion, nur Izabelan. Ofte mi demandas min, ĉu vi estas normala. Se via imago malpli laborus, certe pli laborus viaj manoj.

Vi povus tamen atenti, ĉu la sukerujoj estas plenaj. Se mi ne estus kun vi, se mi ne atentus la simplajn aferojn de la labortago, nenio okazus normale. Vi permesas al vi iri promeni, vi iras kaŝi vin en la naturo kun via belulino, kaj vi tute ne konsideras, ke vi estas en la universitato por labori mane, ne por deklari vian amon dum tuta tago, ne por rigardi vin en la spegulo por vidi, ĉu vi ne ŝajnas tro malbela por Izabela, ne por komuniki al ŝi la belajn esprimojn de via juna, drama imago, sed por labori.

Atenti la sukerujojn estas via laboro, ne mia. Se mi permesus al mi agi kiel vi ... Ne. Mi tion ne povas imagi. Mi estas serioza, mi ne iras promeni, mi ne iras kaŝe sidi dum la labortago kun bela fortulo.

Mi ne plu estas tiel juna, kiel vi, sed tamen ... Se vi nur scius, kiel ofte viroj min petas ... La viroj, kiuj konas min, konsideras ke ... hehe![1] ... Nu, viroj estas viroj, ĉu ne? Sed mi neniam konsentas. Mi neniam diras «jes». Mi neniam jesas al ili. Ami la virojn ne estas mia specialaĵo. Ne por atenti la virojn la universitato petas min veni, nur por labori. Ne havu strangajn ideojn pri mi. Mi atentas vin, juna viro, nur rilate al via laboro. Ke la sukerujoj estas malplenaj, tio gravas por mi. Sed ke vi parolas bele kaj havas ne malbelan vizaĝon, tio al mi tute ne gravas. Vi povus plibeliĝi de tago al tago, mi ne atentus vian plibeliĝon, mi atentus vian laboron kaj rigardus – interalie – ĉu la sukerujoj estas plenaj, ĉu ili estas malplenaj. Kaj se ili ne estas tute plenaj, permesu, ke mi tion diru al vi.

Se mi revidus vin reiri promeni kun Izabela dum la labortago kaj ne atenti vian laboron, mi turnus min[2] al Profesoro Zuzu kaj dirus la aferon al li. Ne gravas al vi, ĉu vere? Ĉu vere tion vi respondis? Diable! Bela respondo!

Nu, bone! Se vi preferas agi neserioze, se vi preferas ne

---

1 hehe!: Pli malpli kiel *ho*! (Se vi ne komprenas *hehe*!, tute ne gravas.)

2 mi turnus min al: Mi irus paroli al.

labori, la dramo okazu. Al mi tute ne gravas. Mi diras tion por vi, ne por mi.

Ĉu vi imagas, ke povus gravi por mi, ke vi ne laboras normale, ke vi malkonsentas labori? Tute ne gravas. Mi estas bona kun vi kaj komunikas al vi miajn ideojn. Sed se vi ne volas konsideri ilin serioze, tio estas via afero. Ĉu laboro pri sukerujoj estas tro malalta por vi? Ĉu vi imagas, ke vi estas en la universitato kiel studento? Kiel profesoro, eble? Ne, ne, kara mia. Vi estas simpla laborulo. Estas tro multe da ideoj en via imago, kaj tro malmulte da laborforto en viaj manoj. Ne. Laborforton vi havas. Mi volis diri: tro malmulte da laborvolo.

Tro ofte mi vidas vin promeni kun la manoj en la poŝoj. Ĉu vi estus tiel malforta, ke vi ne plu povus labori nun? Vi eble ne estas tre granda, sed vi ne ŝajnas malforta. Ĉu vi jam laboris tro multe? Diable! Mi ne povas kompreni vin.

Kiam mi estis juna, mi ne konis knabojn, kiuj laboris tiel malmulte, kiel vi. Knaboj, kiuj ne laboris, ĉe ni ne ekzistis. Mi ne diras, ke vi estas malbona knabo. Mi konsideras nur, ke vi agas absurde. Mi konsentas, ke Izabela kaj vi estas bela paro. Sed ... Eble vi konsideras, ke mi parolas tro multe pri aferoj, kiuj ne rilatas al mi. Pardonu, sed tamen permesu, ke mi komuniku al vi miajn ideojn. Rilatoj estas pli bonaj, se tiuj, kiuj kune laboras, estas sinceraj, ĉu ne? Kaj vidi junan viron kiel vi, plenan de forto, promeni tuttage kun knabino, dum li povus multe labori, kaj dum la sukerujoj estas malplenaj, nu, tio estas tro.

6. LA ULO, KIU NE PLU PENSAS

Pri kio mi pensas, li demandis. Ĉu vi aŭdis lin? Kiel strangaj tiuj uloj estas! Kvazaŭ mi scius, pri kio mi pensas. Ĉu mi vere pensis ion? Ĉu oni devas pensi dum la tuta tempo? Tio ne ŝajnas al mi prava.

Mi perdis la forton pensi antaŭ multe da tempo. Kiam mi estis juna, fakte. Mi foriris por promeni en la naturo. La naturo estis bela. Mia povo pensi forfalis dum tiu promeno. Kaj nun, mi estas «la ulo, kiu ne pensas».

Verdire [= ver-dire], mi ne estas la sola. Ankaŭ aliaj viroj kaj virinoj, ankaŭ aliaj knaboj kaj knabinoj preferas ne pensi. Ankaŭ multaj universitataj profesoroj neniam pensas. Ili ŝajnas pensi, sed ne pensas vere. Ili agas, kvazaŭ ili pensus. Nur agas kvazaŭ; ĉu vi komprenas?

Mi scias. Antaŭ iom da tempo, ankaŭ mi instruis en universitato. Sed mi ne volis forperdi mian forton en absurdan agon, kiel pensi. Estas tro riske. Imagu! Se mi perdus miajn ideojn! Mi verŝajne havas ideojn. Mi ne scias tute certe – mi neniam rigardas ilin – sed plej verŝajne ideojn mi havas.

Se jes, miaj ideoj restas trankvilaj en iu anguleto en mi. Mi timas perdi ilin kaj do neniam iras ilin vidi. Fakte, mi ne scias, ĉu ili ekzistas. Verŝajne ili restas solaj en iu anguleto de mi. Solaj kaj trankvilaj. Ili ne timu mian venon. Mi ne riskas veni.

Ĉu vi aŭdis pri Kartezio[3]? Li estis granda profesoro antaŭ multe da tempo. Li diris: «Mi pensas, do mi estas.» Mi diras malsame: «Mi ne pensas, tamen mi estas. Mi ne pensas, tamen mi ekzistas.» Mi scias, ke mi ekzistas. Pri mia ekzisto mi estas tute certa. «Kiel vi povas tion scii, se vi ne pensas?» vi eble demandas vin. Nu, karuloj, mi scias, ke mi ekzistas: mi aŭdas. Mi aŭdas, do mi estas. Mi aŭdas, do mi ekzistas.

«Ĉu esti, ĉu ne esti, jen la demando», diris alia grandulo. Nu, por mi, tio ne estas demando. Mi estas, kaj tio estas bela fakto por mi. Eble mi estas stranga, sed mi amas mian ekziston. La fakto, ke mi ekzistas, estas por mi – eble ne por vi! – bela fakto. Antaŭ la demando «ĉu esti, ĉu ne esti», mi tute ne timas. Mi respondas simple «esti», kaj restas tute trankvila.

«Mi aŭdas, do mi ekzistas», mi diris. Jes, mi aŭdas. Mi aŭdas tre bone. Mi havas tre bonan aŭdpovon. Fakte, mi aŭdis vin diri ion ne tre belan pri mi. Haha! Vi pensis, ke mi ne aŭdas, ĉu ne? Sed mi aŭdas plej bone. Vi povas diri ion tre malforte, kvazaŭ vi tute perdus la forton paroli. Tamen mi aŭdas vin. Mia aŭdo estas tre bona. Tro bona, eble. Ofte okazas, ke mi aŭdas aferojn, kiujn mi devus ne aŭdi. Jes, mi aŭdas vere tre bone.

Same pri mia vidpovo: mi ankaŭ vidas tre bone. Nur mia penspovo ne estas bona kiel miaj aŭdo kaj vido. Mi malamas pensi. Mi ne havas la tempon pensi. Mi havas tempon por neseriozaj aferoj, ne havas tempon por seriozaj, ĉu vi komprenas?

Se mi metas mian forton en tiun laboron – pensi estas labori, ĉu ne? – mi perdas ĝin. Mi tute ne deziras perdi mian

---

3 Kartezio: Nomo en Esperanto de la franca pensulo *Descartes*. (*Kartezio* venas de *Cartesius*, la latina nomo de *Descartes* [dekarte].)

forton. Estas bone esti forta[4].

Verdire, ŝajni forta estas ankoraŭ pli bone, en la nuna mondo, ŝajnas al mi. Plej ofte gravas la aspekto. Se vi ŝajnas forta, oni timas vin, kvazaŭ vi estus forta. Se vi estas forta, sed ŝajnas malforta, oni ne konsideras vin serioze. Nur se la aliaj vidas, ke, kun via malforta aspekto, vi tamen estas vere forta, nur tiam ili konsideras vin serioze.

Ĉu vi aŭdis min? Mi diris, ke mia forto estas grava por mi. Mi do ne volas perdi ĝin, kaj mi do malkonsentas pensi. La aliaj pensu pri tiel gravaj demandoj kiel «ĉu esti, ĉu ne esti», «ĉu mi pensas, kaj do ekzistas? ĉu mi ne pensas, kaj do ne ekzistas?». Ne mi. Mi ne deziras diskuti pri tiuj demandoj. Mi povas observi min ofte, tre ofte, mi neniam vidas deziron pripensi pri la demando de mia ekzisto. Sed mi bone komprenas, ke vi eble havas aliajn dezirojn. Eble vi deziras pridiskuti la demandon, ĉu vi ekzistas. Diskutu ĝin do, sed ne kun mi.

Pensu vi, se vi volas. Pensu, fakte, kion vi volas. Ne gravas al mi, ĉu vi pensas, ĉu vi ne pensas, ĉu vi pensas prave, ĉu vi pensas malprave. Tute ne gravas al mi. Viaj pensoj povas fali unu post la alia sur la tablon, vi povas meti ilin en vian tason da kafo, vi povas kaŝi ilin en sukerujon, tute ne gravas al mi. Se viaj pensoj faras grandan bruon dum-fale, ne gravas al mi. Se ili ne falas sur la tablon, kaj bruon tute ne faras, kaj restas trankvile en via poŝo, same ne gravas al mi. Nur unu peton mi havas: permesu al mi ne pensi. Kaj post tiu deklaro, permesu, ke mi salutu vin. Bonan tagon! Ne pensu tro! Kaj la forto restu kun vi!

---

4 forta: En Esperanto, oni diras: *estas ...e ...i, ...i estas ...e, estas ...e, ke ...* Same kiel oni diras *natura ago*, sed *nature agi*, same oni diras *la ago estas natura*, sed *agi estas nature*.

7. ONI VENIS DE ALIA MONDO

La unua afero estas informi ilin. Jes, mi devos unue informi la aŭtoritatojn. Mi konas min: mi jam nun timas tiun devon, kaj mi timos ĝin multe pli, poste, kiam la tago venos kaj mi devos iri al ili, kaj diri: «Jen kio okazis, jen kio certe okazos.»

Ili opinios, ke mi ne diras la veron. Tute certe ili rigardos min malverulo. Ankaŭ kiam mi montros la ... la «aĵon⁵», ili ne konsentos pri la vero de miaj diroj. Ili rigardos ĝin kaj ili ne komprenos. Ili diros, ke temas pri io tre stranga kaj nekomprenebla, sed ili ne opinios, ke mi diras la veron. Aŭ ĉu eble tamen ...?

Ili eble vokos fakulojn, specialistojn. Mia koro batos! Mi jam povas imagi tion: kiel rapide mia koro batos, kiam mi staros antaŭ ili kaj devos diri, kio okazis, kiel kaj de kiu (diable!) mi ekhavis tiun neimageblan aĵon.

Kion oni povas fari por superi la timon? Kion faras la aliaj, kiam granda forta timo envenas en ilian koron? Mi scias pri tiuj aŭtoritatoj⁶. Ili deziros tutforte, ke mi malpravu. Ili multe preferus, ke mi malpravu. Ofte la aŭtoritatoj tute ne deziras aŭdi la veron. Ili konsentas kompreni ĝin, nur se la

---

5 aĵo: Afero.

6 mi scias pri tiuj aŭtoritatoj: Mi scias, kiel agas tiuj aŭtoritatoj; mi scias, kiel ili reagas al okazaĵoj; mi konas tiujn aŭtoritatojn.

vero estas normala. Kiam la faktoj estas strangaj, kiam okazis io ne normala, io pli malpli supernatura, tiam ili preferas scii nenion.

Ankaŭ mi preferus dormi trankvile kaj vivi trankvilan vivon. Ne mi petis ... eee[7] ... «tiujn» veni. Ne mi deziris aŭdi iliajn timofarajn parolojn. Ĉu vi opinias, ke mi amas dramojn? Tute ne.

Kaj tamen, kion fari? Mi faros mian devon. Mi iros. Kaj mi devos iri sola. La afero, kompreneble, estas plej sekreta. Se almenaŭ mi povus paroli pri ĝi kun iu! Sed sekreto estas sekreto. Kaj kun ... tiuj ... tiuj uloj ... eee ... tiuj estaĵoj, la risko estus tro granda.

La simpla fakto pensi, ke mi staros tie, antaŭ la aŭtoritatoj, jam faras, ke mi timas. Mi grave antaŭtimas tiun tagon. Ili sin demandos, ĉu mia kapo laboras normale. Ili diros, ke miaj ideoj estas absurdaj. Mi respondos, ke ne temas pri ideoj, sed pri faktoj, simplaj faktoj, pri kiuj mi preferus neniam paroli.

Tiam mi diros: «Estaĵoj alimondaj [= alia-mond-aj] venis al mi. Jen. Ili petis min montri al vi jenan aferon, por ke vi certiĝu, ke mi diras la veron kaj ke ververe ili petis min veni por diri al vi, kion ili volas, ke mi diru.» Kaj mi montros la ... la aĵon ... kaj ili ne scios, kion pensi. Sed ili certe devos diri unu al la alia, ke tiu ... tiu aĵo ... ne povus esti niamonda (nenio sama povas ekzisti en nia mondo; oni do ĝin faris alimonde; ali-monduloj do ekzistas kaj venis al mi).

Ili demandos kaj demandos. Mi respondos, ke mi scias nenion, ke la afero same misteras al mi, kiel al ili, kaj ke mi preferus ne havi la devon ilin informi. Mi respondos plu, ke

---

[7] eee: La viro, kiu parolas, ne scias, kiel esprimi la penson; li do diras *eee*; en aliaj lingvoj oni diras *hm, aaa, er, euh, nu, oh*, ...

estis mia devo veni, tiel ke mi venis, malbonvole, eble, sed tamen venis. Se ili ne volas aŭdi tion, kion mi devas diri, estas ilia afero. Ili iru al la diablo, se ili preferas.

Mi venis por fari mian devon. Tio estas la ĝusta faro, ĉu ne? Kio estas pli ĝusta ol tio? Kio estus pli prava ol informi la superulojn? Ankaŭ mi preferus sidi kun la kapo en imago kaj la piedoj sur la tablo, se vi vidas, kion mi volas diri, sed ne gravas mia prefero, ĉu? Gravas multe pli, ke iu informu la aŭtoritatojn pri tiu grava, stranga, drama afero. Kion fari, se tiu «iu» nur povas esti mi? Sincere, mi preferus, ke iru iu alia.

Unu eble konsentos iomete aŭdi min, sed ne la aliaj, ne la plimulto. Nu, estas ilia afero. Ne; mi diras malveron al mi. Ne estas nur ilia afero. Estas ankaŭ mia afero. Estas mia devo. Kiam mi ekpensas pri tio, kio okazos al la tuta mondo, se oni faros nenion, kiel mi ektimas! Mi preferus resti trankvile ĉi tie ol devi informi ilin.

La vero ofte ŝajnas pli absurda ol imagaĵoj. Estas vere, ke la aŭtoritatoj estos en malkomforta pozicio. Sed ne mi decidis, ke ili havos superan, aŭtoritatan pozicion. Ili decidis mem. Ili mem tion deziris.

Jes, karaj granduloj, vi deziris iĝi superaj aŭtoritatoj. Vi deziris la Povon, la povon super ni simpluloj. Nun, vi havas ĝin. Agu do! Vi devos komuniki la informon al la tuta mondo, tiel ke la tuta mondo sciu, sed tamen ne tro timu. Ĉu tio estas ebla? Mi timas, ke ne. Mi timas, ke oni ne povas fari, ke la mondo ne timu. Sed kion fari? Ĉu fari nenion, ĝis la dramo okazos? Ne. Neeble. Vi certe faros vian devon. Mi estas kore kun vi.

8. IRU KIEL VI VOLAS

Oni nomas tiun restoracion «memserva restoracio», ĉar en ĝi oni servas sin mem. Ne estas ulo, kiu venas al via tablo kun via tomato aŭ kafo. Vi devas servi vin mem.

Ĉu vi ne volas iri al memserva restoracio? Vi preferas, ke oni servu vin. Nu, bone. Kiel vi volas. Ĉiaokaze, mi ne iros kun vi. Vi devos iri sola. Mi devas resti ĉi tie. Mi laboros en mia ĉambro.

Kion? Ĉu vi timas perdiĝi? Ne timu. Miaopinie, vi ne riskas perdiĝi. Estas tre simple iri tien. Nur sekvu tion, kion Tom diris al vi. Tiel vi ne perdiĝos.

Se vi ne volas iri al memserva restoracio, iru do al alia restoracio. Ne gravas al mi. Same pri tio, ĉu vi iru buse, aŭte aŭ piede. Busi eble estas pli bone ol piediri, almenaŭ por la piedoj, sed la buson vi devas atendi. Okazas, ke oni atendas longe. Aŭto estas pli rapida ol buso, kaj vi povas foriri per ĝi, kiam vi volas, sed ĉu vi havas aŭton?

Vi baldaŭ havos aŭton, ĉu? Nu, bone, sed «baldaŭ» ne estas «nun». Se vi deziras iri al la urbo nun, tre gravas, ĉu vi havas aŭton nun. Ke vi havos ĝin baldaŭ, tio estas grava iurilate, mi konsentas, sed tio ne helpas vin nun, eĉ iomete, por iri al la urbo, ĉu? Por aŭti ĝis la urbo, oni devas havi aŭton.

Sed fakte vi povas iri tien promene. Piediri estas bone por

la koro. Kaj ankaŭ por la kapo, cetere. Kiam venas nokto, la urbo iĝas tiel bela! Kiam oni subite ekvidas la tutan urbon de malproksime, kaj noktiĝas, oni ekhavas senton pri io mistera, io ekstermonda, eĉ supermonda.

Ne estas tro longe ĝis la urbo. Kompreneble, vi ne estos tie tuj, vi devos tamen promeni iom da tempo. Sed ne estas tro longe. Ne timu, ke viaj kruroj tro laboros kaj perdos sian tutan forton.

Sed mi deziris diskuti kun vi ankaŭ pri io tute alia. Ĉu vi havas informojn pri Ana? Ŝi kuŝis en sia ĉambro kaj ne sentis sin tre bone. Tom iris al ŝi kun sia kuracisto, sed ŝi ne rigardas tiun kuraciston serioza, ŝi preferas sian kuraciston, ŝi vere ne amas lian. Li do forsendis sian kuraciston kaj vokis ŝian. Strange, kiam ŝi vidis lian kuraciston, ŝi sentis sin malbone, sed tuj kiam ŝi vidis sian kuraciston[8] eniri en ŝian ĉambron[9], ŝi jam sentis sin pli bone.

Oni sin demandas, pri kio vere temas, ĉu ne? Ho, ĉu vi jam foriras? Do, bonan vesperon, kaj ankaŭ bonan nokton! Ĝis revido! Ni revidos nin baldaŭ, verŝajne. Do, ĝis!

---

8   ŝi vidis sian kuraciston: Kiu vidis? Ŝi. La kuraciston de kiu? De ŝi (de tiu, kiu vidis).

9   eniri en ŝian ĉambron: Kiu eniris? Ne ŝi, sed la kuracisto. En la ĉambron de kiu? Ne de la kuracisto (ne de tiu, kiu eniris), sed de ŝi. Se vi dirus, «Ŝi vidis la kuraciston eniri en sian ĉambron», tio volus diri, ke ŝi vidis la kuraciston eniri en la ĉambron de la kuracisto.

9. ZORGI PRI ZORGADO

Kion kredi? Ĉu liajn okulojn? Ĉu liajn vortojn? Liaj vortoj alvokas kompaton. Li montras sin kompatinda. Li diras ion ajn, por ke oni kompatu lin. Sed la okuloj! Oni povas sin demandi, ĉu ili ne estas pli kredindaj ol la vortoj, kiujn li eldiras. Kaj ili ne esprimas la samon. Tiuj pale bluaj okuloj estas strange senesprimaj. Ĉu ne strange, ke ili restas tiel senesprimaj, dum li parolas tiel bele, por ke ni kompatu lin?

«Multo estas dirita, sed nenio farita», li diras. «Multe da parolado, malmulte da agado», li plu diras. Sed, ĝuste, ĉu, kiam li tion diras, li ne parolas pri si?

«Rigardu, kiel maldika mi estas», li diras. «Jen kiel agas la zorgoj al mia kompatinda korpo. Mia sano iom post iom forsvenas. Vidu: miaj haroj forfalas. Baldaŭ mi estos tute senhara. Aŭ restos nur kelkaj haroj sur mia kapo. De tago al tago mi pli kaj pli senhariĝas. Baldaŭ mi estos tute malsana, ĉar tiu senhalta zorgado agas tre malbone al mia sano, tiel ke mia bela hararo iom post iom malgrandiĝas, iom post iom for-perdiĝas.

«La kuracisto diris al mi: ‹Se vi volas, ke mi kuracu vin, kaj vi resaniĝu, tiu zorgado devas halti. Sen tio, sen via kunlaboro, la plej bona kuracisto ne povas sukcesi. Mi trovas vin helpinda. Mi deziras kuraci vin, mi deziras nenion alian, ol ke vi plene resaniĝu, sed vi devas helpi min. Por min helpi, vi devas labori super [= pri] viaj zorgoj. Zorgado nur povas malhelpi mian laboron. Via malsano rilatas nur al via troa zorgado. Ankaŭ via maldikiĝo. Ne temas pri alia grava malsano. Ne temas pri tiu serioza malsano, pri kiu vi pensadas la tutan tempon. Ne. Kelkaj malsanoj estas tre seriozaj. Ne via. Temas nur pri tio, ke vi tro zorgas. Kiam via troa okupiĝado pri tiuj zorgoj haltos, via sano revenos. Sed mi estas senpova rilate al via trozorgado. Nur vi povas helpi vin kaj kuraci vin tiurilate.›

«Jen kion la kuracisto diris al mi. ‹Vivu senzorge,› li diris, ‹kaj vi resaniĝos.› Kaj, kredu min, li estas tre bona kuracisto. Li scias, pri kio li parolas. Do, kiam li petas min ne plu zorgi, mi devas ne plu zorgi, se mi volas retrovi mian sanon, se mi volas, ke la falado de miaj haroj finfine haltu. Sed vivi senzorge ne estas simple. Mi provis ne plu zorgi, mi provis kaj provadis. Sed kion ajn mi faras, mi malsukcesas. Kiel ajn mi provas ne zorgi, zorgoj revenadas. Kaj mi eĉ pli kaj pli zorgas pri mia malsukcesa provado ne zorgi: mi ne sukcesas ne plu zorgi, kaj tiu penso, ke mi tro zorgas, ĉar mi ne povas ne zorgi, tro okupas min. La penso fariĝi senharulo estas timinda, ĉu ne? Kaj tion mi pensas la tutan tagon. Kion fari, diable, kion fari?»

Jen kiel li parolas. Li tute certe deziras, ke ni lin kompatu. Li certe pensas: «Se ili kompatos min, ili faros la aferojn por mi, kaj mi povos trankvile dormi, dum ili faras mian laboron.» Tion diras liaj okuloj.

Estas vere, ke, antaŭe, lia korpo estis tiel grasa, ke ĝi estis tute ronda, kaj nun li sengrasiĝis. Ankaŭ estas fakto, ke lia hararo, tiel dika antaŭe, tre maldikiĝis. Sed dum liaj vortoj parolas pri malsano, zorgado, senhariĝo, malgrasiĝo, liaj pale bluaj okuloj ne elvokas[10] kompatindan vivon. Ili esprimas la ideon: «Mi estas pli forta ol vi. Mia korpo eble estas maldika kaj malforta, pli malforta ol la viaj, sed mi pli fortas pense. Mi havis la bonan ideon agi tiel, ke vi kompatu min. Kaj nun vi kredas min malsana, kaj vi faros la tutan laboron por mi. Tiel mi povos senzorge dormi, kaj regrasiĝi trankvile.»

10. LA FORTEGULO

Johano estas viro fortega. Tiu altega, dikega fortegulo ŝatas laboregi. Li havas tre grandan forton, forton grandegan, oni povas diri, kaj se li ne faras ion per sia fortego, li ne ŝatas sin mem. Li do laboregas en la urbego. Tagon post tago li iras al sia laborloko, kiun li tre ŝatas, kaj tie seriozege laboregas.

Li ŝatus ŝati la vivon. Multrilate oni povas diri, ke li jam ŝategas ĝin, sed ...

La vivo estus belega por li, se li ne havus strangan malsanon. Li malsanas en la kapo, kaj tio estas malbona. Vi vin demandas, pri kio mi parolas, ĉu ne? Nu, jen lia malsano: Li timas, li ege timas, li timegas tion, kio estas eta.

Se li promenas en la urbo kaj jen, plej normale, aliras lin vireto por ion demandi, la koro de Johano emas bati rapidege, li paliĝas, li sentas sin malbone, kaj grandega timo ekokupas lin. Li normale ŝatas knabinojn, sed se knabino aspektas tro malgranda, tro malforta, nia grandegulo emas timi ŝin. Ĉu vi imagas? Li neniam iras al urbeto, ĉar li sentas sin bone nur en

---

10 elvoki: Fari, ke pensoj venas pri ...

urbegoj kun multegaj homoj, kiuj rapide iras tien kaj tien ĉi. Kaj se vi servas lin per kafo en malgranda taseto, lia kapo emas turniĝi, li sentas sin malkomforta ĉe la koro, li iĝas palega, kaj devas superi nekredeble fortan emon forrapidi el la loko, kie li troviĝas.

Strange, ĉu ne? Kaj ĉu vi scias, kial? Mi parolis pri tio kun amiko lia. Tiu diris al mi, ke Johano fakte estas tre sentema pri sia troa forto. Li ne havas fidemon al si mem. Li opinias sin nefidinda. Kiam li estis knabeto kaj iris al la lernejo, li jam estis nenormale forta. Li batis la etulojn por senti sin supera. Li ŝatis povi deklari: «Mi estas ege forta. Mi estas la plej forta. Mi estas la plej forta el la lernejo. Mi estas la plej forta el la tuta urbego.» Kaj por montri al si kaj al la aliaj, kiel forta li estas, li ekbatis ilin, kaj ilin batadis kaj bategis, ĝis ili falis kaj petegis: «Kompaton!» Tiam li sentis sin grava, granda, multopova.

Iutage, li batis knabeton tiel senkompate, ke estis neeble tiun resanigi: la etulo restos nenormala dum la tuta vivo. Ekde tiu tago Johano timegas sian forton. Ĝi povas mis-agi. Ĝi povas agi fuŝe. Viretoj iĝis por li timindaj. Same kiel la plej etaj aferetoj. Ĉu la vivo ne estas stranga?

11. MALKONTENTAS LA MEKANIKISTO

Mi miras, ke li ne dankis min. Estis tamen granda servo, kiun mi faris al li. Mi helpis, ĉu ne? Mi nenion misfaris, mi nenion fuŝis, mi nenion malbonigis. Nur okazis tio, ke mi malsukcesis.

Kion vi volas? Mi ne povas fari mirindaĵojn. Mi estas

homo, sinjoro, simpla homo, kiu perlaboras la vivon[11] laborante per siaj manoj. Kaj per sia kapo. Jes, la kapo, ĉar oni devas kompreni, kio misfunkcias. Nu, mi komprenis. Li tute fuŝis sian motoron. Ne mirige, kun tia maniero ekrapidi, kaj subite ekmalrapidi, kaj ree eĉ pli subite rerapidi. Tiuj motoroj estas malfortaj.

Li do ne diru, ke mi ne helpis, ĉar mi helpis. Aŭ almenaŭ mi provis. Se motoro estas tute fuŝita, ĝi ne estas riparebla tujtuj. Ĉiam la sama afero: ili ne povas atendi.

Sed li ne diris eĉ etan, eĉ apenaŭ aŭdeblan «dankon!». Li eĉ ne danketis. Senkora homo! Vere ne helpinda. Kion ajn oni faras, li ne dankas. Eĉ misparolante, eĉ fuŝe, li povus esprimi sian dankon, eĉ per la mano, eĉ per la kapo. Kiel ajn li volas. Per la piedoj eĉ, se li preferas. Aŭ per la haroj. Kiel ajn li deziras. Li nur danku.

Konsentite, la afero ne estas finita, la servo ne estas finfarita. Sed la mesaĝo estas dirita: «Vi fuŝis vian aŭton, sinjoro, mi faros tion, kio eblas, ne pli, ĉar mi estas nur homo.»

Mi ne speciale volas, ke li longe paroladu. Mi ne deziras, ke li dankadu min dum tagoj kaj tagoj, ke li esprimadu siajn dankojn ĉiam kaj ĉiam, ĝis mia vivo estos finita. Nur kelkaj dankvortoj, kaj mi estus kontenta. Tamen ne estas malfacile. Ekzistas homoj, kiuj dankegas vin, ĉar tute malgranda servo estas al ili farita. Eta helpo, kaj jen venas longa danka deklarado. Kvazaŭ dank' al vi ili vivus plu, eĉ se vi faris nenion, aŭ almenaŭ nenion gravan.

Sed tiu ĉi simple ne dankis. Eĉ ne unu vorton. Mi ne havis la tempon rigardi, kio okazas al li, jam la pordo estis fermita, jam

---

11 perlabori la vivon: Ekhavi, per sia laboro, tion, kion oni devas havi por vivi.

li estis for. Tiel foriri sendanke ... ĉu vi imagas? Mi ne ŝatas tian manieron agi. Kvazaŭ la aliaj ne ekzistus, kvazaŭ ni ne indus kelkajn vortojn de danko. Vere, li estas malbonmaniera homo.

Lia motoro estas fuŝita. Kion li faris per tiu aŭto, mi iom povas imagi. Tute ne estas nature, ke la motoro tiamaniere fuŝiĝis, se li agis normale. Ofte oni sin demandas, kion la homoj faras per siaj veturiloj. Nu, mi faris, kion mi povis. Mi longe rigardadis la motoron, provis ĉu tion, ĉu tion ĉi, ĉu tion alian, rebonigis kelkajn aferetojn, kiuj misfunkciis, remetis unu novan pecon. La tutan farindan laboron mi faris.

Sed superhomaĵojn mi ne povas fari. Se li fuŝis sian motoron tiel grave, kion mi faru? Ĉiam estas la sama afero. Ili aŭtas kiel malsaĝuloj, kvazaŭ ili tute perdis la kapon[12], jes kiel senkapaj knabegoj ili irigas sian veturilon, kaj poste ili miras, ke post kelkaj tagoj ĝi ankoraŭ ne estas riparita.

Tiuj motoroj ne estas tre serioze faritaj. Almenaŭ oni estu afabla kun ili. Se ne, ili facile fuŝiĝas.

Nu, se mi devas remeti tutan novan motoron, ne mirinde, ke li kelktage atendu. Mi parolis tute afable al li, ne eldiris eĉ plej etan malbelan vorton, kaj tamen mi povus, se konsideri tian nekredeblan manieron fuŝi belan novan veturileton.

Ne mi faris, ke lia aŭto ne plu funkcias. Sed mi laboris super ĝi, restis longan tempon en la laborejo ĉe tiu fuŝita motoro. Sed ĉar la aŭto ne estas jam plene riparita, tiu sinjoro senigas min de la simpla, unuvorta danko, kiun mi devus aŭdi.

Por tiaj homoj ni laboras! La vivo vere ne estas facila. Kontentigi la homojn niatempe ne plu eblas. Mi tion diras al vi, sinjoro, ĉar almenaŭ vi ŝajnas kompreni ma. Tia agmaniero tute senigas min de la emo labori.

---

12 perdi la kapon: Ekmispensi, ekpensi fuŝe, perdi la povon ĝuste pensi.

12. JEN VI REE TRINKAS!

Sufiĉas! Nekredeble! Jam denove vi ektrinkas! Ne, amiketo, vi jam trinkis sufiĉe. Tro estas tro. Kial vi ĉiam devas troigi? La kuracisto diris: «Ne permesu, ke li ricevu tiom da glasoj. Unu jam estas multe por li. Aŭ ĉu vi volas, ke li fariĝu tute malsana? Se li plu soifas, akvon li trinku. Akvo estas bonega por la sano.»

Kaj jen vi denove aĉetis brandon! Kion vi diris? Vi soifas, ĉu? Ho jes, vi soifas. Via soifo estas senfina. Via soifo estas ĉiama.

Vere mi ne komprenas vin. Vi ne plu estas knabeto. Vi eĉ ne plu estas knabego. Vi estas viro, alta, forta, granda viro.

Se almenaŭ vi ricevus plezuron el via trinkado! Sed pripensu iomete. Ĉu brando plezurigas vin? Eĉ ne. Fakte, ĝi eĉ ne sensoifigas vin. Vi tion diris al mi, ĉu ne? Laŭ vi mem, ĝi ne forsvenigas vian soifegon. Laŭ viaj diroj, tiel estas: post kiam vi trinkis glason, vi deziras denove trinki, vi tuj resentas la deziregon brandi.

Viaj malsaĝaj diroj dolorigas al mi la koron. Kiam vi diras, ke ĉar vi estas tre grandkorpa, via brandotrinkego ne faras malbonon, kiel mi povus kredi vin? Mi havas okulojn kaj vidas. Kiam vi diras, ke korpa laborado tuj eligas el vi la troon da brando, ke laborante kun plena forto vi tuj elkorpigas la malsanigajn substancojn, permesu al mi esprimi mian plenan malkonsenton.

Jes ja, vi estas granda, eĉ grandega. Jes ja, via korpo estas alta kaj larĝa. Vi estas forta kaj dika. Pli ol sufiĉe dika, verdire. Mi eĉ diru simple: tro dika, multe tro dika, ĉar la brando dikigas vin sen vin serioze fortigi.

Kiam mi ekvidis vin la unuan tagon – ĉu vi memoras? – mi vin ekamis, ĝuste ĉar vi aspektis tiel bele. Fortegulo vi estis tiutempe. Jen bela viro, mi diris al mi, larĝa kaj forta. Tiutempe vi ne estis dika. Sed vi havis fortan korpon, belan vizaĝon, kun amika, plezuriga esprimo, kaj mi enamiĝis tuj. Mi ne imagis tiuepoke, ke vi fuŝos ĉion ĉi per brandemo, ke vi fuŝos vin mem, ke vi fuŝos nian kunan vivon, manke de volo. Mi ne imagis, ke vivi apud vi estos ĉiama doloro, ke mi vivos, ne apud fortulo, kiu helpos min, sed apud senvolulo, kiu fuŝos mian vivon.

Ho! Mi konas viajn ĉiamajn rediraĵojn! Laŭ via opinio, mi estas senkora. Laŭ via sento, mi estas nekomprenema. Laŭ viaj paroloj, mi estas aŭtoritatema. Mi ŝatas Povon, laŭ vi. Mi deziras esti supera al vi, laŭ via pensmaniero, kaj mi volas ĉiam diradi al vi, kion vi faru. Tiel vi sentas nian rilaton, ĉu ne? Laŭ vi, mia sola deziro en la vivo estas superforti vin.

Ne, amiketo; tiel ne estas. Mi tiom ŝatis, kiam mi sentis vin supera al mi. Ĝuste tio igis min vin ami: via maniero ĉiam superi la malfacilaĵojn de la vivo. Kio ajn okazis, la ĝusta decido estis klara por vi. Kio ajn okazis, vi ĉiam estis la plej forta, la plej saĝa, la plej supera.

Kvankam ni travivis malfacilajn tagojn – ĉu vi memoras? – en la unua tempo de nia kunvivado, tamen ĉiam vi sukcesis elturni vin. Kiom ŝatinda estis la vivo apud vi tiuepoke! Kiom plezuriga!

Ŝajnis, ke vi havas povon super la okazaĵoj, super la vivo.

Povon vi havis, ĉar vi havis volon. Sed kio restas el via volo nun? Kio postrestas el via volforto, el via povo voli, kaj per tiu simpla volo aliigi la tutan vivon? Kie ĝi postrestis? Kien ĝi forsvenis? Kio okazis al ĝi? Kion vi faris el ĝi?

Vi iras aĉeti brandon. Vi sidas apud glaso da brando. Vi rigardas ĝin. Vi rigardadas ĝin. Vi rigardegas ĝin. Kaj vi ne plu povas malkonsenti. Vi ne plu trovas en vi la volon kapnei[13] al ĝi. Kial vi fuŝis nian vivon, kara? Kara, kara mia, eta mia karulo, koro mia, vivo mia, kial vi fuŝis ĉion inter ni?

Kial vi permesis al tiu brando ricevi la Povon? Ĝi estas nia superulo nun! Decidas ĝi, kion ni faru. Kaj ni povas nur sekvi ĝian volon. Vi aĉetas ĝin, kaj tiu aĉetaĵo direktas la vivon ĉi tie. Aĉetadi brandon denove kaj denove, dum la akvo estas tiel bona ĉe ni, kia malsaĝa maniero vivi!

Mi scias, ke vi ektrinkis brandon, kiam okazis tiuj timigaj malfacilaĵoj ĉe via laboro. Ne estis facile por vi. Ne estis klare, kion fari. Viaj labordonantoj ne volis, ke vi malkaŝe diru la veron. Ili timegis, ke la homoj ekstere scios la veron, ke oni klarigos al la tuta urbo, kion ili faris, ke la tuta urbo parolos pri ilia misfaro, pri tiu gravega fuŝo, pri tiu gravega misdirektado de la aferoj. Kaj ili elsendis vin for. Ili forsendis vin eksteren, timante, ke la polico intervenos.

Forsendita! Senoficigita! Kaj sen eblo respondi, sen eblo rebati, sen eblo pravigi vin, klarigi, kion vi faris, kaj kial.

Vi retrovis vin senlabora. Estis senlaborulo nuntempe ne estas facila vivo. Neniam estis, cetere. Vivo de senlaborulo ne estas facile akceptebla. Brando akceptigis ĝin pli facile al vi, ĉu ne? Aŭ almenaŭ tion vi imagis. Kun kiom da malpravo!

---

13 kapnei [= kap-ne-i]: Diri «ne» per la kapo; montri per la kapo, ke oni malkonsentas.

Ĉar kvankam vi aĉetis pli kaj pli da brando, via vivo ne faciliĝis. Male. Estas pli malfacile trovi laboron, kiam oni montriĝas brandoplena. Kaj kvankam mi amis vin, kaj komprenis vian zorgadon, mi ne povis akcepti tion. Ĉiaokaze ne la faktoj, ke vi iris ĉiam denove aĉeti brandon, kaj ke nia aĉet-povo pli kaj pli mallarĝiĝis.

Kvankam vi ne trinkis tro multe en la unuaj tagoj, tamen mi ne akceptis. Mi timis, ke post la tagoj kun unu duonglaso vespere venos tagoj kun duonglaso posttagmeze, kaj poste kun plenaj glasoj dumtage kaj ĉe noktiĝo, kaj tiel plu, kaj tiel plu.

Kaj evidentiĝis finfine, ke mi pravis, ĉu ne?

Kvankam mi konsentas, ke mi eble ne sufiĉe komprenis viajn zorgojn de senlaborulo, tamen, ĉu oni povas diri, ke se mi agus alimaniere rilate al vi, vi ne trinkus tiun diablan brandon? Kvankam eble estas iom da vero en tio, tamen tiu pensmaniero ŝajnas al mi neĝusta. Kiom ofte mi pensis: «Jen estas la fina glaso. Post ĉi tiu li ne plu trinkos brandon!» Sed tiom ofte la faktoj montris min malprava.

Kaj nun, kion fari? Ĉu vi povus tion diri al mi? Kiel eligi vin el tiu diabla emo? Kiel resanigi vin, kaj samokaze rebonigi nian kompatindan, fuŝitan kunekziston?

Se vi scius, kiom mi malamas tiun brandon! Kara, kara, se almenaŭ vi komprenus min! Mi vin amas. Mi vin amegas. Ankoraŭ plu. Eĉ se de tempo al tempo mi diras la malon, mia koro ankoraŭ batas amege por vi.

Sed kiom ĝi doloras! Kiom doloras vidi vin fordoni vian vivon al brando! Karulo! Karulo mia! Ĉu vere vi ne povas forigi el vi tiun diablan emon? Ĉu vi ne povus reekprovi, eĉ se nur kompate al mi?

Ekzistas malsanulejoj, kie oni kuracas brandemon, mi

aŭdis. Oni tie akceptus vin. Mi petegas vin, konsentu iri al tia malsanulejo! Mi faros ion ajn, por ke vi akceptu tiun ideon. Mi laboros ankoraŭ pli multe ol nun, se ne estos eble alimaniere.

Aŭ almenaŭ konsentu, ke venu vin kuraci faka kuracisto. Ekzistas kuracistoj, kiuj specialiĝis pri brandotrinkemo, oni diris al mi. Eble se ni rigardos la aferon malsano, eble estos por vi pli facile seniĝi de ĝi. Akceptu. Mi petegas vin, karulo, akceptu almenaŭ diskuti kun fakulo. Vi ne imagas, kian plezuregon tio donus al mi. Kaj kiel kontentega vi mem sentus vin! Vi sentus, ke vi refariĝas viro. Vi sentus reviviĝon, reviriĝon, refortiĝon. Vi refariĝus la fortega bonulo, kiu tiel ame iun belan tagon ekrilatis kun mi.

Vi tion faros, ĉu ne? Jes, mi vidas en viaj okuloj, ke vi pli kaj pli konsentas. Mi vokos la kuracan fakulon. Li venos kaj resanigos vin. Kaj vi refariĝos vera viro. Kaj ni reamos ege ege bele unu la alian.

13. REVENIS AMO, FELIĈU NI!

Mi devas rakonti al vi. Mi estas tiel feliĉa!

Mi retrovis ŝin! Mi revidis ŝin! Kiun? Karletan, komprenelbe. Evidente mi parolas pri Karleta. Pri kiu mi parolus? Ĉu ekzistas alia virino en la mondo? Jes, mi revidis ŝin.

Ŝi sidis ĉe tablo en trinkejo, sola, antaŭ taso da kafo. Mi soifis, kaj eniris en trinkejon. Mi tuj rimarkis ŝin. Ŝi aspektis kiel persono, kiu atendas iun. Mi min demandis, ĉu mi iru al ŝi, ĉu mi iru sidi ĉe la apuda tablo, aŭ ĉu ĉe pli malproksima.

Mi decidis iri iom pli malproksimen. Mi trovis bonan lokon, de kie mi povis facile observi ŝin.

Mi volis komence observi ŝian vizaĝon, provi ekscii, laŭ ŝia esprimo, ĉu ŝi feliĉas aŭ ne. Krome, mi deziris ne aliri ŝin tuj, ĉar ŝajnis al mi, ke estas pli saĝe lasi mian koron trankviliĝi antaŭ ol ekrilati kun ŝi.

Ĉu vi memoras tiun tagon, tiun dolorigan tagon, kiam ŝi forlasis min? Antaŭ longe tio okazis. Ŝi malkontentis pri mi, pri io, kion mi fuŝe faris. Kaj, malsaĝe, mi malkonsentis pardonpeti pri mia fuŝo. Kiel malsaĝa mi estis! Ŝi pravis, kaj mi ne. Se tiam mi sincere dirus: «Jes, mi mispaŝis. Bonvolu pardoni min. Mi estas fuŝulo. Mi riparos la aferon.», ŝi certe plu restus kun mi, ĉar ŝi trovis min plej aminda. Sed mi malsaĝe volis, ke ŝi konsideru min prava.

Ŝi tiam opiniis, ke vivo kun mi ne estos ebla, se mi devas senmanke senti min prava, eĉ kiam mi fuŝe agis kaj estas evidente malprava. Jes, tiam ŝi foriris, lasante min sola, malĝojige sola. Mi sentis min forgesita, forlasita.

Kiom mi bedaŭris mian malsaĝan reagon! Sed mia bedaŭro ne helpis. Simpla bedaŭro neniam helpas, ĉu?

La vivo iĝis seninteresa por mi. Mi laboris laŭkutime. La ekzisto estis daŭro, ne vivo. Mi eĉ min demandis, ĉu estas iu ajn intereso en daŭrigo de tiu vivo. Se vivo estas senĝoja, senplezura, kial daŭrigi ĝin? La ideo min mortigi envenis en mian kapon, kaj restadis en ĝi dum kelka tempo. Mi hezitis: ĉu plu vivi, aŭ ĉu morti tuj? Kio estas preferinda, kiam la vivo perdis ĉian intereson?

Se paroli sincere, mi diru, ke mi timas la morton. Nur ĉar mi ĝin timas, mi forlasis la ideon min mortigi. Mi do daŭrigis mian malfeliĉan ekziston.

Kaj jen Karleta trovis alian viron, kaj enamiĝis al li. Mi konis lin. Li nomiĝas Jozefo. Malseriozulo. Fuŝulo. La ideo, ke ŝi emas kunvivi kun simila ulo, dum mi ekzistas, estis ... nu ... mi ne trovas vortojn por esprimi, kion mi sentis. Mi ne povis porti tiun pezon. Mia koro estis peza. Pli kaj pli peza.

Tamen, mia vivo ... ne, vivo ne estas ĝusta vorto, tiel vivi ne estas vivi, mi diru: mia ekzistado ... tamen, do, mia ekzistado estis seninteresa. Mi provis forgesi ŝin, sed ne povis. Amikoj proponis al mi promenojn, veturadojn, agadojn, teatrovidon, diskutojn, kuntrinkadon. Ili estis tre afablaj. Sed nenio interesis min.

Mi eĉ pensis pri tio, ĉu mi mortigu Jozefon. Mian morton mi timas – mi pensis – ne la morton de aliuloj! Ĉu vi trovas min timige malŝatinda? Pardonu, mi nur sinceras pli ol kutime. Jes, komence mi havis tiun ideon. Meti finon al[14] mia doloro mortigante mian malamikon.

Mi malamis lin. Kaj en malamo kuŝas nekredebla forto. Ĉu vi jam sentis tion? Eble vi neniam malamis. Videble, vi estas plej bonkora homo.

Mi tamen forlasis la ideon meti finon al la vivo de Jozefo (eble ĉar mi timas la policon!). Mi provis revidi Karletan, sed Jozefo forlasis la urbon, kaj Karleta sekvis lin for. Ŝi trovis alian laboron, ie, kaj mi plu restis same sola.

Komence mi pensis: «Ŝi ne rajtas fari tion al mi. Ŝi ne havas tiun rajton. Ŝi devas vivi kun akceptinda viro, saĝa, bonkora, juna. Unuvorte, kun viro kiel mi. Ne kun fuŝulo kiel Jozefo.»

Sed poste mia pensmaniero aliiĝis. Kion similaj pensoj ja povus alporti al mi? Nenion helpan, nur bedaŭron. Fakte, mi ne pensis prave, ĉu? Ŝi ja rajtas fari el sia vivo, kion ŝi volas. Kaj mi ne havas rajton devigi ŝin min ami. Ŝi rajtas forlasi min,

---

14 meti finon al ...: Fari, ke ... finiĝu; igi, ke ... ne plu ekzistu.

se mi agas malsaĝe. Neniam ni kunigis niajn vivojn antaŭ iu urba aŭ alia aŭtoritato. Mi do havis neniun rajton super ŝi. Tiuj kaj similaj konsideroj helpis min forlasi mian ne-sanan pensovojon, kaj aliri vojon pli bonan.

Mi atendis ion ajn, sed ne tiun trinkejan revidon. Kara Karleta! Dum ŝi sidis tie en la angulo, ŝi estis ankoraŭ pli bela, ol kiam mi komence konatiĝis kun ŝi. Sed ŝi aspektis malĝoje.

Okazis io eĉ pli neatendita ol la fakto, ke mi revidis ŝin: subite, ŝi turnis la okulojn al mi, min vidis, kaj ekstaris. Ŝi ekpaŝis en mia direkto, ne tre rapide, tiel ke mi havis sufiĉe da tempo por min demandi, kion ŝi diros.

Min tuŝis timo. Mi kvazaŭ antaŭsentis, ke doloriga bato falos sur min. Mi timis, ke ŝiaj unuaj vortoj estigos eksplodon de doloraj sentoj en mia kompatinda koro.

Sed tute male. Apenaŭ mi povis kredi miajn okulojn: jen ŝi sidis apud mi kaj ekparolis kun larĝa rideto. Ho, tiu rideto! Similan rideton mi neniam vidis. Neniam en mia vivo mi sentis min tiel kortuŝita. Tiu rideto estis mesaĝisto pri baldaŭaj feliĉoj.

«Kara Petro!» ŝi diris. «Kiel mi ĝojas vin revidi! Se vi scius, kiel feliĉa mi estas! Oni diris al mi, ke vi forlasis la urbon, kaj jen mi retrovas vin. Ĉu vi ankoraŭ min malamas?»

Imagu tion! Ŝi opiniis, ke mi malamas ŝin. Eble mi iomete ŝin malamis, kiam ŝi forlasis min, sed tamen ... Mi repensis pri miaj mortig-ideoj; ili koncernis min, kaj poste Jozefon, sed ŝin neniam.

«Mi neniam malamis vin,» mi respondis, «nur Jozefon.»

Kaj tiam ŝi rakontis pri Jozefo. Liaj proponoj tute ne estis seriozaj. Tuj kiam li alvenis en tiun alian urbon, li faris similajn proponojn al alia virino, kaj forlasis Karletan. Estis tre dolore al ŝi, ĉar ŝi imagis, ke li estos *la* viro en ŝia vivo. Sed iom post iom ŝi retrovis sian kortrankvilon. Pli kaj pli ŝi rememoris nian antaŭan amrilaton kiel vere feliĉigan.

Ŝi do deziris rerilati kun mi. Sed iu malsaĝulo fuŝ-informis ŝin dirante, ke mi foriris, ke mi forlasis mian laboron, kaj trovis alian malproksime. Li intermiksis mian nomon kun tiu de aliulo, ĉar niaj nomoj intersimilas.

Mi klarigis al ŝi la vojon, kiun miaj pensoj kaj sentoj iris dum tiu longa tempo malproksime de ŝi. Krome, mi diris, kiom mi nun konscias mian malsaĝecon. Mi diris, kiom mi bedaŭras, ke mi lasis tro altan opinion pri mi mem fuŝi belegan amon.

Tiumomente ni komencis ridi unu kun la alia. Kiom ni ridis! Ni ne vere scias, kial. Nur, ĉar estis tiel bone retroviĝi kune, kaj rimarki, ke ni tuj povas tiel forte reami unu la alian.

Ni parolis pri ĉio kaj nenio, ĉiam ridante. Ni rakontis niajn vivojn unu al la alia. Ni estis ĝojaj, neimageble ĝojaj. Mi metis mian manon sur ŝian manon, proksimigis mian kapon al ŝia kapo. Niaj koroj batis aŭdeble, aŭ apenaŭ malpli ol aŭdeble. Ni sentis kuniĝon. Ni forlasis la kafejon, promenis en la urbo, ĉiam ride diskutante, ĉiam kun ĝojplenaj vizaĝoj. Ni iris al mia ĉambro. Ni ...

Nu, nu, nu, nu. Ĉu vi scias, kio estas feliĉo? Vere, amiko, se vi povus imagi ...

14A. SILENTU, ENAJ VOĈOJ!

Mi kuŝis en la lito, en mia kara, bone varma lito. La suno jam estis iom alta kaj ĝia lumo bele plenigis la ĉambron. La apenaŭ fermita fenestro enlasis malvarmetan aeron.

Mi pensis: nun estas tempo ellitiĝi. Sed mi sentis min tiel bone en la lito! «Ĉu vere,» mi diris al mi, «ĉu vere mi devas ellitiĝi tuj?» Ena voĉo respondis, tute mallaŭte: «Ne. Ĝoju pri la ŝatinda kuŝa pozicio, pri la feliĉiga enlita situacio, restu iom pli longe. Nenio ja urĝas.»

Mi tre kontentis pri tiu senvoĉa voĉo, kiu tiel amike parolis al mi, en mi. Sed mi apenaŭ decidis fordoni min al la feliĉo sekvi la amindan proponon de tiu en-kora voĉeto, jen alia ena voĉo ekparolis en mia kapo, silente, kvankam kvazaŭ aŭdeble.

Ĝi diris: «Vi devas ellitiĝi. Vi ne rajtas agi malkuraĝe. Laboro atendas vin. Kaj vi ne povas fari ĝin enlite. Vi devas kuri el via domo al via oficejo. Kuraĝon, amiko, el la lito elmovu vin. Kaj vi sentos la feliĉon de la homo, kiu faris sian devon, kvankam liaj plej malaltaj emoj provis irigi lin al alia direkto, al la malsaĝa direkto de vivo tro facila, al la facila direkto de malkuraĝo.»

Estis ĝene aŭdi du voĉojn. Kiam oni aŭdas du malsamajn voĉojn, kiuj diras malsamajn aferojn, eĉ se ne tre laŭte, ĉio intermiksiĝas, kaj ne estas facile sekvi la interparolon, ĉu?

Esperante eligi min el ilia interbatado, mi turnis min en la lito, kaj provis endormiĝi.

Sed la ĝena afero, koncerne provojn endormiĝi, estas, ke ili ne estas facilaj. Mi ne scias, ĉu mi estas normala, sed ĉe mi provado endormiĝi neniam sukcesas. Kiam mi enlitiĝas, nokte, mi endormiĝas, sed neniam ĉar mi provis. Nur ĉar mi enlitiĝis kaj estis laca, kaj pensis pri nenio plu. Mi devis fari nenion por dormi. Dormo venis mem.

Kiam mi provas kaj provadas, ripetante al mi: «Nun mi provu dormi, nun mi pensu pri nenio, nun mi dormu», mi restas maldorma la tutan tempon, kaj mi pli kaj pli sentas lacecon, sed bedaŭrinde ne dormigan lacecon.

Min do turninte kaj returninte kaj rereturninte en la lito, mi povis nur diri al mi, ke mi ne sukcesas trovi la deziratan dormemon. Kaj jen ena voĉeto denove alparolis min:

«Vi ne deziras dormi,» ĝi diris – kaj ĝi sonis, kvazaŭ ĝi min malŝatus – «vi ne deziras dormi. Vi jam dormis sufiĉe. Vi tute ne estas laca. Vi nur deziras malkuraĝe resti en la lito por la plezuro senti, ke vi faras nenion, dum ekstere la plimulto el la homoj laboras kaj laciĝas laborante.»

La voĉo pravis. Mi ne deziris dormi. Eble iom dormeti, jes ja, sed sufiĉe maldorme, se vi komprenas min, por senti la plezuron kuŝi en bona varma lito, en ĉambro sunluma, farante nenion, nur lasante la pensojn kaj imagaĵojn sekvi unu la alian, duone konscia, ke tio estas libereco.

«La grandeco de la homo kuŝas en libereco», mia patro kutimis diri.

Nu, mia patro estis bona homo. Lia bonkoreco estis konata kaj priparolata de la tuta urbeto, kie ni vivis dum mia infaneco. Kaj lia ĉiama praveco ne estis malpli konata. Mia patro ŝatis prikanti la bonecon de la homa libereco. Li instruis al ni ami liberecon.

Ĉion ĉi mi respondis al la ena voĉeto, kiu provis ellitigi min. «Dum mi kuŝas en la lito kaj nenion faras,» mi diris al ĝi, «mi estas libera, kaj mia patro instruis al mi altkonsideri liberecon.»

Sed – la diablo eble scias kial, mi ne – tiu voĉeto ne estis facile kontentigebla. «Vi vekiĝis antaŭ du horoj», ĝi diris. «La suna lumo, enirante tra la fenestro en la dormoĉambron, vekis vin jam antaŭ du horoj. Jam du horojn vi kuŝas, farante nenion. Senkuraĝulo! Mallaborema knabo! Vi estas viro, sed vi agas infane. Estas priplorinde vidi vin. Vi min senesperigas. Por multegaj homoj, vivo estas laboro, kaj vi emas nur ludi kaj kanti, kaj lasi la aliajn laboradi por via komforto.»

Sed feliĉe la alia voĉeto intervenis: «Kial vi lasas tiun elparoli similajn vortojn stultajn, kaj, krome, malĝojigajn?» ĝi rimarkigis al mi. «Silentigu ĝin. Tiu voĉo ne estas aŭdinda. Ĝi malŝatas liberecon, ĝi do malŝatas vian patron, kiu tiom ŝatis liberecon. Ĉu oni ne instruis al vi, ke oni devas ami siajn patron kaj patrinon? Ami ilin, memori pri ili? Pensu pri la tempo, kiam vi estis tute malgranda, eta-eta infaneto, kaj kuŝis en la brakoj de via patrino. Ĉu ŝi vekis vin, se vi dormis? Tute ne. Ŝi agis precize por ke vi ne vekiĝu, sed dormu plu trankvile. Ĉu vi memoras, kiel feliĉe estis, kiam vi libertempis sur la montoj, promenis en la kamparo, ludis kun aliaj infanoj en la montodomo, vivis en tiu pura montara aero, kuris sur la rokoj, kantis tute laŭte ...? ĉu iu kriis al vi, ke tio estas malbona vivo? Ĉu via patro aŭ via patrino aŭ iu alia kriis al vi, ke vi iru labori? Vi vivis libere tiutempe. Kaj libereco estas feliĉiga.»

Sed la alia voĉo rebatis: «Kiel malsincere vi parolas! Tio, kion vi diras, okazadis nur dum la libertempo. Vi forgesas, kiel estis, kiam vi iris al la lernejo. Via patrino vekis vin tiam. Kaj, vole nevole, vi ellitiĝis por iri al la lernejo, ofte por kuri al la lernejo, ĉar normale marŝi ne sufiĉis por alveni ĝustatempe, ĉar jam tiuepoke vi estis senkuraĝulo ema resti tro longe en la lito.»

Vere, tiuj du voĉoj estis ĝenaj. Ambaŭ voĉoj ĝenis, kvankam, verdire, unu pli ol la alia. Mi ne sciis, kion fari, por silentigi ilin. Ekdormi estus bona maniero eliĝi el la ĝena situacio, sed, kiel mi jam diris, mi ne sukcesis. Mi do fine ellitiĝis. La penso pri taso da bona varma kafo antaŭplezurigis min.

Mi iris al la fenestro, rigardis tra ĝi al la suno, al la kampoj, al la montoj, kiuj staris malproksime, altaj kaj belaj. La naturo montriĝis tiel ŝatinda, ke mi sentis emon laŭte kanti dankokanton pri ĝi, aŭ krii al ĝi mian ĝojon vivi en la kamparo, ne en homplena urbego.

Mi rigardis, kioma horo estas, kun iom da antaŭtimo, ke eble mi ne sufiĉe atentis la horon, dum mi kuŝis enlite kaj lasis la pensojn sendirekte promenadi. Mi subite min demandis, ĉu mi havos la tempon trinki la varman kafon, al kiu mi nun soifis, aŭ ĉu mi devos kuri kiel stultulo por alveni ĝustatempe al la oficejo. Jes, kun antaŭtimo mi ekrigardis la horon kaj vidis, ke – diable! – la tempo forkuris pli rapide ol mi imagis. Mi nun devos ĉion fari kun ega rapideco, forgesi pri la bona varma kafo, kaj tuj kuri el la domo por alveni al la oficejo en tempo plej mallonga.

Sed subite mi ekmemoris.

«Kio okazas al mi?» mi laŭte kriis. «Oni ne laboras ĉi-tage! La oficejo estas fermita. Nun estas sabato[15]!»

---

15 sabato: La tagoj de la semajno estas: lundo, mardo, merkredo, ĵaŭdo, vendredo, *sabato* kaj dimanĉo. Dimanĉo estas kutime senlabora tago. Krome, en multaj lokoj, oficistoj ne laboras sabate.

14B. TIMIGA DIRO

Estis priplorinda travivaĵo. Vi scias, ke mi decidis diri al miaj infanoj, ke mi foriros. Kiam mi decidis, mi tute ne imagis, ke estos tiel malfacile. Fakte, en la momento, kiam mi volis iri paroli al ili, mi konsciiĝis, ke mi ne povas. Jen venis la horo iri al iliaj ĉambroj por informi ilin, kaj mi sentis min tiel malbone, ke mi ekploretis. Mia tuta kuraĝo estis for.

Komprenu min. Ĉu eblas al homo normalkora aliri siajn infanojn kaj diri: «Mi havas novaĵon por vi. Baldaŭ mi foriros. Baldaŭ via patro forlasos ĉi tiun domon por ĉiam …»? Kiel oni povas tion diri al infanoj, kiujn oni amas?

Kaj tamen mi devis. La afero estis decidita. Mi devis ĝin fari. Ne estis alia vojo, ĉu? Mi provis plikuraĝigi min, trovi en mi fortojn novajn, per volpovo havigi al mi la forton superi miajn sentojn de timo kaj malespero, por fari mian devon.

Ne estis facile. Sed mi havis la senton, ke iom post iom la dezirata forto envenas en min.

Mi komence parolos al la knabino, mi decidis. Ŝi estis en sia ĉambro, farante iun laboron por la lernejo. Ŝi rigardis min per miroplenaj okuloj. Tute certe ŝi sentis, ke io estas nenormala. Neniam mi havas tian esprimon, kiam mi iras diri ion al ŝi.

La tuta situacio igis min plejpleje zorga. Tamen mi ne povis eligi min el ĝi nun. Mi aliris ŝin. «Klara,» mi diris, «mi ... mi devas informi vin pri io ... Malĝojiga novaĵo, tre malĝojiga.»

Ŝia vizaĝo aliiĝis: mira antaŭ unu momento, ĝi nun fariĝis zorga. Mi ne scias, ĉu ŝi atendis ion similan, aŭ ĉu miaj vortoj estis tute neatenditaj por ŝi. Ŝia vizaĝo ekesprimis maltrankvilan atenton.

«Vi scias ... Certe vi rimarkis, ke via patrino kaj mi ... nu ... nia rilatado ne estas bona. Ni ... Kiel diri? ... Ni ne plu sukcesas rilati ame. Ni ... Estas malfacile por unu vivi kun la alia, tagon post tago, horon post horo, minuton post minuto. Via patrino estas tre bona patrino, helpema, bonkora, klarpensa. Iumaniere mi plu amas ŝin. Sed kunvivi en la sama domo ne plu estas eble. Ni decidis, ke mi foriros ... Ne timu, mi revenos vidi vin, ludi kun vi, paroli kun vi. Kiel eble plej ofte. Sed mi vivos en alia domo.»

Ŝi rigardis min. Mi sentis min senkorulo seniganta hometon de la plej ŝatata havaĵo.

«Se vi kaj patrino tion decidis ...» ŝi komencis, kaj estis io tre malĝoja en ŝia voĉo. Mi rimarkis, ke ŝi emas plori, sed kun granda malfacilo sukcesas superi la ploremon. Ŝi aldonis nur: «Nu, estas tiel.» Kaj post ekrigardo al mi, en kiu nek malamo, nek timo vidiĝis, sed nur malfeliĉo, ŝi el sia ĉambro eliris, kaj tuj poste el la domo.

Mi sentis min laca, ege laca. Kaj mi faris nur duonon de la devo! Mi serĉis Alanon, la knabon. Mi pli antaŭtimis ĉi tiun intervidon, ĉar Alano estas pli juna kaj pli sentema. Ankaŭ pli malkaŝema, pli ema sin esprimi.

Kiam mi aliris lin, li ludis per siaj etaj aŭtoj. Alano havas specialan ŝaton al tiuj malgrandaj veturiloj. Li oftege ludas per ili. Li okazigas al ili plej neimageblajn aventurojn.

Mi decidis fini la dolorigan momenton kiel eble plej tuje.

«Mi venas sciigi ion tre gravan al vi», mi diris per voĉo plej serioza. La veturiletoj tuj haltis, kaj Alano direktis al mi siajn belajn bluajn okulojn, tiom plenajn de trankvila amo, ke mia koro ekdoloris. Li havas al mi grandegan amon. Mi estas por li la Patro kun granda P [po]. Patro estas, liapense, plej aminda fortulo: ulo kuraĝega, havanta la povon ĉiam ĉion superforti.

Kaj nun mi batfaligos tiun manieron min vidi. Miaj vortoj estos bato, post kiu nenio plu restos el la imago pri mi. Jes ja, tiu maniero min vidi estas pure imaga, ĝi ne estas ĝusta. Mi estas fakte nur simpla homo, kun fortoj kaj malfortoj, ne la grandegulo, kiun la knabo imagas. Sed ĉu estas bone, ke per unu bato, per unu timiga bato, mi faru, ke tiu imagata, sed amata fortulo, subite perdu la ekziston? Ĉu li ne estas tro malforta por supervivi tian baton? Ĉu post tiu falo li povos restariĝi? Kaj tamen mi devis paroli.

Ree, mi kunigis la tuton de miaj troveblaj fortoj, kaj ekparolis: «Alano, mi baldaŭ foriros. Mi ne plu vivos kun vi ĉi tie. Mi ne plu vivos ĉi-dome.»

La knabo min rigardis kun hezita esprimo.

Kaj li ekridis.

Mi atendis ion ajn, sed ne tion. Li ne akceptis min serioze! Por li, patro estas tiel klara, evidenta, neforigebla duono de amata paro, ke tiu duono ne povus serioze foriri, lasante la alian duonon sola. Por li, evidente, paro estas tuto, paro estas unuo, ne du aĵoj, kiujn eblas malkunigi. Ke mi foriru, tio estas tute simple neebla. Tiu diro de la patro povis esti nur luda.

Tamen mi devis komprenigi al li la veron. Baldaŭ mi ne plu estos en la domo. Baldaŭ mi havos mian vivon aliloke, for de lia patrino, de Klara, de li.

«Alano», mi rekomencis, kaj mi provis igi mian voĉon kiel

eble plej senrida. «Alano, mi ne ridas, ĉi tio ne estas ludo. Mi komprenas, ke vi ne kredis min tuj, ĉar vi tutforte esperas, ke mi ne diris la veron. Sed estas vere, Alano, mi foriros. Vi restos ĉi tie kun patrino kaj Klara. Kaj mi ne plu vivos kun vi. Mi ...»

Li sentis nun, ke ĉi tio ne estas imaga rakonto, ke mi diras la puran veron. Sed li ne povis akcepti ĝin. Li rigardis min. Li subite ege paliĝis. Li iĝis tiel eta, tiel malforta, tiel senhelpa, ke mi sentis, kvazaŭ la tuta ĉambro turniĝus, kaj mi apenaŭ ne svenis.

«Mi mortigis lin», mi pensis, kaj tiu penso, kiom ajn neakceptebla, restadis dolore en mia kapo. «Mi mortigis lian koron, lian ĝojon, eble lian povon ami kaj feliĉi. Mi estas la mortigisto de mia knabo.» En unu minuto, ĉio fariĝis nekredeble malvarma en mi.

Alano ekkriis. Li elmetis siajn etajn brakojn, siajn etajn manojn, batis min kun fortega, longa, nehoma krio, kaj post kelkaj ekbatoj al mi, forkuris ploregante.

Mi staris tie, senpensa, sensenta. Mi ne imagis, ke eblas porti tian pezon de malfeliĉo. Mi sentis min la plej malaminda dolorigisto en la mondo. Mi pensis pri Diana, la virino, kun kiu mi deziris kunvivi. Por Diana mi deziris forlasi tiujn du belegajn, sanegajn infanojn kaj ilian patrinon. Sanegajn? Jes, ĝis nun. Sed ĉu ili povos resti same sanaj post tia videble preskaŭ mortiga bato?

Ĉu mi perdis la saĝon, mi demandis al mi. Ĉu Diana povas doni al mi veran feliĉon? Aŭ ĉu por feliĉo nur imagita mi nun malfaras unubate feliĉon malrapide, iom post iom kun-metitan?

Mi ne plu sciis, kiu mi estas, kion mi faru, kien direktiĝas mia vivovojo. «Ĉu vere tion mi volas?» mi demandis al mi. Sed de nenie venis respondo.

15A. MISTERO EN PAPERVENDEJO

Kiam mi vidis Ivon hieraŭ, li ne nur alportis tre bonajn ĉokoladajn dolĉaĵojn, sed krome li raportis al mi pri la strangaj okazaĵoj en la papervendejo de Ĉefa Strato. Mi tre fidas lian raporton. Li sciis multon, ĉar li laboris kiel vendisto en tiu paperejo kelktempe kaj li plu havas amikajn rilatojn kun la homoj tieaj.

Li diris, ke laŭ la aranĝo de la mebloj en la magazeno, la ideoj de la polico ne povas esti pravaj. Laŭ Ivo, la plano, kiun oni ne plu retrovis jam frue la matenon post la okazaĵoj – tiu gravega papero, kiu tiel nekompreneble perdiĝis – ne kuŝis sur la meblo, kie ĝi estis laŭ la polico, aŭ ĝi ankoraŭ estus tie la sekvantan matenon. Se ĝi ne plu troveblis sur tiu meblo – la meblo maldekstre staranta – frumatene la sekvantan tagon, oni suspektu unu el la vendistoj, ne la personon, kiu venis aĉeti la papersakojn, kaj kiun la polico suspektas.

Laŭ Ivo, tiu persono ne povis iri apud la meblon, kie la plano laŭdire troviĝis. La vendistoj tuj rimarkus lin kaj suspektus ion nenaturan, ĉar tiu meblo, kiu staras flanke, sur la maldekstra flanko, fakte, ne estas alirebla al la homoj, kiuj venas en la magazenon nur por aĉeti ion. La polico do ne volas diri la veron.

Tiu grava plano, kiu laŭ la polico, kuŝis sur la maldekstraflanka meblo, venis per speciala poŝt-alporto tuj antaŭ la ferm-horo. Oni metis ĝin sur la poŝtaĵojn, kiuj alvenis pli frue, kaj tie plu kuŝis. Nu, kompreneble, Ivo konas tiun meblon, kiel la tutan magazenon. Li diris, ke estas vere, ke oni ĉiam metas la alvenintajn poŝtaĵojn sur tiun meblon, ĝis la koncerna persono havas tempon okupiĝi pri ili. Neniam estas facile trovi momenton por la poŝtaĵoj, en tiu magazeno, ĉar la personoj, kiuj tie laboras, ne estas sufiĉe multaj rilate al la laboro, kiu devas esti farata.

La demando, kiun mi starigas al mi, estas: kial diable oni sendis tiel gravan planon per la poŝto? Tiuj, kiuj sendis ĝin, certe scias, ke spionoj interesiĝos pri ĝi. La spionoj povus havi kunlaboranton en la poŝtejo, en la paperejo aŭ aliloke. Tiuj, kiuj sendis la planon, agis plej malserioze.

La afero estas tiom pli nekomprenebla, ĉar oni scias, ke tiu plano interesas same la dekstrulojn kiel la maldekstrulojn. Tiu papero havis – oni diras al ni – internacian gravecon. Kaj oni sendas ĝin poŝte al papermagazeno! Konsentite, en la papervendejo, nekonate, kaŝe troviĝas unu el la ĉefaj kunlaborantoj de la Sekreta Servo, sed tamen!

Stranga maniero agi, ĉu ne?

Nu, kiel mi diris al vi, Ivo tute malkonsentas kun la policaj ideoj ĉi-rilate. Tiutage, li iris aĉeti panon en la panejo, kiu staras tuj apud la papervendejo, kaj li tie troviĝis, kiam la suspektato envenis, kaj ankaŭ kiam tiu foriris kaj eniris la apudan magazenon por aĉeti siajn papersakojn.

La polico opiniis tre grava la trovon de eta-etaj panpecetoj en la papervendejo, ĉe la maldekstra flanko, apud la meblo, pri kiu oni tiom parolas. Kiam ĝi eltrovis, ke la suspektato iris aĉeti panon tuj antaŭe, ĝi ege kontentis, kvazaŭ tiu malkovro donus respondon al la multaj demandoj, kiujn oni povas starigi al si en tiu stranga afero. Kial tiom da bruo pri tio? La suspektato neniam neis, ke li iris de la panejo al la paper-magazeno.

Ivo estis en tiu panvendejo kaj diskutis kun la vendistino. Li diskutadis longe, ĉar li havas al ŝi amkomenceton kaj plezure longigis sian restadon apud ŝi. Tiu kompatinda homo, kiu poste aĉetis la papersakojn, do estis en la panejo, sed lia ĉeesto tie ne sufiĉas por povi diri, ke li faris ion malbonan poste en la apuda magazeno, ĉu? Kiu povas diri, ke unu el la vendistoj ne havis pecon da pano en la paperejo?

Ivo bone rigardis la personon, kiun la polico poste eksuspektis. Iu, kiu volas fari ion suspektindan, ne agas tiamaniere, li diris.

Kion? Ĉu vi ne sciis, ke Ivo ametas la junan panvendistinon? Nu, tio estas fakto. Ili iris kune trinki teon en «La dolĉa vivo». Ĉu vi konas? Estas tiu tetrinkejo, kie ili havas kvardek kvar specojn de teo. Ĝi troviĝas dekstre de la Ĉefa Poŝtoficejo. Li sidis tie kun sia panvendistino, kiam la suspektato envenis la tetrinkejon, portante la papersakojn, kiujn li aĉetis antaŭ kelkaj minutoj. Estis la horo, kiam ĉiuj magazenoj fermiĝas. Kaj oni suspektas tiun viron ĝuste ĉar neniu plu venis en la papervendejon inter lia foriro kaj la momento, kiam oni fermis la magazenon.

Nu, mi ne diras, ke Ivo tute ne povus miskompreni la faktojn. Sed miaopinie li estas plej fidinda homo. Mi kredas lin multe pli ol la policon.

Fakte, la plej stranga afero, en lia raporto al mi, estas, ke, en kiu ajn magazeno aŭ trinkejo li troviĝas, tuj post li envenas la suspektata persono. Kvazaŭ tiu sekvus lin. Mirige, ĉu ne? Tamen, Ivo ne estas aventurulo, kiu enmiksus sin en spionajn agadojn. Mi demandos lin, kion li opinias pri tiu fakto, ke la papersakulo tiom sekvis lin. Mi ne rimarkis la aferon, kiam li raportis al mi tiujn okazaĵojn hieraŭ. Nur rakontante al vi, mi ektrovis tion miriga.

Alian informon mi devos ricevi de li. Mi devos demandi lin, kie li aĉetas tiujn dolĉaĵojn, kiujn li hieraŭ alportis. Estas speco de ĉokolad-hava sukeraĵo, tre dolĉa, kion mi ege ŝatas, kaj mi ŝatus scii, kie oni ilin vendas. Mi bedaŭras, ke restas neniu plu. Mi jam finis la tutan saketon, tiom bonaj mi ilin trovis. Jes, bedaŭrinde, nenio postrestas el ili. Se vi provus ilin, vi trovus ilin bonegaj.

Eble ne, fakte, ĉar niaj preferoj tiom malsamas. Estas stranga speco de ĉokolada dolĉaĵo. Ion similan mi neniam ricevis aŭ aĉetis antaŭe. Ne estas tro da ĉokolado, sed certe multe da sukero, tiel ke ĝi estas dolĉega. Jes, bonegaj dolĉaj aĵetoj tiuj sukeraĵoj estas.

Kiel diable Ivo faras por trovi tiajn nekutimajn, sed bonegajn, aferojn? Vere, li estas karulo, eĉ se liaj okuloj rigardas malsamflanken, kaj se lia nazo estas ridinde mallonga. Vi samopinias kun mi, ĉu ne, Johana?

15B. DU RAPORTOJ PRI VENDADO

Sinjoroj, mi bedaŭrinde devas diri, ke la raporto pri la vendado de dolĉaĵoj tute ne estas fidinda. La funkciulo, kiu faris ĝin, estis tro memfida. Li konsideris fakte nur unu specon de dolĉaĵoj – tiujn, kiuj enhavas ĉokoladon – kaj li imagis, ke li povas esprimi ĝustajn opiniojn deirante nur de la informoj, kiujn li havigis al si pri tiuj.

Estas vere, ke ĉokolado estas unu el la ĉefaj aĵoj, kiuj eniras en la faradon de dolĉaĵoj. Aŭ almenaŭ, oni povas diri, ke ĉokolado estas grava enmetaĵo – en dolĉaĵon – se oni konsideras la demandon tutnacie. La afero montriĝas malsama, se oni konsideras nur unu urbon, kelkajn urbojn, la tutan nacion, kelkajn naciojn aŭ la tutan mondon. Inter tiu, tiu ĉi kaj tiu alia urbo, oni povas rimarki seriozajn malsimilecojn en la maniero kunmeti la dolĉaĵojn. Mi do petas vin ne forgesi, ke, en ĉi tiu diskuto, ni restas sur la tutnacia kampo. La situacio tute certe malsamus ankoraŭ pli, se ni rigardus ĝin internacie.

Kvankam do – se ni konsideras la tutan nacion – ni devas konsenti pri la ĉefa loko, kiun okupas la ĉokolad-havaj dolĉaĵoj inter la tuto de la dolĉaĵoj, tamen ni ne povas akcepti raporton, kiu diras eĉ ne unu vorton pri, ekzemple, dolĉaĵoj faritaj el pura sukero kun iu aŭ alia aldonaĵo neĉokolada.

La aferoj ne estas tiel simplaj, kiel ilin klarigas ĉi tiu

raporto, kaj se ni deziras scii, kiel la situacio vere estas, ni devas proponi al iu alia, al iu pli fidinda, la taskon raporti pri la tutnacia dolĉaĵ-vendado.

Kaj nun, se neniu petas la parolon rilate al ĉi tiu demando ... ŝajnas, ke ne ... neniu mano altiĝas ... se neniu deziras esprimi sian opinion pri la dolĉaĵ-demando, mi proponas, ke ni ekdiskutu la duan raporton, tiun pri la vendado de pano.

Ankaŭ sur tiu kampo ne estas tiel facile ricevi la dezirantajn informojn. Mi ne parolas pri tia flanka demando kiel la fakto, ke la peto de la panfaraj laboristoj pri mallongigo de la nokta labortempo ricevis jesan respondon. Mi konsideras tiun demandon flanka. Kaj mi ne priparolos ĝin, kvankam ni nun scias, ke estas rilato inter tiu decido kaj la malaltiĝo rimarkita ĉi-urbe en la vendado de la plej kutimaj specoj de pano. Evidentiĝis, ke la horo, ekde kiu la pano estas aĉetebla, frumatene, havas pli grandan gravecon ol oni antaŭe imagis.

Mi do diris, ke mi ne parolos nun pri la kampo de labor-rilatoj. Mi volas komence tuŝi nur la monan aspekton de la demando. Kaj ĉi-rilate mi povas diri nur unu aferon, nome, ke la situacio estas plej serioza.

Vi povas fidi min, sinjoroj, ĉar mi konsideris tiun raporton tre atente, kaj tre zorgiga ĝi estas. Vi certe konatiĝis kun la informoj, kiujn enhavas la raporto pri panvendado, kaj vi verŝajne samopinias kiel mi, ĉu ne? Tiu raporto estas ege interesa, sed tute ne trankviliga. Kiu ajn portas en sia koro la interesojn de la nacio sentos la saman zorgemon. Jen estas serioza situacio, pri kiu estas urĝe okupiĝi.

La panistoj plendas, ke ili ne ricevas sufiĉe da mono[16] por

---

16 mono: Tio, kion oni donas al vendisto, kiam oni aĉetas ion, por povi ricevi la aĉetatan aĵon.

la vendata pano, almenaŭ kiom koncernas la plej ofte vendatan specon, sed kion ni povus fari sen endanĝerigi la tutan nacian vivon?

Ni ne trovis manieron kunordigi la malsamajn emojn de la koncernatoj, kaj ni troviĝas en sakstrato[17], en sen-elira situacio. La etaj panvendistoj petas ion, la ĉiovendejoj kaj aliaj grandegaj magazenoj volas ion alian, tiuj, kiuj aĉetas la panon havas ankoraŭ alian deziron, kaj kiam la panfaraj laboristoj intervenis dirante, ke neniu el miaj proponoj estas kontentiga por ili, mi troviĝis subite kun tia kapdoloro, ke mi tute simple ne plu povis pensi.

Mi, kiu ĉiam ŝategis panon, jam plurajn tagojn vivas sen tuŝi eĉ unu panpecon. Kaj la nura sono de la vorto «pano» agas al mi malsanige.

Trovi respondon al tiuj demandoj estas pli ol oni povas peti de mi sola. Mi do kunvokis vin al ĉi tiu kunsido, por ke ni diskutu plej serioze la demandon. Mi esperas, ke dank' al via helpo, estos eble surpaperigi proponojn, kiujn la tuta nacio povos akcepti. Nur unu afero estas certa, nome, ke se iuj enpoŝigos pli da mono ol antaŭe, sekve de niaj decidoj, tiuj estos nek vi, nek mi.

Kaj nun, se vi permesas, sinjoroj, mi trinkos iom da akvo.

---

17 sakstrato: Strato sen elirejo (kiel sako, el kiu io povas eliri nur tra la loko, tra kiu ĝi eniris).

16A. LA VESPERFUŜULO

Mi furiozas. Refoje[18], Dudi fuŝis la tutan atmosferon en la grupo.

Ni estas grupo de bonaj amikoj, kaj ni kune vespermanĝis tute trankvile. Mi eble devas diri, ke la vespermanĝo estas mia preferata manĝo. Nek ĉe matenmanĝo, nek ĉe tagmanĝo mi sentas min tiel bone, kiel ĉe vespermanĝo. Vespere, almenaŭ en amika domo aŭ en bona restoracio, oni sentas specialan atmosferon, kiun mi tre ŝatas. Ĉefe kiam ni troviĝas grupe. Grupo da kunmanĝantaj amikoj estas por mi feliĉiga realaĵo.

Ni retroviĝas en tiu grupo de tempo al tempo. Temas pri grupo de amikoj, kiuj faris kune la militservon. Ni tre ŝatas retrovi unu la alian. Niaj vivoj estas tre malsimilaj, ĉar ni havas tre malsamajn okupojn. Ronaldo estas laboristo[19], Johano vendisto en meblomagazeno, Tom kuracisto, Andreo policisto, Leo direktas grandan paperfarejon, Ken havas malgravan seninteresan oficon en la urba administrejo, kaj Petro de longeta tempo nun estas senlaborulo. Vi do vidas, ke ni havas plezuron diskuti, ĉar niaj travivaĵoj tute ne intersimilas.

Sed la demando ĉiam estas: kiel malhelpi, ke Dudi fuŝu

---

18 refoje: Plian fojon, novan fojon, rean fojon.

19 laboristo: Homo perlaboranta sian vivon per laboro ĉefe mana, korpa, aŭ mekanika, kiun li faras ne por si mem, sed por la labordonanto, de kiu li pro tio ricevas monon [*mono*: vidu la piednoton en 15b].

nian vesperon. Dudi estas ĝenema. Li trovas sian plezuron en situacioj, en kiuj liaj kunuloj malplezuras. Kaj li estigas tiajn situaciojn.

Tamen, li estis dekomence unu el nia grupo. Ni ne povas peti lin ne veni. Kion fari?

Ĉi-foje li rekomencis. Komence, ni estis kontentaj, ĉar ni opiniis, ke li ne venos. Li venis malfrue, kaj jam furiozis, ke ni komencis sen atendi lin. Kiam ni diris, ke ni ĉiam komencas ĝustahore, li furiozis. «Mi malfruas, ĉar mi devis labori ĝis malfrue,» li diris, «kaj vi eĉ ne povis atendi min duon-horeton!» Fakte, li malfruis preskaŭ plenan horon.

Poste, li plendis pri la menuo. Li ne ĉeestis en la kunveno – antaŭ kelkaj semajnoj – kiam ni interkonsentis pri tio, kion ni manĝos. Mi bedaŭras, sed ni decidis unuvoĉe pri la manĝaĵoj. Ni ĉiam provas, kiel eble plej bone, ne enmeti manĝaĵon, kiun unu el ni ne ŝatas. Sed se, je la momento, kiam ni decidas, unu el la grupo ne aŭdigas sin – ekzemple ĉar li forestas, kiel Dudi tiun fojon – ni tamen ne povas plene forigi la riskon, ke sur la tablon venos manĝaĵo, kiun la koncernato ne ŝatas.

Dudi do plendis pri la menuo. Kutime, li tre ŝatas supon. Sed ĉi-foje, kiam li apenaŭ ekmanĝetis iom da supo, jam li komencis brue esprimi sian malkontenton. «Mi ne nomas tion ĉi supo», li diris tiel laŭte, ke la tuta restoracio aŭdis lin, kvankam nia grupo sidis en alia manĝoĉambro, ne en la restoracio mem. Ĝena situacio, ĉu ne?

Estas muzikistoj en la restoracio, kaj, kompreneble, eĉ en nia speciala manĝoĉambro ni aŭdis ilin, ĉar tamen ne estis dika ŝtona muro inter la ĉefa ejo kaj ni. Nu, la muziko estis tro laŭta kaj tro rapida por s-ro [= sinjoro] Dudi. Foje, tuj kiam li aŭdis, ke muzikaĵo ĵus finiĝis, li ekstaris, kun furioza esprimo, iris en la restoracion kun la irmaniero de gravulo aŭtoritatplena, kaj ekkriis per la aĉa voĉo de ulo malbonmaniera: «Gratulon pri la malbela bruo, sinjoroj muzikistoj. Kion vi jus aŭdigis, tion mi ne nomas muziko, sed bruo. Bonvolu meti finon al tiu bruado. Mia kapo doloras dank' al vi!»

Li kriis tiel malbele, ke li timigis hundon, kiu troviĝis tie kun maljuna paro, kaj la hundo respondis al li similvoĉe, tiel ke la tuta restoracio ekridis. Komprenable, tio igis lin eĉ pli furioza. Li revenis al nia manĝoĉambro brufermante la pordon plej malĝentile.

Diable! Kia homo! Li igis la atmosferon pli kaj pli peza.

Poste li plendis al la kelnero, ke lia telero ne estas pura. Tion li imagis. Lia telero estis perfekte pura. Sed ne eblas diskuti kun li. Kiam li decidis, ke jen estas malpura telero, vi povas rigardegi per plej larĝaj okuloj, provante trovi eĉ etan peceton da malpuraĵo, kvankam ĉio estas plej pura, li tamen montros al vi neekzistantajn malpurajn lokojn.

Kaj jen li eligis el sia poŝo pecon de paperaĉo, sur kiu li komencis noti siajn plendojn! Por ke ni diskutu la malbonajn flankojn de tiu vespero dum nia sekvanta kunsido, li diris. Ĉu vi imagas?

Nu, mi ne povas raporti ĉion al vi. Li trovis la salaton nemanĝeble dolĉa, kaj la kukon nemanĝeble maldolĉa, li rompis sian glason faligante ĝin furioze, ĉar, laŭ li, la trinkaĵo estis netrinkebla. Li parolaĉis al tiu kompatinda kelnero tiel malbele, ke nia tuta grupo malkontentis, kaj kelkaj vizaĝoj ruĝiĝis. Sed ni ne sukcesis silentigi lin. Apenaŭ oni ne elirigis lin el la restoracio.

Li multe plendis al ni, tute malsaĝe, pri ĉio, kion li ricevis, kaj, cetere, pri la tuta loko. «Kiam ni estis kune soldatoj,» li diris, «ni manĝis pli bone. Kiam ni estis soldatoj, ni ricevadis trinkeblan bieron. Kiam ni estis soldatoj, la teleroj ne estis malpuraj. Kiam ni estis soldatoj, la kukoj estis kontentige dolĉaj. Kiam ni estis soldatoj, la homoj rilatis amike kun ni, dum ĉi tie la kelneroj aliras nin malĝentile. Kiam ni estis soldatoj, ni ne devis aŭdi tian bruaĉan muzikon. Kiam ni estis soldatoj, ni havis dolĉan vivon.»

Kompreneble, ĉio, kion li diris pri nia kuna militservo, estas tute nevera. Mi ne scias, ĉu li estis malsincera, aŭ ĉu iu speco de forgesemo misaranĝis liajn memorojn, forigante la malbonajn faktojn kaj troigante la belajn, sed tio, kion li diris, tute ne esprimas la veron. Nia soldata vivo tute ne estis ĝojiga. Estis por multaj el ni vere doloraj momentoj en tiu militservo. La daŭra amikeco inter niaj samgrupuloj devenas verŝajne de la fakto, ke ni kune travivis multajn aĉajn situaciojn, kiuj igis nin pli proksimaj unuj al la aliaj.

Estas plej bedaŭrinde, ke Dudi agis, kiel li faris. Nia bela kuna vespero, pri kiu la tuta grupo nur antaŭĝojis, estis fuŝita. Nu, mi ne troigu. Ni tamen multe ridis, ni kune kantis fine de la vespero, ni rakontis unu al la aliaj ĉiaspecajn aventurojn aŭ travivaĵojn, ni estis kontentaj reparoli pri tiu aŭ tiu aspekto de nia militservo. Mi do ĝojas, ke mi iris. Sed la vespero estus tiom pli bela sen Dudi!

Ni demandas nin, kiamaniere ni povos fari, ke li ne plu venu al niaj kunaj vespermanĝoj. Ni ne plu povas allasi lin. Li vere tro grave ĝenas. Ne estis facile komprenigi al la kelneroj kaj al la muzikistoj, ke la opinioj de tiu knabaĉo estas liaj opinioj, ne niaj, ne tiuj de la tuta grupo.

Estos ĝene reiri al la sama restoracio, kie la kelneroj kaj muzikistoj certe memoros la agmanieron de nia kunulo Dudi. Tre bedaŭrinda afero. Estas mirige, ĉu ne?, kiel unu sola homo povas fuŝi bonan atmosferon por tuta grupo, fuŝi vespermanĝan kunvenon, kiu, sen li, estus perfekte amika kaj feliĉiga. Nu, tiel estas. Plendi tute ne helpas. Ni esperu, ke simila fuŝo ne reokazos, kiam ni refoje aranĝos kunvenon de la grupo.

16B. ĈU MALĜOJON MEMORI AŬ IMAGI FELIĈON?

Ho jes, mi memoras la militon. Sed mi preferas ne paroli pri ĝi. Nur tiu, kiu mem travivis militon, scias, pri kio temas. Kaj kredu min, ne temas pri ridigaĵo.

Kiam domoj estas rompataj, kampoj fuŝataj, kaj grupoj da soldatoj iradas en la stratoj, kun, en la okuloj, miksaĵo el timo kaj malamo, la tuta atmosfero de la vivo fariĝas plej aĉa. Krome, oni apenaŭ trovas ion por manĝi. Oni manĝaĉas ion ajn. Mi aŭdis pri homoj, kiuj manĝis katajon, manke de io pli bona. Nur por vivi, ĉu vi komprenas?, nur por pluvivi.

Rigardi malplenan teleron, kaj aŭdi la infanojn plore peti nehaveblajn manĝaĵojn, enkorpigi al si supon, kiu estas pli akvo ol io alia, vesti sin per malnovaj vestrestaĵoj, kunmetitaj pli malpli sukcese …, sincere mi ne ŝatis tiun vivon, kaj mi forte esperas, ke miaj infanoj neniam travivos ion similan.

Eĉ la malĝojaj okuloj de nia hundo igis nin plej malfeliĉaj, ĉar kion ni povis fari? Se la homoj ne havis sufiĉe por manĝi, kiel ni povus plenigi la teleron de nia kara, amata, sed kompatinda hundo?

Kia malaminda vivo! Mi neniam komprenos – kiaj ajn la interesoj de la nacio – ke homoj povas decidi ekestigi militon. Kiom ajn alte ili staras en la direktado de la nacio, kiom ajn klare ili povas vidi la internaciajn rilatojn, aŭ la tutmondan situacion, tamen ...

Mi scias, ke la aferoj ne estas tiel simplaj, kiel ili aspektas en interparolo kun kafeja kelnero. Sed tiu decido ŝajnas al mi tiel grava, ke mi ne komprenas, kiel homo kuraĝas fari ĝin. Mi persone ne estus sufiĉe maltima, eĉ se mi havus la devon direktadi de plej alte la aferojn de miaj samnaciuloj.

Decidi, ke oni ekmilitos, kia decidaĉo! Sendi la junulojn al morto jam estas aĉa decido, sed sendi ilin al mortigo – sendi ilin mortigi aliajn junulojn, kaj ankaŭ homojn nejunajn – ŝajnas al mi eĉ pli neakcepteble. Scii, ke oni estigos doloron en miloj kaj miloj da homoj, ke miloj kaj miloj da homoj maldormos dum noktoj kaj noktoj, ĉar ili estos tro malfeliĉaj aŭ tro zorgoplenaj por trovi la trankvilon, sen kiu oni ne povas ekdormi. Vere, mi ne povus.

Sed, se vi permesas, ni parolu pri io alia. Estas multaj ĝojigaj aspektoj en la vivo. Kial ne paroli pri io ridiga, aŭ feliĉveka? Milito estas tiel brunaĉa, senkolora temo. Aŭ eble vi preferus diri: koloraĉa.

Ĉi-foje, mi preferus, ke ni pensu pri la beleco de la kampoj, la plezuro promeni surmonte aŭ la afabla vizaĝo de la kelnerino, kiu servis al ni tiel bonan kukon en la kafejo, kie ni sidis posttagmeze. Milito alportas al la homoj nenion, krom doloro kaj malfacilaĵoj. Ĉio fariĝas malsimpla dum milito.

Jes, ni parolu pri io alia. Ni lasu nian imagon ekflugi alten en la aero, estigi mondon de beleco kaj rido, de amo kaj feliĉo. Ĉu gravas, se tiu mondo ne ekzistas? Ne; ĉu? Gravas, ke ni estigu en ni iun atmosferon, por ĝojigi nin kaj forgesigi al ni la malamindaĵojn de l' milito.

Laŭ mia opinio, estas saĝe fojfoje tiel ekflugi image. Lasi la imagon funkcii mem, lasi penson venigi penson, imagaĵon sekvi imagaĵon, nur por la plezuro forgesi la mondon, en kiu ni vivas, kaj ĝiajn dolorajn aspektojn. Ĉu vi trovas, ke tio estas forkuri for de la realeco? Laŭ vi ne estas tre bone, fidi al sia imago kaj prikanti enpense belecojn nerealajn, ĉu? Vi malpravas, laŭ mia sento. Elpensi aliajn mondojn, en kiuj la vivo estus pli feliĉa kaj la homoj pli bonkoraj unuj al la aliaj, tio ne estas la samo, kiel intermiksi en sia pensado tiujn imagitajn mondojn kun la vivo ĉi-ekzista. Eble, se oni farus tion multfoje, tio estus malsaĝa. Sed kelkfoje, kiam venas okazo, kial ne?

Kaj eĉ se tio estas forkuri el la realeco, forflugi en imagitan mondon, ĉar la reala ŝajnas al ni tro aĉa, kial tion ne fari fojfoje? Se tion farante ni retrovas forton kaj kuraĝon, por aliri sentime la verajn demandojn de la realo, kial sin forturni de ĝi?

Evidente, la situacio estus tute malsama, se temus pri kutimo tiel forta, ke oni ne plu povus pensi realece. Sed se ni ne perdas nian bonan rilaton kun la realo, miaopinie, ni povas sendanĝere nin fordoni al tiu ludo.

Homoj ne sufiĉe ludas, niaepoke, laŭ mia maniero rigardi la vivon. Por mi, ludo estas tre grava, ĉu ne por vi? Ludo alportas ĝojon kaj ridon, dum ĉiama seriozeco estigas ian mankon de vivo en la homo.

Mi ne volas diri, ke oni aliru siajn taskojn kaj devojn malserioze, ne zorgante pri tio, ĉu tio, kion oni faras, estos vere kontentiga aŭ ne. Ne diru, ke mi proponas al la homoj iĝi grandaj fuŝemuloj. Tute ne.

Nur tion mi diras, ke aliri la realon iom lude, ride, aŭ

almenaŭ ridete, estas pli feliĉige por ni mem kaj por la aliaj ol ĉiam komenci taskon kun plendo kaj ĝememo.

Ĉu vi konsentas?

Ne? Kiel strange! Sed, se vi vere malkonsentas, kial do vi ridetas? Vi eĉ ridas! Tamen la demando estas serioza. Kaj se vi malkonsentas, via opinio povas nur esti, ke seriozajn demandojn oni priparolu senride.

17A. EDZOKAPTAJ INOJ

Jes, kiam, antaŭ kelkaj jaroj, li diris al mi, ke mi estas la plej bela knabino, kiun li iam ajn vidis, mi preskaŭ enamiĝis. Neniam viro parolis pri mia beleco similvorte. Neniam viro, simple parolante, direktis tiajn kortuŝajn okulojn al mi.

Sed post iom da tempo mi konsciiĝis, ke li ne vere amas min, kaj ke mi neniam povos lin ami, eĉ se nur pro lia mono. Kaj nun ni eksciis, ke li volas edziĝi al Aneta!

Ĉu vi komprenas, kial li volas edziĝi al ŝi? Ŝi havas plaĉan vizaĝon, iamaniere, sed ŝi ne estas bela. Li estas tre riĉa. Verŝajne ŝin interesas lia mono. Nu, se li volas esti malsaĝa, tio estas lia problemo.

Lia fratino edziniĝis al riĉulo, kaj tio estas multe pli sendanĝera. Se la edzo havas tiom da mono, kiom la edzino, almenaŭ ambaŭ havas dekomence certecon, ke la alia ne serĉas en geedziĝo eblecon riĉe vivi.

Multaj knabinoj jam provis edziniĝe ŝteli la monon de Rikardo. Se vi scius, kiom da edz-kaptemaj inoj li jam devis forsendi! Sed ĉiam revenas novaj, kaj ĉi tiu sukcesis. Ĉi-foje, li estas kaptita. Finita, la libereco. Li falis en ŝian kaptilon. Antaŭe li estis tre singarda[20]. Li bone gardis sin je ĉiu provo lin faligi en la kaptilon. Sed la lasta ino – kiel do ŝi nomiĝas? mi forgesis ... ha jes! Aneta! – Aneta, la lasta el longa aro, perfekte ludis sian rolon. La lastan fojon, li preskaŭ kaptiĝis, kio montras, ke eble li fariĝis malpli singarda.

Tiun lastan fojon, pri kiu mi parolas ... eble mi devus diri «la antaŭlastan fojon», se vi konsideras, ke la vera lasta fojo estas ĉi tiu fojo, kun kiu Aneta ... nu, negrave ... tiun lastan fojon, mi diris, la kaptemulino estis tute senmona. La plej senhava, plej malriĉa knabino el la tuta urbo. Sed ŝi estis bela. Granda, sportema, sentima [= sen-tim-a], sed sentema [= sent-em-a] – almenaŭ laŭŝajne – ŝi montris sin tiel aminda, ke li preskaŭ ekamis ŝin je la unua rigardo. La afero daŭris pli ol unu jaron. Ho jes, dum pli ol unu jaro ili vidadis unu la alian kvazaŭ sen interrompo.

Ekzistas tia tipo de virino, kiu tre nature plaĉas. Ŝi estas tia. Tamen, ŝi sukcesis plaĉi al li ne nur pro sia natura amindeco, sed, krom tio, ankaŭ pro io alia. Pro volo. Pro decido. Ŝi volis lian monon, ŝi decidis, ke ŝi havos ĝin, kaj do – samokaze – lin. Kaj ŝi agis tute laŭplane, bone pripensante unu paŝon post la alia, por realigi sian deziron. Ŝi neniam mispaŝis.

Ŝi serĉis pri li ĉiaspecajn informojn, kaj ŝi uzis siajn sciojn por plejproksimiĝi al li, kaj al lia koro. Ekzemple, kiam ŝi eksciis, ke li estas tre kantema, kaj eĉ estas ano de iu gea kantogrupo, ŝi tuj decidis aniĝi al tiu grupo. Alian fojon, oni

---

20 singarda: Atentema kaj pripensema, por ne ricevi malbonaĵon aŭ malfeliĉon, aŭ por ne meti sin en realan aŭ imagitan danĝeron; malema agi subite kaj senpense; neriskema.

diris al ŝi, ke li ĵus eliĝis el la militservo. Nu, ŝi serĉis la plej etajn informojn pri li, kaj sukcesis aranĝi la aferojn tiamaniere, ke ŝi estu la unua persono, kiu troviĝos sur lia vojo, kiam li alvenos en la urbon.

Kaj ne nur ŝi agis. Ankaŭ ŝiaj gepatroj trovis pseŭdomotivon por esti foje akceptitaj de lia patro. Ŝi kvazaŭ ŝtele eniris en lian mondon por ŝteli lian amon, kaj la tutan riĉon, kiu iras kun ĝi, ĉe tia multmona homo. Ŝi uzis plej plene sian imagon por elpensi plej malsamajn manierojn enŝteliĝi en lian vivon, kaj plaĉi al li. Sed eble ŝi trouzis ilin. Eble li suspektis ŝian planon kaj la ne plene honestajn motivojn, kiuj kuŝis malantaŭ ŝiaj tro oftaj aperoj ĉe lia flanko.

Subite, liaj amikoj rimarkis, ke li fariĝas pli kaj pli malvarma en siaj rilatoj kun ŝi. Oni sentis, ke la speco de espero kaj amemo, kiu ĵus batigis lian koron, nun iom post iom malaperas, lasante la lokon al iu malŝato ... ne, ne vere malŝato, kiel diri? Mi serĉas la ĝustan vorton, sed ne trovas ĝin, kiel ofte okazas al mi ... do, ne estis malŝato, sed iu sento proksima al ĝi, iom simila ... ha! Jen mi trovis la vorton: neŝato. Neplaĉo. Li ne malamis ŝin, kompreneble, ankaŭ ne malŝatis ŝin, sed, tute simple, ŝi ne plu plaĉis al li. La sentoj, kiujn ŝi antaŭe estigis en li, simple malaperis. Mi gratulis lin. Li tiel ĵus eligis sin el serioza risko, el la risko edziĝi al monserĉa aventurulino, kiu ne indis, ke li kunigu sian vivon al la ŝia.

Sed jen novan fojon simila situacio ĵus aperis. Pro tiu Aneta, jen lia koro ĵus rekomencis batadi pli vive, jen reaperis la konata miksaĵo el espero kaj, se ne amo mem, almenaŭ deziro ami, kaj nun, jen ni eksciis, ke li decidis fariĝi ŝia edzo.

Eble tamen Aneta ne kaptis lin pro lia mono. Finfine, mi ne konas la tutan historion. Kio ebligus al mi diri tion? Vi pravas.

Se sincere paroli, mi ne rajtas tion diri pri ŝi. Mi preskaŭ ne konas ŝin. Pro kio do mi esprimis al vi tiujn malŝatajn ideojn, kiujn mi havis pri Aneta? Kial mi lasis mian imagon kapti min, koncerne ŝiajn motivojn? Mi ne estas honesta. Sed pro kio do? Ĉu pro deziro haltigi la geedziĝon? Ĉu tion mi deziras? Ĉu mi finfine rigardu la veron vizaĝ-al-vizaĝe? Kaj kiu estas tiu vero, se ne ke iĝi la edzino de Rikardo deziras plej forte mi?

17B. INSTRUISTA AMO

Ne estas facile ami kun dudek kvin geknaboj. Ne rigardu min tiel mire, mi diras la veron. Mi volas diri, kiam oni estas instruisto, amas junulinon, kaj havas kun si klason de dudek kvin geknaboj, kiuj sekvas sian instruiston, kien ajn li iras, amrilatoj fariĝas malfacilaj.

La domego, kie ni estis, dum tiu surmonta semajno, estis malnova hotelo, kiun oni rearanĝis por infangrupoj. Estis en ĝi granda manĝejo por la grupaj manĝoj, kaj ankaŭ pli malgranda, pli plaĉa trinkejo, kie oni povis aĉeti kafon, sukon, ĉokoladon, teon kaj aliajn trinkaĵojn.

Tie ŝi laboris. Kiam mi eniris la trinkejon, en la unua tago, kaj mi ekvidis ŝin, mia koro misbatis. Kaj mi samtempe iĝis certa, ke ankaŭ ŝia koro faras unu misbaton. Mi rigardis ŝin, ŝi rigardis min, ni ridetis.

Ne daŭris pli ol unu sekundon tiu unua rigardo, sed mi sentis, kvazaŭ mi aliiĝus al nova homo. Neniam mi vidis iun tiel amindan, tiel feliĉige amvekan.

La infanoj brue envenis post mi. Nu, vi scias, kiaj estas infanoj. Ili movis la seĝojn. Ili kriis. Ili vokis de unu angulo al alia plej laŭte. Unu paŝis sur la piedon de kunulo, kaj ĉi-lasta ekkriis, kvazaŭ oni ĵus provus mortigi lin. Nu, vi konas tian situacion.

«Kiu ŝtelis mian monon?» iu kriis furioze. «Mia monujo malaperis!»

«Ĝi falis el via poŝo», «tie, ĉe la seĝpiedo», «serĉu antaŭ ol suspekti!» samtempe kriis plej malsamaj voĉoj, dum sonis pliaj respondoj, al kiuj plene mankis ĝentileco.

Sed mi nenion aŭdis. Mi nur povis rigardi ŝin. Post tiu unua rigardo, kiun mi antaŭe priparolis, mi direktis la okulojn aliloken dum unu sekundo, sed ne pli. Mia rigardo tuj revenis al ŝi kaj ne plu forlasis ŝin. Kvazaŭ iu supernatura forto min devigus ne movi la okulojn.

Ankaŭ ŝi min rigardis plu, kun la sama feliĉplena rideto. Stranga, nekutima, silenta ĝojo ekokupis mian tutan estaĵon. Tute trankvile. Mia koro ne plu misbatis, sed ĝi ne batis kiel antaŭe. Ĝi estis kvazaŭ plena je suno, je bela, varma, plaĉa sed samtempe trankvila sunlumo.

Dume, interinfana milito komenciĝis. «Mi vidis vin, vi provis ŝteli mian monujon», kriis iu knabino.

«Ne gravas, vi jam estas tro riĉa», ride rebatis knabo.

«Ĉi tiu estas mia seĝo, ne sidu sur ĝi», plendis tria infano.

«Kiu faligis mian glason?» furiozis kvara.

Objektoj komencis traflugi la aeron. La bruoj devus tuŝi mian atenton, konsciigi min, ke aŭdeblas vortaĉoj, ke okazas neallasindaj[21] batoj, ke ploroj kaj plendoj kaj ridoj resonas tro brue de unu muro al alia.

---

21 allasi [= al-lasi]: Lasi alveni, lasi enveni, *kaj do* permesi, lasi okazi, akcepti.

Sed mi kvazaŭ ne ĉeestis. Mia atento estis for. Ĝi ne direktiĝis al la infana milito, nur al tiuj bluaj okuloj, al tiu mirinda nazo, al tiuj brunaj haroj, tiel perfekte aranĝitaj. Kaj, pro nekomprenebla motivo, ankaŭ ŝiaj okuloj estis turnitaj nur al mi. Al mia tro dika nazo, al miaj senordaj haroj, al mia nespeciale bela vizaĝo.

«Ne sidu ĉi tie», laŭtis knaba voĉo.

«Mi rajtas sidi kie ajn mi volas», respondis alia.

«Se vi sidiĝos sur ĉi tiun seĝon, vi tion bedaŭros», parolis tria, malamike.

«Vi ne rajtas malpermesi al li sidi sur tiu seĝo», knabino kriis.

Mil interkriadoj sonis samtempe. Mil objektoj, ŝajne, kune bruis en la trinkejo. Sed mi aŭdis nenion. Aŭ, pli ĝuste, mi aŭdetis ian kvazaŭ tre malproksiman bruon, kiu ne sukcesis kapti mian atenton. Mian atenton ja plene okupis la superbela vizaĝo de virino sensimila.

Kaj jen ŝi ekridis.

Mi rigardis ŝin eĉ pli, mire. Sed ŝi tro ridis por povi parole respondi al mia silenta demando.

Ŝia mano montris al la ejo, al la nekredeblaj militspecaj agadoj, kiuj okazis en ĝi, al la seĝoj kuŝantaj, al rompita taso, al kruroj, kapoj, brakoj, manoj moviĝantaj ĉiadirekte, dum vortaĉoj kaj militkrioj ĉie[22] sonadis.

Nur tiam mi ekkonsciis. «Geknaboj!» mi kriis. «Sufiĉas!»

Neniam mi komprenis, kial mi havas aŭtoritaton. Sed aŭtoritaton mi havas. Naturan aŭtoritaton. Ĉu eble pro io en la voĉo? Mi ja ne estas alta fortegulo, kiel kelkaj viroj, kiujn infanoj rigardas kun ia timo, kaj sekve kun forta motivo

---

22 ĉie: En la tuta loko.

ne riski malkontentigon. Ne. Mi estas ne pli ol mezalta kaj mezforta, kaj tute ne havas timigan aspekton.

Sed la infanoj, al kiuj mi instruas, neniam faras ion, kion mi malpermesas. Sufiĉas, ke mi diru «atentu!», kaj la bruo haltas, envenas silento, dum la geknaboj min rigardas atente kaj atende, atendante, fakte, ke mi precizigu miajn dezirojn. Eĉ, ofte, mi diras nenion. Nura rigardo, nura vizaĝesprimo, nura movo de la mano, kaj tuj ili trankviliĝas.

Ĉi-foje, mia natura aŭtoritato ree agis. Apenaŭ mi devis aldoni kelkajn vortojn por precizigi, ke mi volas, ke ili restarigu la falintajn tablon kaj seĝojn, haltigu la batojn, remetu ordon kaj trankvilon en tiu plaĉa trinkejo. Post dek minutoj, ĉio estis ree en ordo, kaj ili interparolis trankvile, kvazaŭ neniu malamikeco iam ajn aperis inter ili.

«Gratulon, sinjoro!» diris la plej bela voĉo, kiun mi iam ajn aŭdis. «Kiam mi ekvidis la malordon, mi imagis, ke ne eblos restarigi bonordon antaŭ ol noktiĝos.»

Nenio estis pli dolĉa al mia koro, ol ŝiaj gratulvortoj. Tiel komenciĝis inter ni plej feliĉa amrilato.

Sed, kredu min, ne estas facile ami kun dudek kvin geknaboj. Mi ne povis forlasi la dormejon nokte, se unu el ili ne dormis. Tiu ja vekis kelkajn aliajn, kaj post dek minutoj la dormejo fariĝis brua ludejo. Iun tagon – estis ŝia libertago – ŝi konsentis veni promeni kun mi. Sed ankaŭ kunmarŝis la dudek kvin karuletoj, kio tamen mallarĝigis la eblecojn de plaĉa para interparolado.

Kiam mi estis libera, kaj mia kunlaboranto[23] ilin gardis, ŝi laboris en la trinkejo. Se mi tien iris, plej ofte ankaŭ kelkaj el miaj klasanoj venis. Kaj kiam ŝi interrompis la laboron, mi ne

---

23 ...anto: Persono, kiu ...as; ...anta homo.

estis libera, sed devis okupiĝi pri la dudek-kvino. Mia helpanto ĉeestis nur dumtage, je precizaj horoj.

Tamen, iom post iom, mi sukcesis trovi solvojn al la problemoj, kaj vidi ŝin ne tro malofte. Mi rakontis ĉion pri mi, pri mia vivo, pri miaj deziroj, pri mia amo, kiu certe daŭros ĝismorte, kaj ŝi same rakontis ĉion pri si. Ŝi estis ridema, kantema, sed ankaŭ laborema kaj plej fidinda homo, kun koro plena je ĝojo, kaj feliĉiga rideto.

Post kiam mi revenis hejmen, certe plaĉis la foresto de la infanoj, sed mia soleco pezis al mi. Feliĉe, la urbo, kie mi instruas, ne estas tro malproksima. Kiel eble plej ofte mi reiris al la montara malnova hotelo, kaj nia amo de fojo al fojo grandiĝis. Nek ŝi nek mi plu havas gepatrojn kaj gefratojn, kaj nia geedziĝo estis plej simpla, kun nur kelkaj geamikoj. Almenaŭ laŭplane. Ĉar kiam eksonis la geedziĝa marŝmuziko kaj ni turnis nin por brak-en-brake eliri, silente, ridete kaj korbate larĝ-okulis al ni dudek-kvino da geamiketoj.

18A. LA LETERSOIFA PATRINO

Ĉiam estas ege malfacile komenci leteron. Tuj kiam mi havas plumon enmane, miaj ideoj malaperas kun nekredebla rapideco, kaj mi trovas min kun plumo en la mano kaj kun kapo malplena.

Kiam mi estis infano, kiom da fojoj mi sentis min «malbona filo», nur pro tio, ke mi neniam skribis leteron al miaj gepatroj, dum mi estis for! Mi ricevadis leterojn plenajn je la dika skribo de mia patrino. La skribo estis dika, ĉar ŝi ĉiam fuŝis siajn plumojn. Mia patrino ja estis forta kampara virino kun fortaj manoj, kiuj rompas ĉion, kion ili tuŝas. Krome, tiuepoke, la plumoj estis aĉe faritaj, kaj fuŝiĝis multe pli rapide ol nun.

Kion mi diris? Ha jes, mi ricevis longajn leterojn de mia patrino kaj preskaŭ ne kuraĝis ilin eklegi, tiom mi timis. Mi timis, ĉar mia patrino parolis pri sia sufero. Kaj rakontis kun granda precizeco, ke ŝi suferas pro mi.

Jen kian patrinon mi havis. Tiu larĝkorpa, dikmana, fortabraka kampulino, kiu rompaĉis meblon nur tuŝetante ĝin – mi preskaŭ diris: nur rigardante ĝin – tiu virino, fortiĝinta pro jaroj kaj jaroj da kampa laboro, tiu forta virino suferis, laŭ siaj leteroj, pro eta mi.

Mi ne scias kial, ŝi ne elportis mian poŝtan silenton. Ŝi rompis du aŭ tri plumojn, verŝajne ŝiris nevole la paperon, kiun ŝi provis preni el la skribmeblo, sed fine sukcesis skribi dika-plume sian opinion pri mi:

«Kara filo». Neniam ŝi uzis mian nomon, verŝajne pro deziro estigi ian malproksimecon inter ŝi kaj mi, aŭ sentigi sian aŭtoritaton.

«Kara filo», ŝi skribis. «Jam pasis du semajnoj ekde la tago, kiam vi forlasis la hejmon por iri al via monta libertempo, kaj eĉ ne unufoje vi pensis pri via kompatinda patrino, kiu suferas pro manko de letero de vi. Vi ŝiras mian koron. Ĉu vi ne amas vian patrinon, kiu tiom laboras por vi kaj por viaj fratetoj?

«Mi zorgas, zorgas, zorgas. Mi min demandas, ĉu vi malsatas aŭ soifas, ĉu vi manĝas sate fruktojn. Ĉi tie la pomoj komencas apereti. La hejmo estas tiel malplena, kiam vi forestas, ke vi povus almenaŭ skribi letereton al via amanta kaj suferanta patrino. Via patro ne estas apud mi nun, li laboras en la kampoj, sed mi scias, ke li plene konsentas kun mi.

«Li neniam sukcesas legi viajn leterojn, pro tiu via maniero skribaĉi nelegeble, sed mi laŭtlegas al li kaj tio lin feliĉigas. Aŭ pli ĝuste mi voĉlegus al li, se mi havus ion por legi, ian skribaĵon de vi, eĉ mallongan.

«Ĉu vi forgesis vian promeson? Vi promesis skribi, kiam vi foriris. Mi estas certa, ke vi havas sufiĉe da mono. Ĉu la poŝtoficejo estas malproksima? Nu, tamen, granda knabo kiel vi ne lasas tiajn etajn malfacilaĵojn haltigi lin.

«Vi ne forĵetas vian monon en malsaĝajn aĉetojn, ĉu? Vi ne ĵetadas ĝin senpripense al la vendistoj de ĉokolado kaj dolĉaĵoj, espereble. Pensu, kiom multe oni devas labori por ricevi iom da mono. Ne. Certe ne temas pri manko de mono. Eble vi estas laca pro tiuj longaj marŝoj sur etaj malfacilaj montvojoj. Sed ĉu tro laca por skribeti hejmen? Vi ne estas malsana, ĉu? Ne. Se vi malsanus, vi skribus hejmen, eĉ se nur por ke mi faru vian preferatan kukon kaj ĝin sendu al vi.

«Mi timas la veron. La vero estas, ke vi ne sufiĉe amas vian patrinon. Ho! Kiom tiu penso suferigas min! Kiel neelporteble estas konscii pri la neamo de filo!

«Sed verŝajne vi tamen ametas min. La prava klarigo de via malvolo skribi eble estas, ke vi estas mallaborema. Atentu pri tio, filo mia. Gardu vin de mallaboremo. Ĝi estas la komenco de multaj malbonoj en la vivo. Sed ne forgesu, ke mi bezonas leteron de vi, kiom mi bezonas aeron. Se vi ne skribos, mi mortos …»

Kaj tiel plu, kaj tiel plu. Ŝi povis plenigi tiom da papero, kiom troveblis hejme, per sia dika skribo, ripetante la samajn aferojn kun la sama drameco, kiun mi tute ne povis preni serioze.

«Faru tion», «Ne faru tion», «Mi suferas pro vi», tiuj tri ideoj kovris la tuton de ŝia leterfarado.

Kara patrino! Kiel drame ŝi skribis! Mi suspektas, ke tiu suferpatrina rolo ege plaĉis al ŝi, eĉ se ŝi ne plene tion konsciis. Jen ŝi havis okazon paroli pri sia morto, pri sia sufero, pri mia malboneco, kun io drama en la vortoj, kaj en tiuj momentoj ŝi certe sentis sin reale grava.

Kaj ĉefe tio mankis al tiu kara persono. Senti sin grava. Ŝi estis bonkora, dolĉa patrino, nekredeble laborema, kun la povo elporti la plej aĉajn aspektojn de la kampara vivo sen perdi sian rideton, sen forĵeti eĉ momente la silentan enan ĝojon, kiu sunradiis sur ŝia vizaĝo.

Sed de tempo al tempo ŝi bezonis plendi. Ŝi bezonis momente forĵeti la rolon de la ĉiam feliĉa laboranta kampulino, de la ĉiam rideta patrino, de la edzino perfekta. Ŝiaj leteroj estis ĝusta okazo por tio. Ili ebligis al ŝi malplenigi sian koron de la multegaj ne-esprimitaj zorgoj, de la mil faktoj maltrankviligaj en tiu malriĉula vivo, terure sendolĉa. Ŝi ne priskribis tiujn priokupojn. Sed la plendan senton ŝi esprimis, kaj la malfeliĉon, pri kiu ŝi ne havis tempon konscii dumtage. Kaj tio faris bonon al ŝi, tute certe.

Vidu, kiel elturniĝema mi estas. Jen mi sukcesis certigi al mi, ke mi agis saĝe kaj bonfile ne skribante al mia patrino. Se ja mi skribus, ŝi ne havus tiun – por ŝi sanigan – okazon plor-letere plendi.

Stranga estas la homa koro, ĉiam ema pravigi sin! Kaj tamen, kiu diros, ke ne troviĝas iom da pravo en tiu ĵus esprimita ideo? Nu, eble ĝi estas iom prava. Sed pri unu alia afero mi estas certa, nome, ke mia konscia deziro neniam estis agi bonfile, kiam mi lasis la tempon pasi kaj tagojn sekvi tagojn sen unu vorto skribita de mi.

Mi ludis, mi ĝojis, mi kantis, mi promenis, mi marŝis, mi vivis libertempan vivon, kaj mi tute simple forgesis pri la hejmo, kaj pri miaj zorgoplenaj gepatroj. Ne. Rilate al leterskribado, mi ne estis bona filo. Neniam rompis plumon pro troskribo mi.

18B. MI ATENDAS GRAVAN LETERON

Kioma horo estas? Preskaŭ la dua kaj kvin minutoj. Aŭ, se vi preferas – ja uzeblas ambaŭ dirmanieroj – kvin minutoj post la dua. Nu, nu, kiel rapide la tempo pasas!

Mi ne vidis la leterportiston. Ĉu li jam pasis? Preskaŭ ĉiam mi vidas lin. Kutime li pasas tuj post la dua.

Hoho! «Kutime li pasas post la dua», tiu esprimo ne estas tre klara. Oni povus pensi, ke mi volas diri: «tiu ĉi leterpostisto pasas tuj post la dua leterportisto». Nu, ĉu vere oni povus miskompreni tiamaniere? Verŝajne ne. Kial estus tri leterportistoj pasantaj samstrate? Por ke nova leterportisto povu pasi post alia leterportisto, kiu mem estus nomata «dua leterportisto», devus pasi tri leterportistoj entute, ĉu ne?

Verŝajne do vi komprenis, ke temas pri la horo. Mi volis diri: «Kutime li pasas tuj post la dua horo.»

Nu, mi iru vidi, ĉu li alportis ion al mi. Mi ja atendas gravan leteron, kaj ĝi ankoraŭ ne alvenis. Mi ne ŝatas atendi, atendi, atendadi ion, kio ne okazas. Kaj jam de kelkaj tagoj mi atendas la alvenon de tiu letero.

Ne. Estas nenio. Aŭ li jam pasis, kaj estis nenio por mi, aŭ li ankoraŭ ne pasis. Plej verŝajne li ankoraŭ ne pasis.

Eble li malfruas ĉi-foje. Li preskaŭ neniam malfruas, li kutime pasas ĝustatempe. Tamen malfruo povas fojfoje okazi.

Sed rigardu! Laŭ la murhorloĝo estas nur kvarono [¼] antaŭ la dua. La unua kaj kvardek kvin minutoj. La unua kaj tri kvaronhoroj. Ĉu eble la murhorloĝo funkcias bone, dum mia brakhorloĝo estas fuŝita?

Ne! Mi misvidis. Mi misprenis[24] la sekundan montrilon por la minuta. Sur mia brakhorloĝo, la sekunda montrilo estas tro dika, ĝi tro similas minutan, kaj mi neniam vere alkutimiĝis al tiu dika montrilo, kiu montras nur la sekundojn. Mi ofte mislegas la horon pro tiu tro dika sekundmontrilo.

Koncerne la murhorloĝon, estas pli simple, ĉar ĝi estas tre malnova kaj ne havas montrilon por la sekundoj. Tiel ne estas risko fuŝlegi la horon.

Kiel kutime, mi parolas senhalte kaj dume la tempo pasas. Nun estas dek minutoj antaŭ la dua. Tio estas la unua kvindek. La unua horo kaj kvindek minutoj kaj dek sekundoj. Nu, ni ne konsideru la sekundojn. Sekundoj tute ne gravas. Estas do la unua kaj kvindek minutoj. La dektria kvindek, se vi bezonas precizigi, ke nun estas posttagmeze. Dek minutoj antaŭ la dekkvara. Ĉar, se la unua posttagmeze estas la dektria, tiam la dua posttagmeze estas la dekkvara.

Mi neniam kutimiĝis al tiu maniero esprimi la horon. Eĉ dum mia militservo, kvankam mi soldatis en unuo specialigita pri komunikado, kaj ni devis uzi tiun teruran dudekkvarhoran dirmanieron. Mi neniam sukcesis plene lerni ĝin. Nu, mi povas uzi ĝin, sed ĉiam kun sekundo da hezito. Ĝi neniam iĝis reale

---

24 mispreni: Preni X por Y, mispreni X por Y: pensi, ke estas Y, dum fakte estas X.

natura por mi.

Nu, nu, leterportisto, kion vi faras? Ĉu vi venas aŭ ne? Mi volas legi tiun leteron, scii, ĉu mi povos labori en tiu radiomagazeno. Mi estas fakulo pri radio. Mi eklernis dum la militservo, kaj poste plu interesiĝis pri radio, sekvis instruadon pri radio en vespera lernejo, iĝis radiofakulo.

Amiko Bip diris al mi, ke tiu laboro en la radiomagazeno estus perfekta por mi, kaj mi la ĝusta homo por tiu laboro. Kial la direktisto de la magazeno ne respondis tuj? Kial tiuj uloj, tiuj ĉefoj, neniam respondas tuj? Kial ili ne respondis parole, tuj post la intervido, ĉu ili akceptas min aŭ ne? Kial ili diris: «vi estos informita perletere»? Kial, en tiuj situacioj, ili ĉiam alprenas senmovan vizaĝon?

Verŝajne por ke oni ne sciu, ĉu oni kontentigis ilin aŭ ne. Verŝajne por ke oni daŭre sin demandu, ĉu oni havas ŝancojn aŭ ne ricevi la petitan laboron. Sed kial agi tiamaniere? Ĉu vi komprenas?

Estas strange, ke mi diras «vi», dum mi parolas al neniu. Se iu ĉeestus ĉi tie, li trovus min ridinda. Eble mi estas strangulo. Mi parolas tute sola, mi parolas al la muroj, al la tablo, al la seĝoj, kaj mi uzas la vorton «vi»! Fakte, ne al la muroj, ne al la mebloj mi parolas. Kaj ne estas ĝuste diri, ke mi parolas al neniu. Mi parolas al iu, sed tiu «iu» ne ekzistas. Almenaŭ li ne ekzistas ekster mi. Mi simple parolas al mi mem.

Kaj kial do mi ne rajtus paroli al mi laŭte? Mi estas en mia hejmo. Kaj hejme mi estas la plej supera aŭtoritato. Mi ĝenas neniun. Neniu – bedaŭrinde – kunvivas kun mi en mia hejmo. Mi estas sola.

Kiam oni vivas sola, estas normale plenigi la malplenon per la sono de sia voĉo. Ne estas plaĉe vivi sola. Mi neniam kutimiĝos al tia vivo. Soleco ne estas bona por la homo.

Tial mi tiom atendas la leterportiston. Se oni ricevas leterojn, oni sentas sin malpli sola.

Jam kvin minutoj post la dua nun. La dekkvara kaj kvin. Kion ili faras en la poŝtejo?

Mi forte esperas, ke tiu radiomagazeno akceptos min. Labori tage, nur dumtage, kia ĝojo! Mia nuna nokta laboro ne plaĉas al mi. Kaj mi ricevus iom pli da mono ol nun. Estas plaĉe perlabori sufiĉe da mono por aĉeti ĉiaspecajn aferojn, kiujn oni ne bezonas.

Aĉeti ion bezonatan ne estas plezuro. Oni ja bezonas vivi. Sed aĉeti ion senbezone, nur ĉar oni havas la monon kaj deziras aĉeti la aferon, tio estas la dolĉa vivo.

Mi ne iĝos riĉega, eĉ se ili akceptos min en tiun radiovendejon, sed iom pli riĉa ol nun.

Nun estas kvarono post la dua. Mi rigardas tra tiu fenestro jam tutan duonhoron nun. Kaj tiu leterportisto ankoraŭ ne vidigis eĉ peceton de sia nazo. Kio okazas al li?

Mi ne longe elportos. Mi bezonas tiun leteron. Mi ne volas resti hejme la tutan posttagmezon. Mi bezonas promeni, marŝi, movi min, fari ion. Ne resti hejme malantaŭ fenestro, dum horoj kaj horoj pasas, kaj ne pasas la leterportisto.

Kaj se li pasos kaj ne havos mian leteron? Se la radioriparejo plu atendigas min? Ĉu mi elportos? Diable! Mi ne kutimas elporti tiajn situaciojn, kaj mi ne sentas min tre forta.

Mi petas vin, leterportisto, kara juna bona aminda leterportisto, venu, kaj donu al mi tiun respondon, tiun jesan respondon.

Kaj se la respondo venos, kaj estos nea? Oj, oj, oj! Kia terura vivo! Tion eĉ malpli mi elportos.

Mi tro esperas. Tio estas la malbona flanko de mia nuna situacio. Mi devus igi min esperi malpli. Tiel mi ne riskus defali de tro altaj esperoj. Sed kiel fari por malgrandigi sian esperon? Ĉu vi scias? Ĉu iu scias ĉi tie? Kompreneble ne. Ĉi tie estas ja neniu ...

19. DORMU TRANKVILE!

Bonan matenon, kara amiko, ĉiam absorbata en la lernado de la lingvo tutmonda!

Vi demandas, kion ni faros ĉi-foje, ĉu ne? Ĉu vi vere deziras fari ion? Kial do? Ĉu ne plaĉas al vi resti farante nenion dum kelka tempo?

Nu, se vi volas labori, laboru. Se vi volas enkapigi al vi vortojn, enkapigu. Se vi volas relegi jam legitajn rakontojn, relegu. Mi ne malhelpos vin. Mi ne ĝenos vin. Mi ne volas vin senkuraĝigi.

Nur permesu, ke mi dormu trankvile. Mi decidis, ke ĉi tiu tago ne estos labortago por mi. Mi deklaras ĝin libertago.

Ĉu vere vi sentas vin tre malfeliĉa, se unu tago pasas kaj vi ne ricevis vian kutiman legaĵon en la nova lingvo? Kia stranga reago!

Bonvolu do pardoni min, se ĉi tiu legaĵo estas tro mallonga por via leg- kaj lern-soifo. Mi kredas vin trovema, kaj fidas je via trovemo. Se vi volas labori, vi trovos laboron por fari. Kiu serĉas, tiu trovas. Serĉu do. Sed ne serĉu ĉe mi, ĉar mi ne deziras skribi nun. Mi deziras dormi, havigi al mi duan bonan matenmanĝon (mi jam manĝis unu, sed mi ŝategas matenmanĝojn!), iri promeni kun mia hundo tra la kamparo, ludi iom da muziko, fari ion ajn, kio plaĉos al mi, sed ne elpensi por vi malsaĝajn rakontojn, kiujn vi legos kvazaŭ soife pro nekomprenebla lernemo, kiu, ŝajne, allasas al vi eĉ ne unu tagon da nenifaro [= neni(o)-faro, faro de nenio].

Laboru do kuraĝe, lernu multajn vortojn, legu longajn rakontojn, kaj lasu min pasigi tagon tute senzorgan.

Cetere, se vi volas fari kiel mi, ne hezitu. Mi atendas nenion de vi, ĉi-foje. Vian decidon – kredu min – mi perfekte komprenos.

Mi dankas pro via komprenemo, kaj salutas vin plej sincere. Ĝis la revido!

20A. LA FAKULO-INSTRUISTO VENIS DE MALPROKSIME

Komence, rigardu atente la aparaton. Ion similan vi neniam vidis, ĉu? Uzu do la tutan tempon necesan por bone rigardi ĝin.

Vi vidas, ĉu ne, ke ĝi havas tenilon, nigran tenilon. Vidu, mi prenas la tenilon per la maldekstra mano. Tiel.

Do, bone, mi prenis ĝin. Mi tenas ĝin forte, ĉar la aparato estas peza. Nun, mi forprenas la fermoplaton. Ĉu vi ne scias, kio fermoplato estas? Nu, nomu ĝin «kovrilo», se vi preferas. Se mi bone komprenis, en via lingvo oni uzas ambaŭ vortojn. Ne gravas la vorto; gravas, ke vi malfermu la aparaton, kaj por tio necesas komence forpreni la kovrilon – aŭ fermoplaton – kiu kovras ĝin. Jen.

Nun mi metas la fermoplaton sur la tablon. Vi povas meti ĝin ien ajn. La ĉefa afero estas, ke ĝi troviĝu en loko, kie ĝi ne riskas ĝeni viajn movojn.

Refoje mi petas vin rigardi. Estas pluraj aferoj, kiuj elstaras. Krome estas ĉi tiuj montriloj, iom similaj al horloĝaj montriloj. Ili tre gravas, ĉar ili sciigos al vi, ĉu la streĉo estas sufiĉa aŭ ne. Bone. Ĉu vi rigardis sufiĉe? Atentu mian manon nun.

Nun per la dekstra mano mi faras ĉi tiun movon. Rigardu bone, kion mi faras. Ĉu vi vidis? Rigardu atente la rondan aĵeton, kiu elstaras ĉi tie, sur la dekstra flanko. Mi parolas pri ĉi tiu ruĝa ronda afereto.

Jen. Vi prenas ĝin kaj forte turnas ĝin dekstren, t.e. laŭ la sama direkto kiel horloĝmontriloj. Vi sentos, ke io streĉiĝas en la aparato. Se vi streĉis sufiĉe, la plej malalta montrilo moviĝas. Ĝi devas halti sub numero 10. Bone. Ne uzu tro da forto, vi ne deziras, ke io ene rompiĝu, ĉu? Turnu tute trankvile, kaj ĉio bone funkcios.

Pardonu, se mi ne klarigas pli bone, sed oni sendis min al ĉi tiu faka lernejo antaŭ ol mi havis la tempon bone lerni vian lingvon. Via lingvo estas tre malfacila por mi, kiu venas de malproksime, de la alia flanko de la mondo. Mi do ne konas la nomojn de tiuj pecoj kaj aĵoj.

Nu, ĉi tie estas io, kio iom similas malgrandan teleron, ĉu ne? Mi celas[25] ĉi tiun rondan platon. Mi forprenas ĝin. Kutime, vi ne bezonus ĝin forpreni. Mi forprenas ĝin nur, por ke vi rigardu, kiel ĝi estas metita.

Venu apud min. Tenu ĝin. Pasigu ĝin de unu al alia. Ĉu vi

---

25 mi celas: Mi volas diri ..., mi parolas pri ...

rimarkas, kiel peza ĝi estas? Oni ne imagus, ĉu?, ke tia telereto estas tiel peza. Nu, ĝia pezo devenas de tio, ke ĝi estas farita el speciala substanco, tute nekutima.

Ĝuste sur tiun telereton vi metos la verdan pulvoron. Kiam la pulvoro metiĝas sur la telereton, jen ĉi-flanke elsaltas verda afereto. Ĝi estas verda, por ke vi memoru, ke ĝi rilatas al la pulvoro, kiu ankaŭ estas verda, aŭ iom verda, blue verda aŭ verde blua, se vi volas esti pli precizemaj.

Nun vi prenu la verdan ajeton, kiu ĵus elsaltis kaj nun elstaras. Rigardu, kiel mi faras. Vi devas ĝin movi tiudirekte. Via celo estas, ke ĝi alvenu ĝis ĉi tiu loko, ĝis la fino de sia irejo. Vi sentos, ke ĝi ne estas obeema afero. Ĝi ne obeas vian deziron irigi ĝin tiudirekte, konduki ĝin laŭ la tuta vojo ĝis ĉi tie. Ĉi-foje, vi vere devas uzi vian forton. Vi devas obeigi ĝin. Ne kredu, ke ĝi estas obstina. Ĝi estas iom obstina – ĝi volas resti surloke – sed vi devas esti pli obstina ol ĝi. Se vi metos sufiĉe da forto en vian movon, ĝi konsentos moviĝi. Ne timu: ĝi ne rompiĝos. Sed vi vere devos streĉi vian forton ĉi-cele, aŭ la ajeto ne moviĝos. Kaj ĝi devas moviĝi kaj alveni ĝis la loko tie, por ke la pulvoro eniru la aparaton.

Jen, ĉu vi vidis? Ĉu unu el vi volas veni ĉi tien kaj refari tute trankvile antaŭ siaj kunuloj la movojn, kiujn mi faris? Ili ne estas malfacilaj. Sed estas bone antaŭeniri nur malrapide. Se vi bone lernis la unuajn movojn, vi neniam misfaros ilin. Ni do haltos iomete por refari ilin. Kiu venos?

Nu, nu, unu kuraĝulon, mi petas! Ne estu timemaj. Se vi volas lerni iun fakon, vi devas agi. Labori.

Dankon, Ibrahim. Vi estas kuraĝa. Faru nur la kelkajn movojn, kiujn mi faris. Kaj diru laŭte, kion vi faras. Tio helpas la memoron. Kaj, krome, tio instruos al mi vian lingvon, ĉar vere mi bedaŭras, ke mi ne konas la fakvortojn, kaj povas paroli nur pri «aĵoj», «aferoj» aŭ «pecoj», dum certe ĉiu el tiuj havas sian ĝustan nomon ankaŭ vialingve.

Nun, Ibrahim, komencu. Mi remetas la fermoplaton – aŭ kovrilon – por ke vi komencu vere de la komenco. Kaj diru laŭte, klare, ĉion, kion vi faras.

20B. TROA SCIVOLO KONDUKAS MORTEN

Aŭskultu, mi tamen ŝatus scii, kion vi celas finfine. Kio estas via celo? Vi staris trans la pordo, kaj vi aŭskultis, ĉu ne? Vi subaŭskultis[26], kiel oni diras. Mi ne dubas, ke interesas vin scii, kiu estas kun mi, kaj pri kio ni parolas. Sed en ĉi tiu laboro, en kiu vi kun-agas kun mi, via sinteno estas neallasebla. Iom da digno, mi petas.

Oni subdiris[27] al mi, ke vi transiris al niaj malamikoj. Mi tion ne volis kredi. Kiam vi ĝojsaltis vidante min reveni, mi kredis je vi. Kiam vi kisis min kvazaŭ amoplene, mi kredis je vi. Kaj ĉu vi memoras tiun fojon, kiam vi ploris kaj ploris, ĉar mi ĵus tenis min iom malafable? Mi estis laca kaj ĵus agis malĝentile. Pro laceco oni kelkfoje agas, kiel oni devus ne agi. Aŭ pro troa zorgado. Nu, mi agis malbone kaj mia sinteno ne estis pravigebla. Kaj vi ploris. Jes, tiun tagon, kiam vi ploris, mi kredis je vi.

---

26 subaŭskulti: Kaŝe aŭskulti; aŭskulti ion, kion oni devus ne aŭskulti.

27 subdiri: Kompreni aŭ sciigi ion al iu, ne dirante ĝin tute klare.

Sed nun, jam la trian fojon mi trovas vin subaŭskultanta ĉe la pordo de mia oficejo. Mi bezonas koni vian celon. Kion do vi celas? Vi tion neniam faris antaŭe. Ne temas do pri simpla persona scivolemo. Se vi estus nature scivolema, mi estus rimarkinta tion jam delonge. Ne. Ĉiam mi ŝatis vian diskretan sintenon. Kiuj ajn la kondiĉoj, en kiuj mi igis vin labori, vi tenis vin plej diskrete.

Kaj nun, subite, ĝuste en tempo, kiam diversaj raportaĉoj alvenas al mi koncerne vin, kiam oni provas subkomprenigi al mi, ke eble mi devus dubi vian honestecon, jen vi komencas subaŭskulti. Vi tamen subskribis[28] promeson ĉiam gardi la interesojn de ĉi tiu oficejo. Vi scias, ke ni havas malamikojn, kiuj serĉas ĉiaspecajn informojn pri niaj esploroj, kaj kiuj sufiĉe riĉas por havigi multe da mono al tiu, kiu transdonus al ili interesajn sciojn pri ni. Ĉu al ili vi transiris? Ĉu vi forlasis nin, kvankam vi skribe promesis kaj mem subskribis vian promeson? Kvankam vi – laŭ via diro – amas min?

Via onklo Johano foje alvenis senbrue por viziti nin kaj diris al mi, ke li vidis vin rigardi tra la seruro de mia oficejo. Kia sinteno! Alian fojon, kiam mia fratino, pasante tra nia urbo, ankaŭ venis nin viziti, vi eksaltis en la koridoro, kiam ŝi subite ekaperis apud vi. Ŝi ne vidis, kion vi faras, sed ŝi raportis al mi la aferon, ĉar ŝi tre miris pri via reago al ŝia alveno. Ŝi tre precize rimarkis vian salteton. Vi eksaltetis, kiel oni faras, kiam io tute neatendita – kaj malplaĉa, aŭ danĝera – subite prezentiĝas. Mirige, ĉu ne?

En mia raporto al niaj ĉefoj, mi prezentis la tutan situacion. Mi montris, kiel danĝera ĝi estas por ni. Mi proponis diversajn agadojn, kiuj, miaopinie, ebligus savi preskaŭ ĉion. Ni devos

---

28   subskribi: Skribi sian nomon fine de letero aŭ dokumento.

streĉi niajn fortojn, sed ni havas multajn ŝancojn sukcesi, se ni agos tuj. Tamen unu kondiĉo gravegas: sekreteco. Sekreteco estas plene necesa ĉi-afere, se ni volas, ke niaj fortostreĉoj ebligu al ni realigi nian celon.

Sed ĉio ŝanĝiĝis pro via subaŭskultado. Mi ne dubas, ke vi eksciis nenion gravan ĉi-foje. Kiom ajn vi streĉis vian aŭskulto-povon, vi ne povis plene aŭdi, kaj – ĉefe – vi ne povis kompreni, kio diriĝas trans tiu pordo. Fakte, via celo ne estas realigebla, ĉar mankas al vi tro da informoj.

Mi travivis multajn aventurojn en la vivo. Mi elportis malfacilaĵojn, danĝeron, malfeliĉon, kun ĉiam sekaj okuloj. Sed nun mi emus plori kiel knabeto.

Mi sentas ploremon, ĉar mi fidis al virino, kaj ŝi montris sin ne plu inda je mia fido. Mi sentas ploremon, ĉar la virino, kiun mi fidis, estis mia amatino, kaj ŝia apud-esto min per ĝojo plenigis. Kunlabori kun ŝi estis mia feliĉo. Scii, ke en ĉiu risko, jen ŝi estas apud mi, kaj min subtenas, tio iom post iom iĝis la devenejo de mia forto.

Kaj nun, iom post iom, mi komprenetis, ke ŝi ne estas fidinda, ke ŝi transiris al la malamika flanko, kaj ke mi devas gardi min.

Jes, mi apenaŭ povas min deteni de plorado, ĉar mi ankoraŭ amas ŝin. Mi ankoraŭ amas vin, Klara, sed eble ne por longe. Via malveremo tuŝas min tro suferige. Ĝi alsaltas min, kaj mi sentas, ke danĝera furiozeco min pli kaj pli kaptas. Ne. Ne moviĝu! Restu ĉi tie. Apud mi.

Vi ĉiam deziris apud-esti, ĉu ne? Via sola celo, kiam vi ekvidis min unuafoje, estis tutvive proksimi al mi. Tiel vi vin esprimis. Tutvive!

Ĉu vi sciis jam dekomence, ke iun tagon vi vendos miajn

sekretojn? Aŭ ĉu ili sukcesis kapti vin en siajn dubajn agadojn nur poste? Ĉu vi estis sincera komence, kaj transiris al ili? Aŭ ĉu neniam okazis transiro, ĉar jam de la unua tago vi konis vian celon? Enŝteliĝi ĉi tien kiel oficistino, labori perfekte, iom post iom havigi al vi la plenan fidon de la ĉefo, laŭcele agi por ke li enamiĝu, ŝajnigi amon al li, kaj uzi tiun belegan situacion por transdonadi informojn? Kiel serpento vi envenis nian esplor-centron, kiel serpento deziranta mortigi, sed atenta, ke oni ne vidu ĝin ...

Antaŭe mi diris, ke komence vi sen ia dubo amis min. Nun mi pli kaj pli dubas tiun opinion. Nun pli kaj pli la tuta afero prezentiĝas klare al miaj okuloj. En mian koron vi eniĝis kiel ŝtelisto en domon, por kapti ...

Kaj mi lasis vin agi! Mi enlasis vin en mian hejmon, en mian oficejon, en miajn brakojn, en mian koron! Kaj vi ŝajnigis vin feliĉa! Vi perfekte ludis vian rolaĉon, ho jes! Vi ne agis amatore. Vi ne reale feliĉis – oni ne povas serioze feliĉi, kiam oni vivas en malvero – sed vi ŝajnigis feliĉon, vi ludis la rolon de feliĉulino plensukcese, por ke en la kaptilon mi falu.

Nun stariĝas la demando: kio okazu al vi? Vi scias tro multe, ĉu ne? Estus danĝere lasi vin vivi. Kaj ĉiaokaze, vi tiom suferigis min, ke vi ne plu indas vivi. Haha! Vi timas, ĉu ne? Vi timegas, videble. Nu, vi ricevas nur la naturajn sekvojn de viaj decidoj. Ĉu vi ne antaŭvidis mian sintenon? Ĉu vi ne opiniis, ke mi tamen pli fortas ol vi? Ĉu vi pensis, ke ĉar mi amas vin, mi ellasos vin plezure, eĉ se mi malkovros vian rolaĉon? Vi ludis, kaj perdis la ludon. Bedaŭru, se helpas vin bedaŭri. Vi certe bedaŭros malpli ol mi. Vi bedaŭros nur, ke vi ne plene realigis vian celon. Mi bedaŭros amon perditan, fuŝitan de malverema ulino.

Kaj ĉu vi scias, kio aldonas kroman suferon? Ke vi agis tiel infanece. Subaŭskulti ĉe pordo! Ĉu viaj ĉefoj ne instruis al vi pli nuntagajn manierojn ricevi informojn? Oni nuntempe faras tiel perfektajn aparatojn, tute tute malgrandajn, por senfine subaŭskulti, multe pli bone ol tra pordoj. Tro memfida vi estis. Vi ne imagis, ke mi povus suspekti. Kaj vi iĝis nesingarda.

Bedaŭrinde por vi. Nun via bela kara vivo alvenas al sia fino. Kaj ne kredu – eĉ se mi ridaĉas – ke tio ĝojigas min. Mi ne ŝatas ridaĉi. Mi ŝatus havi koron plenan je amo, kaj larĝan rideton survizaĝe. Sed vi devigas min. Vi komprenas la ludon, ĉu ne? Vi sufiĉe longe ludis ĝin.

Nu, bone, sufiĉas. Nun mi tuj komunikos la novaĵon al miaj kunlaborantoj. Vi ne mortos tuj. Ni unue devos eligi el vi ĉiujn viajn sciojn. Estas milito, ĉu ne?, suba milito, milito, kiu okazas sub la videblajoj, sed tamen milito, terura milito.

Kial, diable, vi eniris tiun militon? Ĉu vi ne povis simple honeste labori, kiel ĉiu alia? Ĉu la destino tiel malamas min, ke ĝi alportis en mian vivon kiel malamikon la solan virinon, kiun mi sincere amis? Sufiĉe! Ne ploru! Agi mi devas. Mi agu tuj.

Kaj vi ... Provu kunstreĉi ĉiujn viajn fortojn, por almenaŭ morti digne.

21A. HO BELA NASKIĜURBO!

Rigardu! Ĉi tie mi naskiĝis. Ĉu ne bela loko? Mi dubas, ĉu ekzistas io simila aliloke en la mondo. Ĉu la montoj ne estas nekredeble belaj? Ĉu vi konas pli mirindan vidaĵon? Rigardu la urbeton, kun ĝiaj malnovaj domoj kaj ĝiaj mallarĝaj stratoj, kiuj turniĝas serpente, ĉu vi ie ajn vidis ion similan? Rigardu tiujn malnovajn ŝtonmurojn. Ne ofte oni ankoraŭ vidas tiel perfektan urbomuregon. La tuta urbo estas plena je trezoroj multjarcentaj. Mi dubas, ĉu ilia valoro estas konata. Sed certe ĝi estas tre alta.

La urbodomo[29] estas mirinda artaĵo. Vi certe jam vidis fotojn de ĝi, ĉu ne? Multaj venas al ĉi tiu urbeto nur por rigardi la urbodomon kaj foti ĝin. Se vi havas bonan fotoaparaton, ni iros tien, kaj mi indikos al vi, de kiu angulo ĝi aspektas plej bele.

Fakte, multaj el tiuj mallarĝaj stratoj ne estas tre puraj, sed tio ne ĝenos vin, ĉu?

Mia frato volas fari libron pri nia naskiĝurbo. Li ankoraŭ vivas ĉi tie. Mi foriris antaŭ longe, tuj post kiam niaj gepatroj mortis kaj oni vendis la magazenon. Sed mia frato restis plu.

Ĉu vi sentas la harmonion de ĉi tiu loko? Bedaŭrinde, la suno ankoraŭ ne montriĝis, ĉar la lumo nun ne estas tute kontentiga por foti.

Via fratino foje venis ĉi tien, ĉu ne? Ŝi venis kun iu muzika societo, se mi bone memoras. Mi tre ŝatas vian fratinon, vian pli junan fratinon, almenaŭ. La alian mi ne konas. Sed via pli juna fratino estas tre kara al mi. Ŝi estas tiel dolĉa! Dolĉa, harmonia vizaĝo, kaj belega voĉo. Ne mirige, ke ŝi ludas muzikon. Estas bedaŭrinde, ke ŝi estas tiel ... kiel diri? ... ne timema, sed ... nesinmontrema. Ŝi parolas tiel mallaŭte, ke oni sentas, kvazaŭ ŝi timus, ke oni rimarkos ŝian ĉeeston. Kial bela knabino kiel ŝi timas, se oni rigardas ŝin?

Via fratino lernis muzikon eksterlande, ĉu ne? Mi ne

---

29 urbodomo: Domo, kie troviĝas la ĉefaj urb-administraj oficejoj.

memoras, en kiu lando. Kaj ŝi iris al multaj diversaj landoj dank' al sia muziko. Devas esti plaĉe, kaj interese, iri de lando al lando kun muzikistaro. Sed eble tiu ĉiama translokiĝo estas laciga.

Nun, se vi havas ankoraŭ tempon, mi kondukos vin al la alia flanko de la urbo. Multaj malnovaj domoj estas vidindaj tiuflanke. Ĉi-flanke estas bone por havi plenan ideon pri la urbo, ĉar ni troviĝas sufiĉe alte por havi bonan rigardon al la tuto. Sed estas malpli da vidindaĵoj ĉi-flanke. La plej vidindaj aferoj troviĝas trans tiu larĝa strato, kiun vi vidas dekstre. Tie ja komenciĝas la malnova urbo.

Ĉu vi scias, ke oni daŭre esploras serĉe al malnovaĵoj ĉi-urbe? Sub la monteto, sur kiu ni staras, oni trovis multajn valorajn objektojn.

La historiistoj ne interkonsentas inter si pri diversaj aspektoj de la urba historio. Sed oni malkovris postrestaĵojn el muroj kaj domoj ĉi tie ene de la monteto. Oni eĉ trovis meblojn, laborilojn kaj diversajn objektojn, ekzemple pecojn de boteloj, tie ĉi, precize sub la loko, kie ni nun staras.

Oni kredas, ke dum persekutoj, homoj venis vivi ĉi tie sube. Antaŭ kelkaj jarcentoj, la ŝtato persekutis multajn pro ilia religio. Se la afero interesas vin, mi donos al vi libron pri tiu persekutado. Teruraj aferoj okazis. Homa vivo ne plu havis valoron por la tiutempaj aŭtoritatoj. Ili mortigis kaj suferigis homojn sen eĉ plej eta kortuŝo. La popolo terure suferis.

Nu, tiel estas la vivo, ĉu ne? Ekzistas personoj, kiuj bedaŭras la malnovan tempon, la pasintajn epokojn. Mi ne. La vivo estas pli bona nun, almenaŭ por ni ĉi tie, ĉar ni scias, ke en la resto de la mondo homa persono ne ĉiam estas konsiderata kiel la valora estaĵo, kiu ĝi estas, aŭ devus esti, laŭ mia opinio.

Ĉu vi sufiĉe rigardis la vidaĵon? Bone. Ni do povas iri al la alia flanko, kie ni povos vidi de proksime tiujn malnovajn domojn. Venu. Mi kondukos vin. Mi estas certa, ke tiu malnova urbo ege plaĉos al vi.

21B. ADIAŬ, LANDO AMATA!

Adiaŭ, lando de mia naskiĝo! Mi forveturas. Mi ne plu manĝos viajn sensimilajn kolbasojn. Ne plu okazos, ke mi forgesos la zorgojn, perdante iom post iom la konscion pro via tro forta brando, kaj pro viaj troaj trinkotradicioj.

Mi ne plu legos viajn librojn multvalorajn. Mi ne plu baniĝos en via kolora sed harmonia atmosfero. Mi ne plu sentos la dolĉecon de via religia vivo, ĉeestanta en ĉiu urbo, en ĉiu kampo, en ĉiu domo, en ĉiu plcj malgrava, forperdita anguleto de la lando. Mi ne plu aŭdos la kriojn de viaj vendistoj, la plendojn de la aĉetantoj, la diskutojn pri la vera valoro de tio kaj tio ĉi. Mi ne plu vizitos la kunvenojn de la kantosocieto, kaj via muziko ne plu aŭdeblos, kiam mi promenos de strato al strato en la granda novmonda urbego, kien mi nun veturos kaj kie mi sentos min perdita, plia senvalora numero en mondo de senvaloraj numeroj.

Adiaŭ, lando de mia juneco! Ĉi tie mi naskiĝis, ĉi tie mi vivis infanecon, ĉi tie mi ekkonis mian unuan amon, ĉi tie mi suferis.

Ĉu mi suferas nun? Strange, mi ne povas respondi. Mi scias, ke mi forflugas al nehoma mondo, al lando timiga, kie mono valoras pli ol sentoj, scioj pli ol amo, kaj laboro pli ol ludo. Ili tie altvalorigas pensadon, ne kantadon, amiko diris al mi, kaj li sciis, ĉar li tie estis studento. Mi scias, kion mi forlasas. Mi ne scias, kio atendas min, tie transe.

Lastfoje mi rigardas vin, mia popolo! Homoj surstrataj, miaj samlandanoj, mi rigardas vin nun per novaj okuloj. Kiel kolore vi estas vestitaj, kiel ĝoje vi alparolas unu la alian, kiel vive vi ĉiuj aspektas! En tiu lando de laktotrinkantoj, kie mi baldaŭ ekvivos, ĉio estas senkolora, kaj la bruoj pli esprimas furiozon ol feliĉon, laŭ tio, kion mi aŭdis.

Ŝtelistoj multas ĉi tie, sed ankaŭ tie, ĉu ne?, kvankam laŭdire ili ne agas same. Tie estas instruitaj ŝtelistoj, kiuj vizitadas la lernejojn dum longaj jaroj kaj scias funkciigi sian kapon. Ĉe ni, ŝtelisto agas ŝance, per rapida faro tute simpla, ĝenerale sukcesas, fojfoje kaptiĝas, nu, ĉiuj ridas, neniam estas dramo. Nur momento en la vivo. Kaj ĉiuj komprenas malriĉecon. Tie ŝtelistoj havas planojn. Ili planas siajn agadojn. Ili eĉ grupiĝas multhome kaj kunordigas la laboron. Imagu al vi! Tie transe, ŝtelistoj nomas sian okupon «laboro»! Kia stranga maniero aranĝi sian vivon! Se ŝteli estas labori, kial ne simple honeste labori?

Adiaŭ, ŝtelistoj mialandaj! Kaj adiaŭ ankaŭ al vi, ŝtelema ŝtato! Vi tro malsatas je la mono de l' landanoj. Oni diris, ke tie almenaŭ la ŝtato estas honesta, aŭ preskaŭ honesta. Ni diru: «sufiĉe honesta». Almenaŭ, laŭ miaj informoj, ŝajnas, ke la ĉefa celo de la ŝtatfunkciuloj tie estas io alia ol plenigi siajn poŝojn per la ŝtatana mono. Ne ĉe ni. Adiaŭ ŝtatoficistoj diverstipaj, altaj kaj malaltaj, junaj kaj maljunaj! Mi lasas vin al via tutlanda ŝtelplanado kaj al via subtabla enmanigo de tiom kaj tiom da riĉo, kiu devus servi al la feliĉo de l' popolo, ne al tio, ke vi pligrasiĝu.

Adiaŭ, patrolanda kamparo! Mi naskiĝis ĉe vi, ho kampoj maldolĉaj, kaj mi scias, pro kio vi maldolĉas. Min naskis vi, kamparanoj, kaj mi vidis vian suferon, vian nelacigeblan laboradon, sed ankaŭ vian nemortigeblan povon estigi ridon kaj kantadi ĉe plej aĉaj vivkondiĉoj.

Adiaŭ, fantomoj, kiujn la montoj naskas ĉi-lande! Oni ne kredas je vi tie, kien mi iras. Oni kredas je scienco kaj je «esploroj plene dokumentitaj». Kaj vi, fantomoj, ridas super la sciencaj esploroj, kiuj neniam kaptas vin. Kaj pro vi, «ili» ne komprenas nin. Kiel tiuj homoj povus kompreni popolon, kiu meze de scienca laboro, sentas, ke fantomo ĉeestas, kaj rimarkas ridete, ke li kredas pli je l' fantomo ol je l' laboro farata? Jes, mi adiaŭas vin, fantomoj, kiuj teruris mian infanecon, kaj tro emis min sekvi ien ajn. Mi forflugas al senfantoma lando, kaj vivos fine vivon liberan je via ĝena ĉiama enmiksiĝo.

Adiaŭ, naskiĝlando mia! Neniu iam ajn, ie ajn, sukcesis kopii viajn artojn, viajn tradiciojn, vian atmosferon. Nenie troveblas same pura aero, same manĝindaj fruktoj, same veraj amikoj. Vi estas sensimila lando, la plej ŝatinda lando en la mondo, la lando de mia naskiĝo.

Kaj tamen mi feliĉe forveturas.

Min persekutis via polico. Min ĝenis via ĉiama bezono kontroli, kion mi faras, kion mi diras, kiu min vizitas, kiun mi vizitas, kaj tiom da aliaj detaloj pri mia vivo. Vi tro zorgas pri viaj ŝtatanoj. Vi tro okupiĝas pri la landanaro. Kaj via celo, ho ŝtato, ne estas, ke ni vivu feliĉe, sed ke vi direktadu ĉiun kaj ĉion ĉi-lande.

Kiel liber-ama homo povus elporti tian situacion? Kiel oni povas havi dignecon en tiaj kondiĉoj? Ĉu vi ne komprenis, kiom digneco valoras por homo, kiom ĝi necesas, kiom ni bezonas ĝin?

Adiaŭ, naskiĝlanda polico, scivolema, kontrolema, komfort-ama polico! Mi forflugas por ĉiam. Multo mankos al mi. Mankos la koloroj, la muziko, la kantoj. Mankos mialingvaj libroj, kiujn mi ne povos tie fore ricevi. Mankos la vizaĝoj, la voĉoj, la ridoj.

Sed al mi almenaŭ, ho ŝtata polico, certe ne mankos vi.

22A. EK AL FORA INSULO!

Mi saltas pro ĝojo, mi dancas pro ĝojo, mi eksplodas per rido pro ĝojo. Estas aranĝite: mi forvojaĝos. Hieraŭ jam mi ricevis antaŭan sciigon, ke verŝajne mia espero realiĝos. La ĉefoj bezonis iun, sed mi timis, ke ili preferos Petron. Petro estas pli ŝatata, ĝenerale, en la oficejo. Li estas pli laborema ol mi, tio estas fakto. Sed ili bezonis lin por alia tasko, pli malfacila ol ĉi tiu.

Mia tasko estos sufiĉe simpla. Nur mi estu tre firma en la diskutoj, ili diris. Esti firma ne prezentas problemon al mi, feliĉe. Mia firmeco estas konata de la tuta oficistaro kaj de niaj aŭtoritatoj. Kiam mi decidis diri «ne», mi diras «ne», kiom ajn oni provas ŝanĝi mian pozicion. Mi firme tenas mian pozicion. Tial ili fidas min ĉi-okaze. Ili scias, ke mi agos laŭ iliaj interesoj. Oni fojfoje plendas pri mia obstineco. Nu, ĉi-foje ĝi servos al bona celo. Oni ne sukcesos min movi. Kaj tian homon ili deziris sendi, homon, kiun oni ne movos de la pozicio, kiun li promesis teni.

Mi do forvojaĝos. Unue aviadile. Poste ŝipe. Mi antaŭĝojas ŝipi. Al aviadiloj mi ne havas specialan ŝaton. Mi ne malŝatas flugi aviadile; mi tre ŝatas vojaĝi, do kial mi plendus, se miaj ĉefoj sendas min malproksimen aviadile? Sed ŝipon mi antaŭĝojas. Mi neniam ŝipis sur vera granda maro. Oni diris al mi, ke tio estas tre malstreĉa. Kaj oni povas movi sin. Ĝuste tio min ĝenas en aviadiloj. Estas tre malmulte da ebleco por moviĝi. Kaj verdire mi estas tre moviĝema. Se mi ne povas movi miajn krurojn, iom promeni, iri de loko al loko, mi perdas la kapon. Mi, pri kiu oni tiel ofte diras, ke «mi havas la kapon sur la ĝusta loko»! Prave, se almenaŭ oni permesas al mi movi min.

Do ne gravas, ke mi devos uzi aviadilon dum parto de la vojaĝo. Sed mi iras al insulo, kien oni ne povas flugi, tial ili pagas al mi, ne nur la aviadilan vojaĝon, sed ankaŭ la ŝipan. Blua maro senfina! La plaĉa dancado de la ŝipo! Afablaj kunuloj, kiuj ridetas la tutan tempon, ĉar ili sentas sin feliĉaj, ke ili vojaĝas de insulo al insulo. Ha, la sento de senfina libereco!

Kaj la penso, ke tiuj aliaj vojaĝantoj certe pagis multe da mono por ŝipi en la insularon, dum mi iras por mia laboro, por eĉ ne malfacila laboro, nur ĉar bonŝance mi scias la bezonatan lingvon, kaj ĉar mi estas konata kiel firma persono, tiu penso – ke la aliaj pagas mem, kaj mi ne – estas plej plezuriga.

Hodiaŭ mi ricevis la biletojn. Aviadila bileto estas tute banala. Mi jam havis kelkajn en mia vivo. Sed ŝipbileton mi neniam tenis en miaj manoj, kaj la tuŝo de ĝi naskas en mi plej plaĉan plezuron.

Kompreneble, la amikoj tuj rimarkis mian ĝojon, kaj ne hezitis ĝin alsalti. «Vi prikantas la bele bluan maron kaj la riĉajn kunŝipulojn,» ili diris, «kaj kiam vi troviĝos surloke, la maro estos brune verdaĉa, aŭ nigraĉa, la moviĝo de la ŝipo igos vin malsana, kaj la riĉaj vojaĝantoj estos nur bando da aventuruloj, kiuj konstante ĝenos vin.»

Mi multe ridis aŭskultante ilin. Ili ne povis agi alimaniere. Ĉiu el ili ŝatus okupi mian lokon, kaj per siaj senkuraĝigaj vortoj ili esprimis tiun senton, ke tro bonŝanca estas mi. Sed ili ankaŭ ŝatas min, ili estas bonaj amikoj, kaj ili amike ridis pri mia troa imagado. «La realo estos alia», ili ripetis. Nu, bone, eĉ se ĝi estos alia, mi akceptos ĝin. Mi ne timas ŝipmalsanon aŭ verdaĉan multemovan maron. Mi eĉ ne timas aventuremajn kunvojaĝantojn.

Mi deziris iri al tiu insulo, mi subkomprenigis al miaj ĉefoj, ke mi estas la ĝusta persono tiurilate, mi agis laŭcele, uzante la ĝustajn rimedojn, mi trovis solvon al ĉiuj problemoj – aŭ pseŭdoproblemoj – kaj respondon al ĉiu demando, mi agis laŭ mia obstina, firma maniero, kiel kutime, kaj mi sukcesis venigi ilin al la dezirata decido.

Granda vojaĝo baldaŭ komenciĝos. Morgaŭ mi devos vizitadi la ĉefajn magazenojn de la urbo, ĉar multon ankoraŭ necesas aĉeti. Ĉiam mankas aferoj, kiam oni preparas grandan vojaĝon al malproksima loko.

Ne estas facile decidi pri la vestoj. Kelkfoje la vetero estas malvarma tie, sed ĝenerale ĝi estas bela kaj plaĉa. Ĉu preni serioze la opiniojn, ke necesas antaŭvidi malvarman veteron kaj kunpreni vestojn laŭ tiu ebleco? Aŭ ĉu ili sennecese aldonos pezon al la jam sufiĉa pezo de la aferoj, kiujn mi kunportos?

Oni diris, ke kelkaj kavernoj estas vizitindaj, ĉar la naturo en ili alprenis plej strangan aspekton, vere vidindan. Ne ekzistas io simila aliloke. Eble do estus saĝe kunpreni varmajn vestojn. Kavernoj ĉiam estas malsekaj kaj malvarmaj. Se krome la vetero ne montriĝos plej bela ...

Jes, la preparado de vojaĝo ne estas ĉiurilate facila, sed tamen ĝi estas interesa. Ĉar oni jam antaŭvojaĝas en-image.

Multekostajn aferojn mi ne kunprenos. Oni devas konsideri la riskon de ŝtelo aŭ perdo. Mi ne ŝatas multekostajn aferojn. Kaj eble mi povos aĉeti tie, surloke. Mi devos informiĝi pri la vivkostoj tieaj. Eble varmaj vestoj ne kostas multe kaj facile aĉeteblas. Se jes, tio solvus la problemon.

Estas ankaŭ montoj, kiujn oni vizitu. Supre de monto, ĝenerale, la temperaturo estas malalta. Sed ĉu mi iros supren? Ĉu valoros la laciĝon? Oni facile laciĝas marŝante supren en montaro. Eble oni povas veturi ĝis la supro de la plej belaj montoj. Sed eĉ veture, oni malvarmiĝas. Nu, mi vidos. Se estas tro multekoste por aĉeti varmajn vestojn, mi ne aĉetos ilin.

La Oficejo pagas al mi la vojaĝon, ĝi pagas la restadon en tre bona hotelo, ĝi pagas kelkajn aliajn hotelajn tranoktadojn en tiu aŭ alia lando survoje, mi tamen ne povus atendi, ke ĝi krome pagos miajn vestojn! Se mi bezonos varmajn vestojn por iri al la montosuproj, kaj trovos ilin tro multekostaj, mi decidos pri io alia. Mi ne iros al la montosuproj kaj trovos aliajn vidindaĵojn. Ili ne mankas, oni diris al mi.

Mi skribos al mia familio. Ankaŭ pri tio mi antaŭĝojas. Mi ŝategas skribi por rakonti miajn aventurojn. Tiam mi sentas min en tre proksima rilato kun ĉiuj familianoj. Estas feliĉo havi grandan familion. Multaj ne samopinias, sed al mi tio plaĉas. Mi skribos al miaj gepatroj, al la gefratoj, kompreneble, sed ankaŭ al onkloj kaj onklinoj, kaj al iliaj gefiloj, kaj, krom ili, al la amikoj. Mi pasigos multajn noktojn leterskribante. Mi scias, ke ĉiu tre ĝojos ricevi novaĵojn de mi.

Multaj personoj trovus stranga mian deziron pasigi la vesperojn kaj noktojn en hotelĉambro, skribante leteron post letero al tuta aro da familianoj, kaj al la tuta amikaro, dum mi povus viziti la dancejojn, ludejojn, teatrojn aŭ aliajn lokojn. La diablo eble scias, kiom da ejoj ekzistas nur por kapti la monon de la eksterlandanoj. Vojaĝantoj ofte estas monperdemaj. Eble ili estas riĉaj kaj vojaĝas per sia mono. Sed mi vojaĝos en tute aliaj kondiĉoj, ĉar nur per la mono de la Oficejo. Do mi ne iros danci kun nekonataj lokanoj, aŭ rigardi solece teatraĵon. Mi restos enhotele kaj skribos al miaj cent familianoj.

Kia vivo! Kia feliĉo! Kia plezuro! Mi apenaŭ eltenas la streĉon atendi ĝis venos la Tago de la Granda Forveturo. Oni diris, ke estas kelkaj malsanoj tie, pri kiuj oni devas sin gardi. Nu, mi informiĝos. Mia familia kuracisto certe povos diri al mi, ĉu iu aŭ alia faro estas deviga, aŭ eĉ simple farinda, kiel rimedo antaŭgardi la sanon. Mi forte deziras ne malsaniĝi tie. Mi ne ŝatus restadi longe en malsanulejo fore de la tuta familio kaj amikaro. Mi kompreneble amikiĝus kun lokanoj, se mi devus longe resti tie, sed se tio ne estas necesa, mi preferas ne.

Diable! Kiel rapide la tempo pasas! Jam estas preskaŭ la kvina kaj duono. Tereza baldaŭ alvenos, kaj mi ankoraŭ nenion preparis. Kaj mi promesis al ŝi pomkukon kaj mian specialan fruktosukan trinkaĵon. Ek, al la laboro! Mi povas pensi pri mia vojaĝo ankaŭ preparante la manĝon.

22B. SKRIBAS MALLIBERULO

Kara amikino,

Mi ne konas vin, sed vi permesos, ĉu ne?, ke mi nomu vin amikino. Mi ne scias, kiel danki vin. Via letero estas por mi tiel neatendita belaĵo, ke mi ne trovas vortojn por esprimi, kion mi sentas. Ĝi estis korvarmiga. Kaj mi starigas al mi multajn demandojn: Kiel vi eksciis pri mi? Kiu pri mi parolis al vi? Kiel eblas, ke vi havis tiun ideon ekriloti kun mi letere? Kiu ajn intervenis por rilatigi vin kun mi, mi tiun plej sincere dankas.

Jes, kiel vi diras en via letero — kaj mi gratulas vin pro via realeca imagpovo — vivo en malliberejo ne estas facila. Tiuj, kiuj estas plene liberaj, ne konas la valoron de libereco. Libereco similas al sano. Oni ekkonscias ĝian havindecon nur post kiam oni perdis ĝin. Ĉu vi konas la komencon de «Sinjoro Tadeo» de Mickiewicz [mickieviĉ]?

Litvo[30]! Patrujo[31] mia, simila al sano,
Vian grandan valoron ekkonas litvano
Vin perdinte ...

Nu, tion saman mi povas diri pri libereco. Pri manĝoj kaj similaj aferoj mi ne tro povus plendi. Ni ne estas en granda, riĉula hotelo, kompreneble, sed tiuj aspektoj de nia vivo estas akcepteblaj. Kio apenaŭ estas eltenebla[32], tio estas la manko de libereco. Ne povi eliri. Ne povi viziti magazenojn. Neniam povi decidi pri siaj movoj. Ne promeni en naturo. Ne vidi domojn, urbon, kampojn. Scii, ke antaŭ longe ne estos libertempo, ne estos ebleco vojaĝi al maro aŭ montoj. Tio estas ... kiel mi povus diri? Ne ekzistas vorto por klarigi tion ... tio estas subiga. Subfaliga. Ĉu vi komprenas?

La alia terura afero, por viroj, en la malliberejoj de ĉi tiu lando, estas la manko de virinoj. Vi ne imagas, kiom mankas virinoj al ni. Ne nur por para amo aŭ por plezuro korpa. Sed nur vidi virinon, aŭdi inan voĉon, rigardi la belecon kaj dolĉecon de ina persono! Tiu neebleco estas terura manko por ni.

Estas ĉi tie kelkaj junuloj kun bela vizaĝo

---

30 Litvo: Unu el la du ĉefaj partoj de malnova Pollando.

31 patrujo: Patrolando.

32 elteni: Elporti.

kaj korpo maldika. Se vi scius, kiel oni rigardas ilin! Kaj ne temas nur pri rigardoj, kompreneble. Ĉu vi trovas min aĉa, ĉar mi priparolas tiajn aferojn? Pardonu min. Ili estas parto de nia realo ĉi tie, kaj la afero estas perfekte komprenebla en mondo, kie virinoj tute forestas.

La fakto, ke la propono interŝanĝi leterojn kun kompatinda malliberulo venis de virino, igis la aferon eĉ pli kor-altiga al mi. Ĉu vi komprenas mian esprimon? «Kor-altiga»: per tio, mi volas diri, ke mi sentas, kvazaŭ mia koro estus pli bela, pli granda, pli sana, nu, pli alta, tio estas, en pli bona pozicio.

Jes, la ideo, ke iu nekonata virino pensas pri mi, deziras skribi al mi, eĉ sciante, ke mi malbonagis, tio estas plaĉe varmiga al mia koro. Se vi scius, kiel sola mi estas! Amikojn oni trovas mem, ĉu ne?, kaj ili estas grava parto de la vivo. Oni decidas mem, ke kun tiu aŭ alia persono oni ekrilatos amike. Sed ĉi tie estas neniu amiko, neniu persono, kiu estas kun ni, ĉar ni decidis esti kune. Tio estas terura. Eĉ la anoj de la bando, kiuj estis arestitaj kun mi, tute ne estas amikoj. Nur kunlaborantoj. Aĉaj kunkrimuloj, fakte.

Ĉu eble ni iĝos geamikoj? Mi tion esperas. Sed eble tio estas troa. Mi ne rajtas esperi tion. Kiel vi amikus al mi, kiu mem metis min ekster la normalan vivon?

Pardonu min, se mi diras al vi aferojn, kiuj ne plaĉas. Mi sentas min ĝenata. Mi ne scias, kion skribi. Kaj mi estas tiel kontenta skribi, pensi pri vi, imagi vin. Ĉu vi bonvolos sendi al mi foton de vi? Vi igas min malpli sola. Vi venas aldoni al la ĉi-tiea nenormala, soldateca atmosfero ion virinecan, kion ĝi vere bezonas.

Nun mi devas halti. Mi tre streĉe atendas vian respondon.

Via sincera amiko malliberulo,

Paŭlo

23A. SEKRETA SERVO

Kial diable mi entiriĝis en tiun aferon? Mi ne estis sufiĉe singarda. Oni neniam gardas sin sufiĉe kontraŭ tiuj danĝeraj decidoj. Fakte, mi eĉ ne rimarkis, ke mi ion decidas. Tiutempe, mi estis simpla soldato. Ĉar miaj gepatroj multege vojaĝis kaj konstante translokiĝis de unu lando al alia, mi lernis diversajn lingvojn. Tute senkonscie, fakte. Knabeto lernas rapide, eĉ se nur ludante kun aliaj infanoj, kiam li vivas portempe[33] en lando, kies lingvon li neniam lernis antaŭe. Li eĉ ne bezonas iradi al la lernejo por kutimiĝi al tute nova maniero esprimi sin. Se li allernejas, estas pli bone, sed lernejo instruado ne vere necesas por lerni lingvon, se oni estas ankoraŭ tre juna kaj

---

33 portempe: Por iu tempo, dum iu tempo, dum iu daŭro.

vivas en la koncerna lando. Konstante oni devas uzi la lingvon, ree kaj ree aperas novaj okazoj ĝin uzi, en novaj kondiĉoj, tiel ke ĉiuj vortoj kaj ĉio alia enkapiĝas eĉ sen plej eta fortostreĉo.

Tial mi vere bone scipovis kelkajn lingvojn. Ankaŭ lingvojn ne tre konatajn nialande. Kaj kiam miaj diablaj ĉefoj tion eksciis – oni neniam estas tro diskreta; se mi tiam imagus la sekvojn, mi silentus pri miaj lingvoscioj – jes, kiam miaj ĉefoj tion eksciis, ili proponis al mi oficejan laboron: traduki dokumentojn, aŭ almenaŭ tiujn legi, kaj mallonge klarigi al ili, pri kio temas en tiuj paperoj.

Nu, mi ne speciale ŝatis la soldatan vivon, «la dolĉan vivon», kiel ni tiutempe kromnomis ĝin. Porti pezan sakon marŝante tuttage sur sunvarmega vojo, aŭ kuŝi sur akveca tero ludante militon, ne estas por mi la plej tipa tipo de vivo feliĉa. Kaj mi aŭdis, ke la bonŝanculoj, kiuj militservas oficeje, ricevas multe pli bonajn manĝojn ol tiuj, kiuj fortigas sian korpon kaj lernas la arton ne pensi en ĉiutagaj kamparaj soldatludoj.

Mi ŝatas bone manĝi. Tio estas unu el miaj multaj malfortaĵoj. Krome, miaj muskoloj pli rapide laciĝas ol mia kapo, kaj mi estis tiel lacega fine de tiuj liber-aeraj soldattagoj, ke mi sentis, kvazaŭ mi apenaŭ vivus plu. Eĉ signi per okulo estis tro lacige por mi en tiuj vesperoj.

Mi rakontas ĉion ĉi por klarigi al vi, kial mi tiel facile entiriĝis en la Centron kun granda C. Mi komprenelbe petas vian protekton, ĉar ... Ne. Pri tio pli poste. Min altiris tien la scio, ke mi ne plu lacigos mian korpon ĝismorte rolante kiel serpento aŭ hundo, aŭ kiel pezeg-portanto, en lokoj maldolĉaj. Miaj kruroj kaj piedoj ne estas speciale belaj – ili eĉ estas vere malbelaj, se paroli sincere – sed mi ŝatas ilin, ĉar ili ĉiam servis min amike, kaj la «dolĉa vivo» de simpla soldato pli kaj pli eluzis[34] ilin, tiel ke mi sentis min iĝanta iom pli malalta ĉiutage.

Cetere, mia tuta korpo eluziĝis. Mi jam ne havis multe da graso antaŭ ol komenci, sed tiu malmulto perdiĝis en la unuaj semajnoj. Oni provis kredigi al mi, ke per tia konstanta funkciado je sia plej alta povo mia korpo fariĝos ĉiurilate fortega, sanega kaj multopova – «Vi estas Davidoj, mi faros Goljatojn el vi», diris unu el niaj suferigistoj, forgesante, kun la tipa senkapa funkciado de la militistaro, ke el tiuj du karuloj, Goljato montriĝis la perdinto – sed mi havis fortajn dubojn pri miaj ŝancoj sukcesi. Laŭ ilia agmaniero, eĉ se ilia celo sincere estis nin fortigi, ŝajnis al mi, ke la ŝancoj perdi la vivon kaj la malmultan saĝon, kiun ni junuloj havis, estis multe pli grandaj ol la ŝancoj realigi ilian celon: fari supervirojn el ni.

Kompare kun tiu Goljatiĝo, sidi en komforta oficejo tradukante paperon post papero ŝajnis al mi celo plej dezirinda. Kiam oni faris al mi tiucelan proponon, mi ne forĵetis ĝin. Kiel mi ĵus diris, mi ne estas superhomo, kaj en similaj kondiĉoj por nee respondi necesus superhoman forton.

Mi neniam estis speciale sindonema. Mi ĉiam celis pli protekti mian sanon kaj kontentigi mian emon bone vivi ol doni min al la Patrolando. Tute ne estis certe, cetere, ke mi estos malpli patrolandama en oficejo ol en la kampoj kaj montoj.

Mi do alvenis en la Centron. Mi tute ne sciis, pri kio temas. Oni igis min promesi, ke mi plene gardos la sekretojn pri ĉio, kion mi vidos, aŭdos, tuŝos aŭ iamaniere sentos tie, kaj ĉar tiuj realistoj ne kredas je simpla promesado, tuj kiam mi promesis, ili klarigis al mi, kiel rapide mi malaperos el ĉi tiu

---

34 eluzi: Malbonigi aŭ malgrandigi per longa uzado.

vivo – tiel diskrete, ke eĉ la polico ne starigos al si demandojn – se ŝance mi ion dirus pri la Centro kaj tio, kion ĝi faras.

Traduki per si mem ne estas tia agado, kia portas vin al plejsupro de feliĉo, sed almenaŭ la dokumentoj estis interesaj. Mi ĉiam multe interesiĝis pri ĉio, kio okazas sur la Tero, kaj tiuj raportoj aŭ aliaj skribaĵoj min interesis. Ni tradukis plej strangajn paperojn, fojfoje eĉ leterojn senditajn de soldatfamilio el «malamika» lando al militservanto, do plenaj je informoj pri la vivo en la devenloko, kaj kaptitaj la-diablo-scias-kiel.

Sed poste... Ne. Mi ne povas rakonti. Mi bezonas protekton, pli bonan protekton kontraŭ ili. Ili estas tiel danĝeraj. Aŭ ĉu tion mi imagas? Ne. Ili estas grandpovaj. Ili estas kvazaŭ ŝtato en la ŝtato. La malnova timo plu kuŝas malsupre en mia koro. Kaj tamen mi devus rakonti. Se ne por via plezuro, almenaŭ por la sano de mia kapo kaj de mia korpo, laca plu porti ĉion ĉi neniam parolante pri ĝi. Ĉu gardi sekretojn tutvive estas eble al ne-superhomo? Ĉiam gardadi multe da gravegaj sekretoj estas konstanta streĉo, kaj tiu streĉo estas malpli kaj malpli elportebla. Eĉ kiam la sekretoj estas ridindaj.

Kaj mult-aspekte, la vivo en la Centro estis ridiga. Aŭ ridinda. Tiuj homoj prenis sin tiel serioze! La ideo partopreni en kaŝa, subtera, subsupraĵa milito tutmonda naskis en ili senton pri graveco, kiu fojfoje perdigis al ili la kapon.

Krome, ni tie vivis en konstanta streĉiĝo. Kaj ridi montriĝis bona rimedo por gardi nin kontraŭ la danĝeraj sekvoj de tiu ĉiam streĉa atmosfero.

Foje... Se vi scius... Vi ridegos, kiam vi ekscios. Foje, unu el tiuj spion-ĉefoj – li nomiĝis Alb...

Ho! Kio okazas al mi? Tra la fenestro, iu ekĵetis... mi svenas, mi svenas... Kapo turniĝas. Rigardu: en la koron ĝi eniĝis, ĝi teniĝas tute firme ... tiu afereto ... Mortiga substanco ... Kial vi malfermis la fenestron? Kial vi igis min stari apud ĝi? Ĉu vi ...? Haaaa!

23B. AMERIKO, JEN MI VENAS

– Kiam vi forveturos?

– Venontan[35] semajnon.

– Aviadile, ĉu ne?

– Jes, aviadile. Neniu plu vojaĝas al Usono[36] ŝipe en nia epoko. Flugi estas tiel pli rapide!

– Ĉu vi devas prepari ankoraŭ multon?

– Ne, ĉio jam estas preparita. Mi havas ĉiujn dokumentojn. Mi devas ankoraŭ solvi la demandon pri mono, tio restas mia sola problemo nun.

– Kial estas problemo?

– Mi agis stulte. Mi ne okupiĝis pri tiu afero sufiĉe frue kaj nun la dolaro[37] altiĝas de tago al tago.

– Vi do devus rapidi aĉeti viajn dolarojn.

– Jes, sed mi aŭdis, ke nun la dolaro estas tro forta, kaj ke la usonaj aŭtoritatoj volas ĝin malaltigi.

---

35 venonta: Kiu venos, kiu sekvos, kiu okazos post la nuna tempo [*venanta* = kiu venas; *veninta* = kiu venis].

36 Usono: La lando inter Kanado kaj Meksikio (kun Alasko kaj Havajo); la nomo devenas de <u>U</u>nited <u>S</u>tates of <u>N</u>orth America.

37 dolaro: Mon-unuo en Usono, Aŭstralio, Kanado kaj kelkaj aliaj landoj.

– Kial? Ili estis malkontentaj, kiam la dolaro estis malforta, kvazaŭ tio volus diri, ke la valoro de la tuta lando, de la tuta popolo, malaltiĝis. Ĉu vere nun ili estas malĝojaj pri tio, ke la dolaro fariĝis plivalora?

– Jes, ĉar ili ne povas vendi tiel facile siajn produktojn[38] eksterlande.

– Prave. La valoro de la produktoj, kiuj venas de Usono, nun iĝis pli alta por homoj, kiuj ne perlaboras dolarojn.

– Ĝuste. Ĉio usona nun fariĝis pli multekosta por eksterlandanoj, kaj pro tio Usono vendas malpli, kaj sekve suferas. Estis jam sufiĉe grava senlaboreco tie. Nun, se ili vendos malpli al aliaj landoj, eble la senlaboruloj iĝos eĉ pli multaj, kaj tion ili timas.

– Sincere, mi dubas pri tio. Vendi eksterlande ne tiom gravas al tiel granda lando. La landanaro jam aĉetas preskaŭ ĉion, kion oni produktas tie. La eksteraj vendoj prezentas per si nur malgrandan parton de la tuto.

– Ĉu tiel estas? Se jes, mi devus ne konsideri tiun eblan malaltiĝon de la dolaro.

– Mi ne volas interveni en vian decidon. Estas iu risko en ambaŭ eblecoj. Ĉu vi jam estis en Usono antaŭe?

– Ne. Ĉu vi?

– Jes, mi estis tie. Fakte, mi laboris tie, kiam mi estis juna, kaj mi tien revenus antaŭ du jaroj. Ĉiuj tie plendis pri la situacio, kaj mi facile kredas, ke por malriĉulo, ekzemple por homo senlabora, la vivo devas esti tre zorgiga tie. Sed tamen, dum mi travojaĝis la landon, mia konstanta sento estis, ke tio estas unu el la plej riĉaj landoj en la mondo.

---

38 produkti: Fari aŭ estigi aĵojn (*produktojn*), ĉefe kun la celo ilin vendi aŭ havigi al iu, kiu ilin uzos.

– Ĉu vere?

– Jes. Ekzemple, vi ne povus imagi, kiom da manĝaĵo oni donas al vi en restoracioj. Tiom pli ol en Eŭropo, por simila kosto.

– Sed ĉu la manĝaĵoj estas same plaĉaj, kiel ĉe ni?

– Ne. Estas pli bone ĉe ni tiurilate. Ĉefe, en nia lando, la manĝoj estas pli malsamaj. Vi povas facile ricevi ĉiutage ion malsaman en restoracioj. Sed eble mi ne rajtas tiel paroli pri Usono. Mia kono de tiu grandega lando estas tiel supraĵa!

– Tamen, tio, kion vi diras, estas tre interesa. Mi antaŭĝojas viziti tiun landon, pri kiu oni aŭdas tiom da malsamaj opinioj.

– Nu, mi esperas, ke vi solvos vian dolarproblemon kontentige. Ĝis revido, kaj bonan vojaĝon!

24A. LITERATURO AMINDAS, SED TAMEN ...

La terura afero, koncerne Eduardon, estas, ke nur literaturo interesas lin. Ĉu vi tion konstatis? Nur pri literaturo li okupiĝas ĝisfunde. Mi konstatis tion ankoraŭ hieraŭ, kaj mi ne dubas, ke mi rekonstatos ĝin morgaŭ.

Kiam mi renkontis lin hieraŭ, lia edzino ĵus rakontis al mi pri tiu grava problemo koncerne la koston de la domo, kiun ili farigas en la apudurba kamparo. Ŝi ĵus parolis al mi tre precize pri la monaj malfacilaĵoj, kiujn ili renkontis. Multaspekta afero, kiun mi plejparte forgesis. Vi certe jam konstatis, ke mi neniam sentas min hejme, kiam oni prezentas al mi pri-monajn konsiderojn, speciale se parolas la edzino de Eduardo, ĉar ŝi emas miksi la faktojn. Ne estis facile sekvi ŝiajn klarigojn.

Tamen, unu aferon mi perfekte komprenis, nome, ke por ili la situacio fariĝas de tago al tago pli serioza. La ŝtata institucio, kiu promesis al ili monon – kontraŭ repago nur post jaroj, je tre kontentigaj kondiĉoj – pro mi-ne-scias-kio subite ekdecidis pri novaj kondiĉoj, tiel streĉaj, ke ili ne plu povos akcepti. Krome, la onklino, kiu antaŭ longe promesis, ke kiam ŝi mortos, ŝia tuta riĉo – grandega, laŭdire – estos por ili, lastminute preferis tute malsaman aranĝon kaj decidis doni preskaŭ ĉion al hospitaloj, muzeoj, bibliotekoj kaj similaj institucioj, tiel ke nun, kiam ŝi mortis, ŝia riĉego transiras al nefamilianoj, kaj Eduardo retroviĝas senigita ankaŭ je tiu espero solvi la monproblemon.

Sed vi konstatos, se vi renkontos lin, ke tio ne ŝajnas tuŝi lin. Ĉiu alia persono, en similaj kondiĉoj, havus gravajn zorgojn. Ne li. Li paroladis al mi dum proksimume du horoj pri nova libro, kiu ĵus aperis, kaj pri nova plano prezenti en proksimume dumilpaĝa libro la tutan leteraron de iu literatura grandulo, al mi perfekte nekonata.

Ĉu vi komprenas tian sintenon? Rimarku, ke tiu sinteno ebligas al li forkuri de la malplaĉa realo, protekti sin kontraŭ doloraj zorgoj, ne studi la fundon de l' problemo. Li tuŝos la fundon de malriĉeco antaŭ ol konstati, ke monproblemo stariĝas. Oni ĉesas maltrankviliĝi, kiam oni forflugas en nerealecajn konsiderojn pri nerealaĵoj. Kia metodo! Bona por li, verŝajne, sed ne por la edzino. Ŝi portas la tutan pezon de la materiaj zorgoj, de kiuj forkuras la literaturama edzo. Ĉu vi trovas tion justa? Mi ne.

Aliflanke, tia li estas de naskiĝo, tia li certe restos ĝismorte. Mi dubas, ĉu li povus fariĝi iom pli praktika, post tiom da jaroj da flugado en la alta spirita aero.

«Mi respektas viajn ideojn,» li foje diris al mi, «mi respektas viajn sintenojn kaj preferojn, respektu do miajn. Vi estas materiama, mi amas studadon kaj esploradon kaj literaturajn ĝojigaĵojn. Vi ĉesis interesiĝi pri libroj tuj, kiam vi eliris el la lernejo. Mi ĉesis okupiĝi pri sporto tiuepoke. Vi estas fortmuskola kaj korpe bonfunkcianta, sed kun malplena kapo. Mi fariĝis sengrasa maldikulo, mi tuj laciĝas, kiam mi faras ian braklaboron, kaj, kvankam mi estas malpeza, mi eĉ ne havas la rapidmovecon de tia ulo, kiel vi, sed mia kapo plenas je belaĵoj, kaj ili donas sunan koloron al mia vivo, eĉ en tempoj de malfacileco.»

Nu, bone. Li bele parolas. Eduardo ĉiam estis senĉesa parolanto. Li jam montriĝis la plej belvorta el niaj samklasanoj, kiam ni kune lernejis. Sed mi ne ĉesas pensi pri lia kompatinda edzino, kies koron manĝetadas zorgoj pri l' morgaŭo.

«Kie ni trovos monon?» ŝi ripete demandas al si. «De kie diable mono venas? La muroj de nia domo jam komencas malrapide altiĝi, sed ni neniam sukcesos pagi ĝin. Kaj mi tiom antaŭĝojis je la ideo vivi en nia familia domo! Havi hejmon en sia domo, kia bela celo! Sed ni ne realigos ĝin. Oni forprenos la domon de ni kaj ĝin vendos, ĉar ni ne povos pagi. Aŭ polico venos, arestos nin, kaj oni ĵetos nin en malliberejon!»

Ŝi troigas, evidente. Sed tamen! Imagu al vi! Ŝi timas retroviĝi en malliberejo, kaj li, dume, revas nur pri literaturo kaj dumilpaĝaj libroj! Ĉu ilia para vivo sukcesos supervivi tian streĉiĝon, tian kontraŭecon en la manieroj pensi? Vere, ilia situacio min maltrankviligas.

Mi konstatis, ke ŝi multe maldikiĝis, kaj ke ŝia vizaĝo alprenis aĉan koloron, nesanan. Tiel ŝatinda virineto! Mia koro ŝiriĝis, kiam mi vidis ŝin tiel senhelpa.

24B. LA ĜOJOJ DE PETVETURADO

Ĉu estas vi, Johana? Kio okazis? Kial vi ne revenis hejmen? Kial vi telefonas tiel malfrue?

...

Kion? Kiun vi renkontis? Mi ne komprenas. Parolu pli klare, kara, bonvolu. Kio okazis al via voĉo? Mi apenaŭ rekonas ĝin.

...

En la hospitalo, ĉu? Vi estas en hospitalo! Mi timas. Diru al mi, kio okazis. Kion vi faras en hospitalo?

...

Kion vi ĵus diris pri aŭto? Mi fakte tre malbone aŭdas vin. La aŭto estas fuŝita? Kies aŭto? Ĉu mia aŭto? Johana! Kion vi faris?

...

Malfeliĉa hazardo, malfeliĉa hazardo! Kiajn vortojn vi uzas! Ŝajnas al mi, ke vi ne ŝoforis tre atente.

...

Kion? Ne vi ŝoforis! Sed mi ĉiam diris al vi, ke mi akceptas, ke vi uzu mian aŭton, sed ne ke iu alia ol vi ŝoforu!

...

Vi mem ne povis! Bela rimarko! Kaj kial diable vi ne povis ŝofori, dum vi lernis direkti aŭton jam antaŭ pluraj jaroj? Ne, Johana. Vere, mi ne komprenas vin.

...

Brando! Vi trinkis tiom da brando, ke vi ne plu klare vidis! Ĉu tion vi ĵus diris al mi? Kial do vi trinkis tiom da brando? Ili trinkigis vin, ĉu? Sed kiuj estas tiuj «ili»?

...

Vi ne scias! Vi ne konas ilin! Pli kaj pli bele! Vi renkontis ulojn, kaj trinkis kun ili tiom da brando, ke vi ne plu povis direkti mian aŭton, kaj vi nun telefonas el hospitalo. Vere, mi ne scias, kion pensi. Kion vi ĵus diris? Mortis, ĉu? Kiu mortis?

...

Li ankoraŭ ne tute mortis, sed estas nun mortanta? Ĉio ĉi estas neimageble serioza. Kiu troviĝis tie, kaj mortis, aŭ mortas?

...

La aŭto surveturis lin! Johana! Mi perdas la kapon! Vi parolas tiel trankvile! Kion? Ha jes, ili donis trankviligan substancon al vi. Jes, mi scias, kuracistoj estas tiaj. Tuj, kiam okazis io drama, nuntempe, ili havigas al oni trankviligilon. Tial vi parolas tiel strange. Sed kia terura okazaĵo! Vere, mia kapo turniĝas. Rediru al mi – ĉar mi nenion komprenas – kiu ŝoforis, kiam la aŭto surveturis tiun kompatindan sinjoron?

...

Kion vi diris? La ĉefo de la polico direktis mian aŭtomobilon?

...

Ne li? La ĉefo de la polico ne estis la homo en la aŭto, sed la homo, sur kiu la veturilo pasis? Kion? Ĉu la mortanto estas la policĉefo? Ho, Johana, ne estas vere, ĉu? Ne, ne! Filino mia, kion diable vi faris?

...

Ne vi faris! Sed kiu, kiu do? Kiu ŝoforis? Provu paroli pli

klare, mi malbone aŭdas.

...

Nekonato! Sed kiel vi renkontis tiun nekonaton? Kion? Li petveturis? Ha jes, kompreneble, li petveturis! Mi tion imagas perfekte. Li staris apud la vojo signante al pasantaj aŭtoj, ke li deziras veturon. Kaj vi, simplulino, akceptis lin kaj ...

...

Bela! Li estis tre bela! Jen belega respondo! Johana, ĉu vere vi estas sesjara knabino? Tion oni kredus, aŭdante vin. Bela! Mi parolos al vi pri beleco kiam vi hejmenvenos! Vi aŭdos min, tion mi promesas al vi.

...

Kaj poste vi haltis por enaŭtigi alian. Kaj tiu havis botelon da ... kion vi diras? Biero, ne brando, biero, ĉu? Ha jes! Komence biero. Kaj poste vi trovis brandon! Kie? La sama, ĉu? Tiu dua petveturanto diris, ke li havas ankaŭ brandon, kaj vi ... nekredeble! Ĉu vi trinkis en la aŭto?

...

Ha, feliĉe vi havis la ideon halti por trinki. Kion vi ...? Tion mi povas imagi, ke la naturo estis tre bela tiuloke. Ho jes, mi facile prezentas al mi enkape la vidaĵon: vi en bela naturo kun du beluloj, kaj ... Kion vi diris?

...

Nur unu estis bela! Jes, kompreneble. La alia estis nur la «homo kun biero kaj brando». Sed poste, kio okazis?

...

Kompreneble, vi sentis vin necerta pri vi! Kiel povus esti alie, post tiom da trinkado? Kaj do vi petis tiun alian ŝofori. Sed verŝajne ankaŭ tiu trinkis tro multe, kaj ... Terure! Rakontu do precize, kio okazis, dum li direktis la aŭton.

...

Jes. En kiun urbeton vi eniris? Mi ne komprenis la nomon.

...

Ha jes, mi vidas, jes, tie. Kaj tuj post la unuaj domoj estas tiu vojo dekstre, kaj ...

...

Kion? Li veturis en la nazon de alia aŭto, kiu alvenis, kaj li sukcesis samtempe surveturi piediranton! Kaj tiu estis la policĉefo! Johana, Johana, mia filino, kiel eblas!

...

Kion? Ĉu vi diris, ke viaj du petveturantoj sukcesis forkuri, antaŭ ol la polico alvenis? Kaj ĉu vere neniu ilin haltigis? Ĉu oni ne kaptis ilin? Neniu rimarkis! Sed ili estis krimuloj! Almenaŭ tiu, kiu ŝoforis!

...

Sed vi mem, kial vi nenion diris al la homoj tie? Jes, kompreneble, vi estis kelkmomente nekonscia, kaj dum tiu momento ili perdigis sin. Sed ... sed ... se tiuj du malaperis, tiam la polico neniam kredos, ke ili entute ekzistas! Ĉu iu ilin vidis?

...

Ne, kompreneble. Neniu vidis ion ajn. Ĉio okazis tro rapide. Tiuj du junulaĉoj malaperis for, kaj restis sur la strato vi, plena je brando, mortanta policĉefo, kaj du rompaĉitaj, pecigitaj aŭtoj. Kaj sur la aŭto, el kiu oni vidis vin eliri, kiam vi rekonsciiĝis, troviĝas mia numerplato!

...

Se almenaŭ vi ne estus mia filino, mi povus diri, ke oni ŝtelis mian aŭton, sed kun vi en ĝi ...

...

Silentu, mi petas, Johana. Nenion diru plu. Kaj agu tuj.

Jen mia koro reagas strange. Mi sentas doloron. Mi petas vin, telefonu al kuracisto, ke li venu tujtuj al mi. Mi ... Mi timas, ke nevole, jes ja, tute certe nevole, sed tamen ... mi timas, ke vi mortigis du homojn! Ne plu estas aero ĉi ... ĉi tie. M... mi ne plu ... ne plu po... povas paro...

...

25. LA TRI PLENDOJ DE S-RO KURSANO

Sinjoro policano, mi havas plendon. Tri plendojn, fakte. Ĉu vi bonvolas noti?

Mi esperas, ke vi povos fari ion, ĉar mia digno malbonfartas, kaj mi esperas, ke dank' al via interveno, ĝi refartos bone. Pri kio mi plendas? Pri multo, sinjoro policano, mi plendas pri multo. Multrilate oni malbonagis kontraŭ mi.

Unue mi plendas pri provo ŝteli de mi monon. Due pri persekutado. Kaj trie ... atendu ... lasu min pripensi momenteton, estis ankaŭ io alia, sed ŝajnas, ke mi forgesis. Ha jes, komprenebla! Pri malvera promeso. Malhonesta promeso, se vi preferas.

Oni diris al mi, ke, se mi pagos la kurson, mi finfine scios esprimi min en tiu lingvo, kaj mi konstatas, ke mi ne scias. Tio estas malhonesta, ĉu ne? Oni invitis min elpoŝigi mian monon, kaj kion mi ricevis? Ian komencan kaj malprecizan ideon pri la lingvo. Oni agis nejuste al mi. Mi ne ricevis ion samvaloran kiel la mono, kiun mi pagis. Tial mi petas vin skribi mian plendon, mian unuan: provo ŝteli monon de mi.

Dua plendo: oni min persekutis. Kiel oni persekutis min, vi volas scii? Ĉefe la instruanto min persekutis, sed fojfoje ankaŭ la kunlernantoj. Imagu tion: esti persekutata de siaj samklasanoj! Nekredeble, ĉu? Tamen tio okazis. Mi diras la veron. Mi estas homo sincera, kaj tial ne elportas malhonestaĵojn, kaj malhonestaĵojn mi konstante travivis dum la daŭro de tiu kurso. Ili persekutis min dirante, ke mia maniero min esprimi en la tutmonda lingvo ne estas ĝusta. Konstante mankis iu N, ili diris; mi uzis la vortfinaĵon A kiam devus esti E, ili diris, ktp ktp [= kaj tiel plu]. Ĉiufoje mi aŭdis similajn rimarkojn, malestimajn. Ĉu mi povus allasi, ke oni min malrespektu tiamaniere? Ne, sinjoro policano. Mi povas akcepti multon malplaĉan, sed malrespekton mi firme rifuzas.

Kiam homo ne rajtas paroli tute simple sen ricevi de ĉiuj flankoj rimarkojn pri tio, ke li sin esprimas fuŝe, kiel nomi tion, se ne persekutado? Konstante oni alsaltis min, ĉar mi diris IGI kaj ne IĜI, aŭ DE kaj ne DA. Estis organizita milito kontraŭ mia sento pri memdigno, kontraŭ mia memvaloro. Oni konstante provadis malaltigi min kaj estigi en mi sentojn de malplivaloro. Ĉu ni ne vivas en libera lando, kie, laŭtradicie, la digneco de homa persono estas respektata? Mi kuraĝe rifuĝis lasi ilin subigi min, sed ili insistis. Plurfoje mi konstatis, ke ili trovas plezuron en la fakto diri al mi, ke mi fuŝlernis. Estas faka vorto, kiu difinas tiun sintenon, sed mi momente forgesis ĝin. Mia memoro ne fartas tre bone post tiu laciga lingvokurso.

Kaj, trie, mi prezentas plendon pri malvera promeso. Oni promesis al mi, ke mi lernos facilan lingvon en plaĉa atmosfero. Fakte la lingvo estas tre malfacila, kaj la atmosfero ... nu, plej bone eĉ ne paroli pri ĝi. Mi opiniis, ke oni uzos seriozan lernolibron, kie ĉio estas bonorde prezentita kaj klare difinita. Fakte, oni uzis neinteresan rakonton, pri kiu mi nenion komprenis, verŝajne ĉar nenio estis kompreninda. Ili eĉ ne sukcesis uzi ĉiufoje tekston kun sama longeco. Kelkfoje, la teksto, kiun ni legis kaj studis, havis malpli ol unu paĝon, alifoje ĝi estis dupaĝa. Estis suferige, por mia digneco de mezjuna viro, devi sekvi la knabecajn rakontojn, kiujn tiu kurso proponis al ni. Jam antaŭ longe mi forlasis la infanetan lernejon kaj nur persono, kies kapo fuŝe funkcias, povis imagi, ke tia rakontaĉo kontentigos normalan kursanaron.

Cetere, kiom koncernas la normalecon de miaj samkursanoj ... nu, ankaŭ ĉi-rilate estas preferinde silenti.

Jen, sinjoro policano. Ĉu vi notis ĉion? Ĉi tio estas mia plendo. Mi insistas, por ke vi transsendu ĝin al la superaj aŭtoritatoj. Mi deziras, ke oni rejustigu la situacion, ke oni repagu al mi mian monon, kaj ke oni informu ĉiujn personojn, ke la lernado estos tute malsama ol ili atendas.

Saluton, sinjoro policano. Fartu bone. Estas tempo, ke mi foriru. Kaj bonvole ne plendu, se mi brufermas la pordon. Mia furiozo devas esprimiĝi iamaniere, ĉu kun, ĉu sen N ĉe la vortofino. Ĝis la revido! Aŭ, pli bone eĉ, adiaŭ!

Ili kaptis Elzan!

Al Piĝi,
kun humila danko,
J. V.

ĈAPITRO 1

«La polico kaptis Paŭlon kaj Sofian», la viro diris en la telefonon.

«Kion?» sonis responde la malproksima voĉo, nekredeme.

«La polico kaptis Paŭlon kaj Sofian», la viro ripetis. «La kunveno antaŭvidita por morgaŭ vespere ne povos okazi. Sciigu al Karlo, li scios, al kiu transdoni la informon.»

«Diable! Mi tion faros tuj. Kion pli?»

«Nenion. Atendu, ĝis mi rekontaktos vin. Ĝis!»

«Ĝis!»

La viro eliris el la trinkejo, kie li telefonis, kaj malaperis en la nokton. Alta fortulo, kies vestoj aŭ agmaniero neniel konigis liajn policajn funkciojn, diskrete ekpaŝis malantaŭ li. Li ridetis. Li sentis, ke vere komenciĝas la fino de tiu Movado por Vera Eŭropo, kiu respondecis pri tiom da mortoj, ekde la unua bombo en la flughaveno ĝis la hieraŭa ĉe la sinagogo de strato Kaloĉaja.

Bedaŭrinde nur, ke li ne povis scii, al kiu la sekvata viro ĵus telefonis.

ĈAPITRO 2

«La problemo pri vi, Adriano, estas, ke vi neniam edziĝis.»

Adriano Pipelbom malkontentis. Ekde kiam lia fratino Galina elparolis tiujn vortojn la antaŭan vesperon, ili turniĝis kaj turniĝis en lia kapo, kvazaŭ decidinte ne lasi al li minuteton da paco.

Kial do la diroj de lia fratino tiel forte efikis al li? Ŝi estis 50-jara nun, ŝi estis riĉa, ŝi alte taksis la potencon, kiun mono havigas. Kial do li, Adriano Pipelbom, unu el la plej sukcesaj industriistoj en la lando, lasis sian 58-jaran fratinon paroli al li, kvazaŭ al knabeto? De kie venis la nekredebla aŭtoritato, kiun Galina havis super li?

Malbonhumore li veturis nun direkte al la hospitalo, kaj la silento de lia ŝoforo ne helpis lin gajiĝi.

«La problemo pri vi, Adriano, estas, ke vi neniam edziĝis.»

Li eligis profundan elspiron.

Povus ŝajni strange, ke la fama Pipelbom, mastro de granda industrio, unu el la plej riĉaj kaj potencaj homoj en la mondo, ĝenerale sentis sin antaŭ virinoj kiel infaneto, almenaŭ se temis pri io pli intima ol diskutoj rilataj al la ekonomia aŭ politika situacio. Sed tiel estis.

Personaj rilatoj kun virino estis por li timigaj. Li ĉiam diris al si, ke li estas unu el tiuj homoj, kiuj spertas nur unufoje en la vivo veran paran amon. Tian amon li spertis, kiam li estis dekkvinjara. Sed la knabino, kiu estis la trezora objekto de liaj amaj sentoj, forlasis lin, edziniĝis, kaj malaperis el lia vivo. Eble li neniam resaniĝis de la sufero, kiun ŝi tiel kaŭzis. Eble pro tio li neniam plu intimiĝis kun virino.

Kaj nun, lia fratino Galina revekis en li malnovajn dezirojn, kiujn li imagis mortintaj. Ĉu ne estas stulte malhavi dum la tuta vivo la dolĉan proksimecon de amema belulino? Ĉu eblus, ke dum tiuj longaj jaroj da soleco, li fakte – sed senkonscie – deziris ion alian?

«Ludoviko, ĉu viaopinie mi devus edziĝi?» li demandis la ŝoforon.

Ĉe alia veturigisto tia demando eble estigus salteton de ekmiro, sed ne ĉe Ludoviko. La ŝoforo de s-ro Pipelbom sekvis sian vivovojon simile al la Rolls-Royce, kiun li nun irigis: trankvile, facile, digne, kvazaŭ malhelpoj kaj ĝenoj ne povus ekzisti.

Kun eta-eta rideto li respondis:

«Estus ekster mia rolo doni al vi konsilojn, sinjoro.»

«Jes, jes. Komprenble. Mi devus scii, ke vi trovos belan vortigon por digne elturni vin el la demando. Sed diru al mi, kion vi opinius, se mi informus vin, ke jen mi baldaŭ edziĝos?»

«Se vi permesas al mi respondi sincere, sinjoro, mi dirus, ke mia reago dependus de la sinjorino, kiu havus la feliĉon kunigi sian vivon al la via.»

Dum longa minuto, Pipelbom restis silenta.

«Mia fratino Galina ŝatus, ke mi edziĝu», li diris.

Ludoviko plu ŝoforis senvorte.

«Ĉu vi aŭdis min? Kion vi opinias pri la ideo de Galina?»

«Ne estas mia rolo priparoli la anojn de via familio, sinjoro, sed tamen, ĉar vi esprimis la deziron koni mian penson, mi vortigos ĝin jene: la vivo montris, ke s-ino Galina ĝenerale estas prava en siaj decidoj. Ŝi estas nepre fidinda persono.»

«Ĝuste. Ŝi ĉiam estas prava. Tial mi ne miras, se ankaŭ ĉi-foje ŝi pravus. Mi pli kaj pli sentas, ke mi devos alkutimiĝi al la ideo, ke edzino mankas al mi. Mi devos fari la necesajn aranĝojn por ripari tiun mankon. Vi havas edzinon, ĉu ne, Ludoviko?»

«Jes, sinjoro.»

«Ĉu ŝi igis vin feliĉa?»

«Mi feliĉas, sinjoro, sed mi ne dirus, ke ŝi igis min feliĉa. Estus pli ĝuste diri, ke mi igis min feliĉa kun ŝi, kaj ŝi igis sin feliĉa kun mi. Ni estas tre bonŝancaj.»

«Vi igis vin feliĉa kun ŝi kaj ŝi kun vi! Diable! Malsimpla diraĵo, sed pensiga. Mi ŝatas ĝin. Mi estas homo, kiu faras ĉion mem – memfarita homo, kiel oni diras – kaj ne plaĉis al mi la ideo, ke mia feliĉo dependu de iu alia, sed se tiel estas ... Nu, nu, nu, Ludoviko, via filozofio agas problem-solve. Estas decidite: mi edziĝos.»

***

Al Adriano Pipelbom hospitaloj tre malplaĉis. Estis tro da koridoroj, tro da pordoj, tro da iroj kaj venoj kun vestoj tro blankaj. Kaj lia nazo preferus senti ion alian ol tiun kuracilan odoron.

Li do ege bedaŭris sian nunan situacion: li bezonis informojn, kiujn nur Johano, lia sekretario, povis doni; li bezonis ilin tuj, tiel ke poŝto ne uzeblus; kaj ili estis tiel sekretaj, ke uzi telefonon estus preni sur sin konsiderindan riskon.

Kompatinda Pipelbom! Li aĉigis sian humoron vizite al

hospitalo, por ke la informiĝo ĉe juna Johano restu plene sekreta, sed kiom ajn li provis mallaŭti, ĉiuj iliaj vortoj aŭdeblis en la apuda ĉambro, kiu servis kiel ejo por kuraciloj. Tiun kuracilejon oni faris antaŭ kelkaj monatoj uzante por ĝi parton de la ĉambro, en kiu Johano nun kuŝis, kaj la muro estis aparte maldika. Kaj ĉar, hazarde, Johano estis nun sola en tiu tri-lita ĉambro, la industriisto opiniis, ke li eĉ ne bezonas flustri.

Lucia, la flegistino, kiu troviĝis en la kuracilejo, tute ne aŭskultis la industriajn sekretojn de s-ro Pipelbom, por ŝi seninteresajn. Sed kelkaj vortoj de la riĉulo igis ŝin subite streĉi la atenton.

«Jes, Belpar,» li diris, «Belpar estas la plej bona.»

Sekvis kelkaj vortoj de la sekretario, kiujn Lucia ne sukcesis kompreni.

«Mi ne dubas,» daŭrigis la industriisto, «ke vi plenumos tiun taskon plej kontentige, kiel kutime. Sed, mi petas vin, estu plej-plej diskreta. Mi ne povas allasi, ke oni sciu, ke la fama Adriano Pipelbom deziras edziĝi, kaj uzas tiucele la servojn de la fama edziĝ-agentejo Belpar.»

Lucian la ama vivo de famuloj ĉiam interesis. Kiam ŝi, tuj poste, faris injekton al Nikolao Barinjo, la juna kemiisto en ĉambro 364, por kiu ŝia koro pli kaj pli ame batis, ŝi ne povis subpremi la emon ĉion rakonti al li:

«Imagu! S-ro Pipelbom, la fama riĉulo, deziras edziĝi! Li venis viziti sian sekretarion, kaj mi, tute nevole, hazarde aŭdis ilin interparoli. Li donis al sia sekretario la taskon prezenti lian edziĝdeziron al la agentejo Belpar!»

«Pipelbom, ĉu vere? Mi konas tiun ulon. Parte dank' al mi li riĉiĝis. Mi ne agis saĝe, kaj perdis pro li belegan okazon riĉiĝi mem. Nu, nu, tiel iras la vivo. Interese, ke tia homo, kiu sukcesis sur ĉiuj kampoj, ne kapablas trovi mem edzinon, kaj devas tion fari pere de agentejo!»

«Ne al vi tio okazus, ĉu?» Lucia diris kun rideto.

«Ne», li simple respondis, kun tono tro serioza.

Ŝi rigardis lin, atendante ion plian, sed Nikolao fermis la okulojn.

«Mi sentas min laca», li diris.

Ŝi direktis al li amoplenajn okulojn kaj diskrete paŝis for. En la koridoro ŝi renkontis sesdekjarecan virinon, kiu sendube venis hospitalen por viziti konaton. Ke estis Galina, la fratino de la fama Pipelbom, ŝi tute ne povis scii. Nek kion ŝi tie faris.

ĈAPITRO 3

Je dek kvin kilometroj for de la hospitalo, kie disvolviĝis la okazaĵoj ĵus priskribitaj, elstaras belega, malnova kastelo. Ĝi sidas sur altaĵo, kun admirinda vido al la rivero, kaj ĝiaj dikaj ŝtonmuroj aspektas kapablaj sukcese kontraŭstari ĉiujn alsaltojn de la tempo kaj de homoj militemaj. Al la vojaĝantoj, kiuj rigardas ĝin de la vojo laŭrivera, same kiel al la lokaj familioj, kiuj konas ĝin de jarcentoj, ĝi elvokas nur forton kaj riĉecon: ĝi staras tie kiel deklaro de firmeco.

Ve! La vero estas tute alia, kaj precize tion ĵus klarigis grafino Montokalva al sia «ĉefservisto», kiel ŝi nomas la viron, kiu servas ŝin, kvankam li ĉefas super neniu, se escepti, eble, la propran edzinon.

«Jes, Cipriano,» ŝi diris malĝoje, «tiel statas la aferoj. Mi ne kaŝis al vi la veron, kiel ajn malĝojiga ĝi estas. Mi ne povos resti ĉi tie. Mi devos forlasi ĉi tiun belegan domon, ĉi tiun lokon plaĉoplenan, kaj trovi ion ie, kie mia nun malmulta mono ebligos al mi plu vivi. Kredu, ke mi bedaŭros ĝin, kaj vin, Cipriano, kaj ankaŭ vian karan familion ...»

«Forlasi!» flustris Cipriano, kaj lia esprimo montris, ke sub tiu sola vorto kaŝiĝis la perditeco de homo, kies vivo ĵus tute disrompiĝis.

Per granda volstreĉo li sukcesis peti precizigon:

«Se via grafina moŝto permesos, ĉu mi povas demandi, kiom da tempo – laŭ tio, kion eblas antaŭvidi – la grafinaj monrimedoj eltenos? Kiom da tempo, laŭ via opinio, sinjorino grafino, mia edzino kaj mi povos resti ĉi tie, je via servo?»

«Nu, ni eltenos tute certe, ĝis venos la papo, ĉu ne? Mi jam petis monhelpon de la aŭtoritatoj tiurilate. Se ili volas, ke la papo, dum sia vojaĝo nialanda, vizitu ĉi tiun lokon kaj povu propramane tuŝi la zonon de Sankta Gaspardeto, kiun antaŭ jarcentoj ricevis la prapatroj de mia karmemora edzo, ili certe konsentos havigi al mi monhelpon, por ke la kastelo iĝu dignaspekta. Sed post tio ..., post tio, mia kara Cipriano, mi dubas, ĉu ni plu eltenos pli ol tri monatojn.»

Cipriano estis alta viro, kaj lia korpa aspekto, kun la elstara ventro kaj la ĉiam paca vizaĝo, ĝenerale naskis en rigardanto nur la specon de respekto, kiun oni kutime sentas al fortaj trankviluloj. Cipriano iel estis kiel la kastelo, kie li servis: nemovebla, nerompebla, ricevinta de la naturo la havindan povon superforti ĉiujn kaj ĉion. Almenaŭ ŝajne.

Rigardante lin nun, grafino Montokalva, unuafoje en sia vivo, vidis en li homon kompatindan, kiu subite maljuniĝis kaj perdis la povon rebati al novaĵo, kiu unubate disfaligis lin.

«Se estas nenio plu je via servo, via grafina moŝto, mi …»

«Nenio plu, Cipriano, vi povas foriri. Mi …» Ŝi interrompis sin, rigardante lin rekte en la okulojn.

«Mi petas vian pardonon», ŝi fine diris, mallaŭte.

«Via grafina moŝto!»

«Ne! Mi petas, ne kontraŭdiru. Prizorgi vin estis mia devo, ĉu ne? Mi bedaŭras, ke mi ne sukcesis. Tiaj estas la tempoj, Cipriano. Ni povas nur akcepti ilin tiaj, kiaj ili estas. Ni provu trovi en ni kuraĝon, ni ĝin bezonos. Espereble ni havas da ĝi sufiĉe, ankoraŭ, je nia aĝo.»

«Jes, via grafina moŝto. Bonan vesperon, via grafina moŝto.»

Kaj, provante elmontri kiel eble malplej sian batitecon, Cipriano eliris kun movoj iom necertaj, jes ja, sed tamen digne.

***

Ĉe la enirejo de la grafina bieno, tute proksime al la kastelo, staras samaĝa ŝtona domo. En ĝi estis aranĝita plaĉa apartamento, kie loĝis Cipriano, lia edzino Elvira kaj – de tempo al tempo, jen longe, jen mallonge – ilia filino Elza.

En la sidĉambro kun malnovaj, brile puraj mebloj, kie la servista paro nun troviĝis, la atmosfero estis peza.

«La vivo estis agrabla ĉi tie», Elvira diris.

«Agrabla», eĥis Cipriano.

«La grafino estas iom stranga, kelkfoje, sed al ŝiaj strangaĵoj ni kutimiĝis», ŝi daŭrigis.

«Ni kutimiĝis», sonis eĥe la edza voĉo.

«La kastelo estas granda, sed ŝi vivas nur en eta parto de ĝi, kaj ne zorgas, ĉu la resto estas pura aŭ ne.»

«Ne zorgas.»

«Mi ne adaptiĝos al alia mastrino. Aŭ mastro.»

«Ne. Ni ne adaptiĝos.»

Elvira prenis paperan poŝtukon, brue nazpurigis en ĝin, kaj ploris. Ŝi estis same dika kiel la edzo, sed pli malalta; vidiĝis, ke ŝia ronda, ruĝeca vizaĝo pli kutimas ridi ol esprimi malfeliĉon.

Malfermiĝis la pordo, kaj knabino eble 21-jara envenis ridetante.

«Bonan ...! Ej! Kio okazas al vi? Vi aspektas, kvazaŭ la tero ĵus rompiĝis sub viaj piedoj ...»

«Ĝi rompiĝis», eĥis Cipriano, kvazaŭ ne plu kapabla pensi. Ŝajnis, ke li eĉ ne rekonas la propran filinon.

Lia edzino klarigis la teruran situacion. Je ilia aĝo, en la nuna ekonomia situacio, retrovi laboron ne estos facile. Sed eĉ se ili retrovus, la simpla fakto devi forlasi ĉi tiun lokon, al kiu ilin ligis tiom da jaroj da ĉeesto, da laboro, da travivaĵoj, rompis al ili la koron ĝis apenaŭ elportebla sufero.

Ankaŭ la juna vizaĝo de Elza mallumiĝis. Ŝi laboris en la urbo, tute sendepende, kiel kudristino, kaj ŝi sukcesis aranĝi sian vivon tre kontentige, kun sufiĉe da libereco. Ŝi tute ne bezonis monan helpon de la gepatroj, sed ŝi amis ilin, tre ŝatis ilin viziti neatendite, kiel hodiaŭ, kaj, cetere, same subite foriri. Ilia malfeliĉo efikis al ŝi korŝire.

«Kaj mi venis ĉi tien por rakonti ion ridigan ...» ŝi diris, eligante profundan ĝemspiron.

«Rakontu do», ameme diris la patrino. «Eble tio helpos nin pensi pri io alia.»

«Temas pri io, kion mi trovis interesa, rakontinda al vi. Mi ĵus vizitis Nikolaon en la hospitalo, kaj li diris al mi, ke, laŭ interparolo nevole aŭdita de flegistino, s-ro Pipelbom serĉas edzinon pere de agentejo Belpar!»

«Serĉas edzinon, ĉu?» Ŝajnis, ke subite Cipriano vekiĝis el sia senpensa stato. «Eble tie kuŝas nia solvo.»

«Solvo?», «Kion vi volas diri?» samtempe parolis la du virinoj.

«Eble mi ne estas realisma. Mi pensis, ke se ni sukcesus aranĝi – per tiu agentejo – ke Elza edziniĝu al li, ni ne plu havus problemojn. Li estas tiel riĉa, ke li eĉ ne scias, en kiom da bankoj kuŝas lia mono, kaj …»

«Ĉiaokaze, eĉ se li petos min, mi ne edziniĝos al tiu maljunulo», la filino interrompis, decideme.

«Li ne estas maljuna. Mi dubas, ĉu li aĝas pli ol 50 jarojn», rebatis la patro.

«Eĉ se li aĝus nur dudek kaj estus pli bela ol ... ol ... ol ..., nu, tre bela, mi malkonsentus. Mi amas Nikolaon, kaj kunvivos kun neniu alia.»

«Via kemiisto estas bona knabo, sed ne temas pri amo nun, nur pri maniero helpi al la kompatindaj gepatroj.»

«Ĉu vi perdis la saĝon, Cipriano?» la edzino intervenis. «Pripensu momenteton. Vi neniam elportus, ke via filino malfeliĉas la tutan vivon nur por nia komforto. Ŝajnas, ke la grafina informo batis al vi la kapon kaj vin stultigis.»

Ĉiuj tri restis dum longa minuto silentaj.

«Kaj tamen eble estas solvo», diris Elza tre malrapide, apartigante ĉiun vorton. La gepatroj rigardis ŝin. Ŝia vizaĝo estis luma denove, kiel kutime ĉe tiu ĝenerale gaja knabino.

«Solvo, ĉu vere?»

«Jes. Se li edziĝus al la grafino …»

Ŝi fermis la okulojn. Kvazaŭ reve ŝi memoris la interparolon, kiun ŝi havis kun Galina, la fratino de Adriano Pipelbom, kiam ili renkontiĝis en la hospitalo. El la malmultaj paroloj, kiujn ili tiuokaze interŝanĝis, naskiĝis bela revo. Sed ĉu ĝi povos realiĝi? La gepatroj silente, sindemande, plu rigardis ŝin.

***

«Bela,» pensis Cipriano rigardante la junulinon, kiu staris trans la skribotablo, «sed laŭ tute alia maniero ol mia Elza.»

Li pravis. Elza havis iom angulecan vizaĝon, tre nigrajn harojn, kaj haŭton bruniĝeman, dum ĉi tiu estis blonda kun ronda, roza vizaĝo. Elza havis longajn krurojn, kaj longan nazon. Ĉi tiu estis ne pli ol mez-alta, kaj ŝia nazeto direktiĝis ĉielen.

Cipriano hezitis. Ĉu estis saĝe peti tiel junan personon preni sur sin la delikatan taskon, por kiu li venis?

«Kiel mi povas servi vin?» ŝi diris per muzika voĉo.

Lia dubemo tiel klare legiĝis sur lia vizaĝo, ke ŝi ekridis.

«Vi ne fidas min, ĉu? Vi trovas min tro juna por direkti edziĝ-agentejon, tute certe. Permesu, ke mi prezentu min. Mi nomiĝas Diana Belpar. Foje amiko diris al mi: ‹Via familia nomo sonas kiel nomo de edziĝ-agentejo.› Mi pensis: ĉu tio ne estus signo de l' destino? Mi provu. Nu, mi provis kaj sukcesis. Belpar estas nun la edziĝ-agentejo plej bonfama en la urbo, ĉu ne? Eble ĝuste ĉar mi estas juna, mi aliris la demandon laŭ nova vojo, kun modernaj principoj. Nu, diru al mi, sinjoro, kiel vi nomiĝas, kaj kia estus por vi la ideala vivkunulino.»

«Ne mi deziras edziĝi, s-ino Belpar. Mi persone jam havas edzinon, ne idealan, sed tute bonan por viro, kiu ne povus esti ideala edzo. Ne. Mi ne venas por mi. Kaj ĝuste tial mia tasko estas tre delikata.»

«Pri kio do temas?»

«La afero devas resti absolute sekreta. Se iu ajn ekscius ... Estus katastrofo.»

«Kompreneble, kompreneble. Sed vi povas fidi min. Mia agentejo estas bonfama ankaŭ pro tio, ke nenio ĉi tie dirita diskoniĝas ekstere.»

«Nu, mi ne scias, sed tamen, mi prenos sur min la riskon. Mia mastrino, kiu deziras edziniĝi, estas grafino Montokalva.»

Se Diana Belpar sentis miron, ŝi ĝin bonege kaŝis. Moviĝis eĉ ne muskoleto de ŝia vizaĝo. Kun la sinteno de bona oficistino, ŝi simple notis la nomon.

«Ŝia grafina moŝto estas treege riĉa,» malhonestis Cipriano, «kaj ŝi nature timas, ke neseriozuloj provos edziĝe kapti ŝian monon. Tial speciale gravas sekreteco. Kaj tial ŝi konsideros nur proponojn de viroj vere riĉaj, ĉar nur tio garantios, ke ne la mono ilin altiras al ŝi.»

«Evidente. Kiom aĝa estas la grafino?»

«Kvardeknaŭjara. Ŝi havas la kastelon, kiun vi certe konas, en belega loko, kaj unu el ŝiaj kondiĉoj estas, ke la edzo konsentu vivi tie kun ŝi.»

«Ĉu ŝi jam edziniĝis antaŭe?»

«Jes, dufoje. La unua edzo forlasis ŝin, la dua mortis.»

«Kian viron ŝi preferus renkonti?»

«Kiel mi diris, la unua kondiĉo estas, ke li estu riĉa. Sed ŝi deziras krome viron laboreman, kuraĝan, pli malpli samaĝan, viron, kiu sukcesis en sia profesio kaj tiel fakte elmontris sian valoron. Industriiston, ekzemple ...»

«Jes, mi vidas.»

«Sed estas aspekto tre delikata en ŝia decido, kaj sekve en mia tasko. Mi ne dubas, ke vi komprenos ŝian deziron: la alia persono devas ne scii, ke ŝi turnis sin al edziĝ-agentejo. Se diri la veron, ŝi tute ne ŝatas la ideon uzi viajn servojn. Ŝi tion akceptis nur, ĉar ŝi ne kredas je la eblo solvi sian problemon alimaniere, sed la ideo tre malplaĉas al ŝi. Ŝi hontas.»

«Nu, jes, mi povas tion kompreni, sed ... Kion mi povas fari? Mia rolo estas konigi unu al la alia personojn, kiuj aperas kapablaj ekami sin reciproke. Se mi ne povas sciigi al ŝi la nomon de eblaj vivkunuloj, kion mi povos fari?»

«Ĉu vi ne povus komuniki ilian nomon al mi? Ŝia grafina moŝto petis min peri plej diskrete. Mi konas ŝin tre bone, kaj ŝi havas plenan fidon al mi. Mi povus viziti la koncernajn personojn, vidi mem, ĉu ili taŭgos ... Ne estas ia ajn risko por vi: geedziĝo ne okazas, se unu el la koncernatoj ne diras ‹jes›, kaj je sia aĝo, ŝia grafina moŝto scias, kion ŝi faras.»

Diana rigardis Ciprianon tre longe. Sed la ideo, ke li parolas malvere, kaj ke la grafino nenion scias pri la afero, ne venis en ŝian kapon.

«Bone», ŝi fine diris. «Se iu prezentiĝos, kiu respondas al la deziroj de via grafino, mi ekrilatos kun vi.»

ĈAPITRO 4

La ĉielo bluis, la birdoj kantis, la aero varmetis agrable: ŝajnis, ke la tuta naturo decidis montri sin plej gaja por bonvenigi Johanon, la sekretarion de s-ro Pipelbom, kiam, la sekvantan matenon, li eliris el la hospitalo. Ankoraŭ iom pala, li ĝojis senti sin denove sana.

Li konis sian mastron, li sciis, ke kiam tiu ion decidis, li ne ŝanĝas sian ideon, sed efektivigas ĉion necesan por trafi la celon, kiun li difinis al si.

Tamen, ĉi-foje, Johano duone atendis, ke s-ro Pipelbom ne restos firma ĉe sia decido serĉi edzinon pere de agentejo. Verdire, li ne estis tute certa, ke la vizito de lia mastro okazis reale. Ĉu ne lia malsaneca stato lin igis imagi ĝin? Mire do li aŭdis la riĉulon tuj informiĝi, ĉu li jam faris la necesajn aranĝojn.

«Sinjoro, mi ĵus eliris el la hospitalo, kaj al la oficejo tuj venis. Mi ne havis tempon. Ĉu vere vi deziras, ke ...?»

«Kompreneble. Vi aŭdis min, ĉu ne?, kiam mi vizitis vin en tiu terura loko. Vi jam perdis tempon venante oficejen. Iru tuj!»

Johano rapidis for, sed – ĉar li estis singarda – antaŭe petis s-ron Pipelbom subskribi paperon, en kiu estis dirite, ke Johano reprezentas la konatan industriiston en ties edzinserĉado. Ne taŭgus, ke la homoj en la agentejo malfidu lin. Plena je memfido, kaj scivolema, li eniris en ties oficejon.

«Ĉu tiaj estaĵoj envere ekzistas?» demandis al si Diana Belpar, admirante la belulon, kiu ĵus envenis.

Johano ja estis alta junulo, brunhara, blu-okula, kun kortuŝa vizaĝo kaj rideto kapabla igi iun ajn knabinon sekvi lin ĝis la mezo de Saharo. Krome, io tre simpla en lia sinteno tuj sentigis, ke li ne rigardas sin supera al la homoj, kiuj ne havas la feliĉon esti same bele kunmetitaj. Kaj tiu simpleco igis lin eĉ pli altira.

«Ĉu tiaj estaĵoj ekzistas envere?» li pensis sammomente. Li antaŭe opiniis, ke tia beleco ekzistas nur en filmoj. Lia koro batis forte. Li sentis, ke jam li komencas enamiĝi al ŝi.

«Mi ne venas propranome», li ekparolis, apenaŭ elportante

la kortuŝan povon de tiuj mirindaj okuloj. (Li sentis timete, ke li preskaŭ povus ruĝiĝi, maloftega okazaĵo ĉe li).

«Je kies nomo vi do venas?» muzikvoĉis la kisinda buŝo.

«Jen», Johano respondis, kaj li transdonis la rajtigilon subskribitan de s-ro Pipelbom. Diana Belpar ĝin legis atente.

«Mi estas la sekretario de s-ro Pipelbom,» la junulo diris, tuj kiam ŝi finis la legadon, «kaj li petis min veni ĉi tien por prezenti lian deziron. Ĉar li estas tre vaste konata homo, mi opiniis, ke estus saĝe peti de li ion skribitan. Sen ĝi, vi eble imagus, ke temas pri ŝerco!»

«Efektive», Diana respondis.

Tiu dokumento senpezigis ŝin. Male al Cipriano, kiu disradiis seriozecon per la tuta sinteno, ĉi tiu agrabla junulo povus esti, ekzemple, studento fi-ŝercema.

«Kio precize estas lia deziro?» ŝi demandis.

«Li estas kvindekjara, tre riĉa. Li tiris neimageblan riĉon el diversaj produktoj, el kiuj unu el la plej novaj estas tabako sentabaka, pri kiu vi certe aŭdis, ĉu ne?»

«Jes. Tiu produkto ebligas al homoj fumi kun la sama plezuro, kvazaŭ estus tabako, sed sen ties malbonaj efikoj al la sano.»

«Ĝuste. Nu, li estas tre riĉa, kaj nun volas edziĝi. Sed li ne deziras junulinon, kiu akceptus lin por la mono. Li esperas trovi pli malpli kvindekjaran virinon, sufiĉe monhavan, kapablan paroli interese pri plej malsamaj temoj, bonfartan, ŝatantan bone manĝi kaj trinki, kaj ankaŭ vojaĝi. Vi vidas. Li tute ne zorgas pri tio, ĉu ŝi estas bela aŭ ne. Li bezonas kunulinon, kun kiu li povu vojaĝi kaj diskuti pri ĉio.»

«Dankon, sinjoro. Vi donas al mi sufiĉe precizan bildon pri tio, kion via mastro deziras. Mi tre ĝojas: tio faciligos mian taskon. Ĉu mi kontaktu lin, aŭ vin, kiam mi povos sciigi la nomojn de interesaj eblulinoj?»

«Min, kompreneble. Li havas tre multe por fari kaj ne havas tempon por prizorgi mem la aferon. Li havas plenan fidon al mi, kaj scias, ke konante lin tre bone, mi prezentos al li nur personojn, kiuj vere respondas al lia deziro.»

Dum la senvorta momento, kiu sekvis, Johano direktis al Diana sentoplenan rigardon.

«Mi ... mi ... mi ne dubas, ke vi sukcese aranĝos la aferon. Eeee ...»

Ŝi estis notanta ion, sed lia subita sin-interrompo igis ŝin levi la okulojn al li.

«Ĉu s-ino, aŭ f-ino Belpar?» li demandis, iom singĝene.

«Mi ne ŝatas tiujn vortojn, sed se vi volas scii, ĉu mi estas edzino, la respondo estas: ne. Mi eĉ ne havas vivkunulon. Mi estas libera, kaj tre alte taksas mian liberecon.»

«Se vi estas libera, ĉu mi povas inviti vin al vespermanĝo hodiaŭ?»

Ŝi ridetis.

«Mi ne estas tiel absolute libera. Ne. Por ĉi tiu vespero mi planis ion alian, sed mi estos libera morgaŭ, kaj tute konsentos uzi tiun liberan tempon kun vi, se taŭgos ankaŭ morgaŭ.»

«Taŭgos. Kaj estos por mi granda ĝojo. Ĉu mi venu ĉi tien?»

«Ne. Mi iros al mia apartamento por igi min bela. Mi tie atendos vin je la ... ĉu la oka? Jen mia adreso. Ej! Ne foriru», ŝi krietis, vidante lin ekstari kaj turni sin al la pordo. «La servoj de tiu ĉi agentejo ne estas senpagaj. Mi devas klarigi la monan aspekton de nia aranĝo, kaj la interkonsenton vi devos subskribi.»

ĈAPITRO 5

En sia oficejo, plej moderne meblita, s-ro Pipelbom sidis en brakseĝo kaj pensis. Li rondrigardis sian oficejon. Li ŝatis ĝin. Ĝi estis vasta, riĉomontra kaj komforta: ĝi signis potencon.

Li pensis pri sia domo. Jes, li ŝatis ankaŭ sian domon, pro la samaj motivoj, kaj la tutan bienon ĉirkaŭ ĝi. Sed nun ... Ekkolero kaptis lin. Tiuj diablaj socialistoj ... Estas hontinde, fari tion al li. Forpreni eron el lia bieno, kaj do el lia potenco! Kiel eblas? Kaj tamen ...! Li sciis, ke ili estos pli fortaj. Eĉ lia tuta mono ne povos ŝanĝi ilian nekredeblan decidon, en la nuna politika situacio. Edziĝo, siaflanke ...

Dum, videble, li profunde pensadis, Johano lin rigardis, respekte atendanta. Li konis sian mastron. Li vidis, ke decido formiĝas en lia menso. Ne necesos multa tempo, por ke li konu ĝin.

«La respondo estas jesa», la mastro fine deklaris kun la solena voĉo de prezidanto leganta al la kunsidantoj la rezulton de voĉdono. «Mi edziĝos al grafino Montokalva.» Kaj li silentis.

Li pensis al ŝi. Li neniam ŝin renkontis, sed pri ŝi li sciis multon: malbela, sed supere inteligenta virino, konata kiel ridema ĝojulino, ĉiam ema ŝerci kaj aliri la vivon el plej pozitiva angulo; kvankam fojfoje impresa, ŝi estis, laŭdire, fakte simpla persono, kun simpla rigardo al la mondo.

Nelonge, tamen, lia penso restis ĉe ŝi. Lia revo rapide transiris al ŝia kastelo. Vivi tie estus dono de la dioj. Hodiaŭ, kiam la nova plimulto en la urba konsilantaro – tiuj aĉaj socialistoj – decidis fari publikan promenejon laŭlonge de la rivero kaj tiel forŝteli parton de lia tiea bieno, li sentis pli kaj pli la emon iri vivi aliloke. Ĉu la kastelo de Montokalva ne estus plej miranda vivloko? Ĉu ĝi ne estus eĉ pli bela signo de potenco ol lia nuna riĉula domo ĉe-rivera? Jes, ju pli li pensis pri ĝi, des pli la ideo plaĉis.

«Ĉu vi scias ion plian pri la afero?» li demandis sian sekretarion.

«Jes,» tiu respondis, «ion, kio ne simpligas la situacion, bedaŭrinde. La grafino volas, ke oni absolute ne sciu, ke ŝi deziras edziniĝi pere de agentejo. Vi do devos aranĝi renkontiĝon tiamaniere, ke ĝi aspektu kiel eble plej natura, neplanita.»

«Nu, tio estas via tasko, knabo. Vi aranĝu ion, por ke ni renkontiĝu. Restu al mi nur aliri ŝin kaj diri: ‹Grafino, mi deziras edziĝi al vi. Bonvolu subskribi la interkonsenton.›»

«Ne, ne, ne, ne, sinjoro. Ne eblus. Tiel vi fuŝus ĉion. Sed, se vi permesas la demandon, ĉu vi estas tute certa, ke vi volas edziĝi al ŝi? Ĉu vi ne deziras konsideri aliajn eblojn?»

«Ne. Mi decidis. Vi donis al mi ĉiujn informojn pri ŝi: ili konfirmas, kion mi aŭdis diversflanke. Ŝi estos mia edzino. La celo estas decidita. Nur restas difini la rimedojn.»

Rapidvola s-ro Pipelbom ĉiam estis, kaj al tiu eco Johano delonge kutimiĝis, sed ke, ne konante virinon, lia mastro firme decidis ligi sian vivon al ŝi, nur post kelkminuta konsiderado, tio estis malfacile kredebla. Tamen, estis fakto: la tuta sinteno de s-ro Pipelbom, kaj lia vizaĝa esprimo, ne lasis pri tio eĉ plej malgrandan dubon.

«Mi diskutis la aferon kun la ĉefservisto de sinjorino la grafino», Johano plu parolis. «Li diris al mi, ke plej bone estus agi tiamaniere, ke ŝi renkontu vin en cirkonstancoj, en kiuj vi aperu kiel eble plej admirinda, t.e. en cirkonstancoj, kiuj veku amon de ŝi al vi.»

«Ĉu la simpla fakto, ke la fama Adriano Pipelbom proponas al ŝi geedziĝi, ne sufiĉus, por ke ŝi jesu?»

«Ne. Virina menso ne reagas, kiel tiu de aĉetanto. Vi devas estigi amon en ŝi, aŭ vi malfeliĉos dum la tuta posta vivo.»

«Verŝajne vi pravas. Sendube vi pravas. Jes, mi komprenas. Mi devas prezenti min al ŝi tiamaniere, ke ŝi ekamu min. Sed kiel fari? Kiel oni vekas amon en virino? Ĉu vi scias? Ĉu vi havas ideojn?»

Johano hezitis. Li preskaŭ komencis paroli, fakte jam malfermis la buŝon, sed tuj refermis ĝin.

«Mi vidas, ke vi havas ideon. Kial vi ne diras ĝin tuj?»

«Pardonu min, sinjoro. Mi konsideras, ĉu ĝi taŭgos aŭ ne. Nu, mi submetu ĝin al vi. Mi pensis jene: se oni savas homon el danĝero aŭ malagrabla situacio, la savito emas ami la savinton, ĉu ne?»

«Prave! Tute brila ideo! Ni provu estigi situacion, en kiu mi povos aperi kiel iu, kiu savis ŝin el terura danĝero. Tio certe efikos.»

«Se ni tr...»

Pipelbom interrompis.

«Jen mi havas ideon: vi faligos ŝin en la riveron, kaj mi staros apude, kaj ĵetos min en la akvon, kaj ŝin savos.»

«Ĝuste pri simila situacio mi pensis, sed via propono enhavas malfacilaĵon: ĉu vi vere kapablus savi ŝin?»

Pipelbom enpensiĝis dum minuto.

«Mi timas, ke ne», li fine diris. «Mi malbone naĝas. Kaj savi ... nu, tio eble ne estas facila. Ni trovu ion alian.»

Ambaŭ viroj profundiĝis en longa silenta pensado. Fruktodone.

***

«Diana!»

«Jes, Johano.»

Ili sidis en agrabla restoracio, en angulo trankvila, kie oni forgesis la ĉeeston de aliaj manĝantoj. Li metis sian manon sur ŝian.

«Antaŭ kelkaj tagoj mi estis en hospitalo. Prizorgis min tie tre bela flegistino, Lucia. Mi opiniis, ke mi amas ŝin, sed ...»

«Sed ...»

«Sed nun ne plu. Estas evidente, ke mi povas ami nur vin.»

«Estas evidente, ke la suno turniĝas ĉirkaŭ la tero, ĉu ne? Tion vi certe vidis mem, konstatis propraokule. Ĝi ekaperas el unu flanko kaj malaperas ĉe la alia flanko, ĉu ne?» ŝi rebatis, kun rido en la okuloj, sed buŝo serioza.

«Kion vi volas diri?»

«Ke kelkaj ideoj estas evidentaj, sed neĝustaj.»

«Diana!»

«Nu, mi ne scias. Eble vi povas ami nur min. Kompatindulo!»

«Kial mi estus kompatinda?»

«Ĉar mi trompos vian atendon.»

«Ĉu vere?»

«Jes. Mi decidis resti sola dum la tuta vivo. Aŭ almenaŭ senvira.»

«Tiu ideo estis bona antaŭ ol vi renkontis min. Sed nun ne

plu. Evidente mi estas la viro por vi.»

«Ne, ne, amiketo. Mi estas la Liber-ama Virino.»

«Vi komedias. Vi ludas rolon. Sed profunde en vi, vi certe sentas, ke iutage vi decidos vivi kun viro: mi.»

«Mi ne komedias. Mi vidis tro da malfeliĉaj paroj, kaj mi diris al vi la veron. Kaj tamen, se mi komedius, mi komedius tiel bone, ke vi tion tute ne rimarkus.»

«Kial?»

«Plej simple: ĉar mi estas ano de amatora teatra grupo. Ĉu mi neniam tion diris al vi? Kompreneble ne, ni apenaŭ konatiĝis.»

«Sed vi havas la impreson, ke ni konas unu la alian jam de longe, kaj ke mi scias ĉion pri vi. Tio estas signo. Signo, ke vi amos min. Vidu, vi perfidis vin mem. Vi ne estas tiel kapabla ludi teatre, kiel vi imagas.»

«Ho jes, mi estas kapabla. Tio estas kontrolebla fakto, publike konata. Mi lernis ludi ĉiajn rolojn plej versimile.»

La menso de Johano rapide laboris. Teatra grupo amatora! Tio helpus por realigi la ... Kaj tio estus bona motivo por revidi ŝin kaj vidigi al ŝi, kiel malsaĝa ŝi estas en sia sinteno pri viroj, aŭ almenaŭ pri La-Viro-Por-Ŝi.

«Teatra grupo, ĉu?» li diris. «Interese. Aŭskultu. Ĉu vi opinias, ke viaj samgrupanoj akceptus partopreni en iu ludo kun mi?»

Kaj per plej mallaŭta voĉo li klarigis la planon.

ĈAPITRO 6

Oftege, kiam ŝi estis infano, Elza revis, ke ŝi estas la grafino. Strange, se konsideri, ke ŝi havis la freŝecon de l' junaĝo, dum grafino Montokalva estis fama pro sia malbeleco: misturnita nazo, tro vasta buŝo en vizaĝo tro longa kaj haroj rifuzantaj ordiĝi kunformis kapon senharmonian («ĉevalecan», kelkaj diris) kaj la vireca korpo kun la tro fortaj ŝultroj ne helpis forpreni ĉe vidanto la penson, ke kiam Naturo faris ŝin, ĝi fuŝis sian laboron.

Sed por Elza la grafino estis iu tute speciala. Ŝi havis kastelon, dignecon, potencon, kaj la tono, kiun uzis la patro por paroli pri ŝi – «grafina moŝto»! – ĉiam pensigis pri mistera, kvazaŭ pra-devena supereco. Krome, ŝi havis ĉevalon.

Ĉiumatene je la sepa, la grafino surmetis specialajn rajdajn vestojn kaj surĉevalis promene, ĉiam sur la samaj vojoj. Sur sia ĉevalo, kiel bela, kiel potenca ŝi aperis!

Ekde la infaneco, Elza, kiu pli malpli scipovis rajdi, revis pri la belaj rajdovestoj de l' grafino, kaj pri ties supereca sinteno dum la ĉeval-promenado matena. Se foje, eĉ nur unufoje, ŝi povus ludi ŝian rolon ...

Kaj jen la mirinda okazo prezentiĝis.

Kiam Nikolao, ŝia amata kemiisto, sinĝene petis ŝiajn ideojn pri la eblo provi en reala situacio la substancon, super kiu li laboris jam de longe, kun la espero ĝin vendi al la ŝtata spiona servo, kiu – laŭ la konfidencoj de amiko – tre deziris havi ion similan, ŝi tuj sciis, al kia praktika celo ĝi povos aplikiĝi. Temis ja pri substanco, kiu, en malgranda kvanto, igis bonhumora, sed samtempe malhelpis la menson efike funkcii, kaj kiu, en difinita, pli granda kvanto, estis dormigilo kun apartaj karakterizoj.

Nun, estis kelkaj minutoj antaŭ la sepa matene. Elza staris en la dormĉambro de la grafino kaj rigardis kun forte batanta koro ties profundegan dormon. La substanco de Nikolao belege efikis. Tute trankvile, Elza iris al la granda ŝranko, kie multaj rajdovestoj pendis. Ŝi elektis malrapide, sin vestis kaj admiris sin en la alta spegulo. Diri, ke tiuj vestoj perfekte taŭgis, estus paroli malvere, sed ne tiu detaleto fuŝis ŝian plezuron.

La plezuro iĝis eĉ pli granda, kiam ŝi rimarkis la nazumon de la grafino kaj unu el ties perukoj, kiu tie troviĝis sur sia subtenilo. Subpremi la deziron ilin uzi postulus superhoman volforton, kaj Elza ne estis superhoma. Kun silenta gajeco ŝi surmetis tiujn plibeligilojn. Bedaŭrinde, la peruko ne bone teniĝis. Sed en la ŝranko estis almenaŭ kvin aliaj! Tujtuj! Ek! Okazu kompleta grafiniĝo! Unu el tiuj perukoj montriĝis perfekta.

Kiam Elza rigardis sian bildon en la spegulo, ŝi malfacile sin detenis de brua rid-eksplodo. Ŝi sentis sin tute grafina.

Kun larĝa rideto ŝi eliris el la ĉambro kaj paŝis ĉevalejen.

La tuta naturo reciproke ridetis. Neniam la ĉielo tiel bluis, neniam tiel arte kantis la birdoj, neniam la arboj tiel amike signis bonvenigon.

Elza ridis al si tutkore. Endormigi la grafinon per la nikolaa drogo estis infanlude facile, tio montriĝis nur simpla, ĝojiga ŝerco. Kaj realigi je la aĝo de 21 jaroj la deziron plej forte sentatan dum la tuta infaneco! Kio pli ol tio povus doni senton de perfekta, plaĉa rev-plenumiĝo? Ŝi rajdis, rajdis, rajdis plu, feliĉega. Ŝi, finfine, estis la grafino.

«Halt!»

Ili agis tiel rapide, ke Elza apenaŭ konsciis, kio okazas. Kvin maskitaj viroj, kelkaj kun pistoloj, ĉirkaŭis ŝin, ektenis la ĉevalon kaj ŝin kondukis for. Mallibera.

***

Jam la kvinan fojon en kvin minutoj Adriano Pipelbom rigardis la horloĝon. Li stariĝis de sur sia seĝo kaj komencis paŝi sencele en la ĉambro. Li ekbruligis unu el la pipelbomaj sentabakaj cigaroj, sed eĉ tio ne redonis pacon al li. Fine, kvankam estis iom tro frue, li eliris. La atendo ja iĝis neelportebla.

Bela estis la nokto. La luno brilis kaj miloj da steloj okulumis al tiuj el la teranoj, kiuj, kortuŝitaj de la paca somernokto, direktis la rigardon ĉielen, kvazaŭ danke.

Adriano Pipelbom ne estis unu el ili. Li ne interesiĝis pri la steloj, kaj la sentoj, kiuj movis lian koron, neniel rilatis al danko. Li timis.

Ĉiam estas io malplaĉa en la fakto stari atendante iun, kiu ne venas. Se, krome, la atendo okazas nokte en arbareto, kiun trakuras kaj traflugas ĉiaspecaj bestetoj, kiujn ne eblas vidi, sed kies ĉeesto senteblas pro mil bruetoj, ĉiu pli malplaĉa ol la alia, tiam oni havas la impreson, ke oni baldaŭ perdos la saĝon porĉiame. Eĉ se oni nomiĝas Adriano Pipelbom.

La tempo pasis ege malrapide. Nenio okazis. Eĉ la bruetoj similis unu la alian de minuto al minuto, de kvaronhoro al kvaronhoro, alportante neniun diversecon al la unutona etoso de tiu en-arbara gardostaro.

En Adriano Pipelbom la timo pli kaj pli emis transformiĝi en koleron. Kion ili faras? Li alvenis ĉi tien kvaronhoron tro frue, sed ili nun malfruas duonhoron rilate al la firme difinita horo. Ĉu li povos ludi sian rolon taŭge, se ili plu atendigos lin? Kia malserioza generacio! La nunajn junulojn oni vere ne povas fidi.

Tamen, eble okazis io fuŝa, eble io misfunkciis, pri kio ili ne respondecas, ĉu? Li lasos al ili plian duonhoron.

Okazis nenio. La tuta plano malsukcesis. Ne ĉi-nokte Adriano Pipelbom povos savi la grafinon el danĝero, kaj ŝian koron tiel kapti. Li reiris hejmen, brulanta je kolero.

※※※

Adriano Pipelbom ne estis homo, kies koleroj forsvenas per si mem. Nur kiam ili trovis eksteran objekton, ili iom post iom komencas forbruli. Ĉi-foje li decidis direkti la furiozon al sia sekretario. Li paŝis telefonen.

«Mi ne komprenas, sinjoro», respondis la trankvila voĉo de Johano. «Ĉio estis en ordo ĉi-matene. Ili atendis grafinon Montokalva je la antaŭvidita loko, laŭ la indikoj, kiujn mi antaŭe ricevis de la servisto Cipriano pri ŝiaj rajdaj kutimoj. Ili sukcese haltigis la ĉevalon kaj kaptis ŝin. Kiam mi telefonis al ili tagmeze, ili certigis, ke ili transirigos ŝin ĉi-nokte el la urbo al tiu kampara dometo, pri kiu ni interkonsentis, kaj kien oni povas alveni nur piede tra la arbareto. Ili konfirmis, ke ili pasos je la 22:25 sur tiu arbara vojeto, kie vi troviĝos. Ili rediris al mi, ke ili konas senmanke sian rolon kaj ne dubas, ke ili sukcesos lasi vin superforti ilin tute bone. Ili estas anoj de teatra grupo kaj eĉ provludis inter si, kiamaniere ili helpos vin faligi la tri, unu post la alia ...»

«Vi ne bezonas rediri al mi nian tutan planon. Ankaŭ mi konis mian rolon perfekte. Sed kiel mi povus ludi ĝin, se la aliaj ne venas? Kio okazis al tiu kompatinda grafino? Vi ...»

Johano sentis, ke jen venos la kolera kriado. Kiel jam dirite, li konis perfekte sian mastron, li sciis, kiamaniere paroli al li en similaj cirkonstancoj. Per voĉo samtempe seka, trankvila, kaj tamen plena je respekto li diris:

«Ne havu zorgojn, sinjoro, mi informiĝos kaj tuj sciigos al vi.»

***

Kiam la telefono reaŭdigis sin, Pipelbom ne dubis, ke jen lin vokas Johano, por sciigi la situacion. Li sekve tre miris, kiam alparolis lin iom naza voĉo, al li tute nekonata.

«S-ro Pipelbom?»

«Estas mi. Kiu vi estas? Kion vi volas?»

«Mi parolas nome de la teatraj amatoroj, kiuj aranĝis por vi la kapton de ...»

«Ŝŝŝŝ! Ne diru nomojn ĉe la telefono. Oni neniam scias, ĉu iu ne subaŭskultas nin», interrompis la riĉulo.

Kial, kelkajn minutojn antaŭe, li lasis sian sekretarion telefone raporti plej detale pri ilia plano, kaj nun subite pensis pri la risko de subaŭskultado, neniu povus klarigi. Oni povas esti sukcesa memfarita homo, kaj agi nekonsekvence.

«Nu, vi proponis al ni pagon por tiu laboro, ĉu ne? Verŝajne estus malsaĝe diri telefone, precize kiom, laŭ via propono, ni devus ricevi.»

«Jes, jes, diskretu, mi petegas vin, diskretu. Sed nun», li varmiĝis, «mi postulas klarigojn pri tio, kial vi lasis min atendi dum tuta nokto en loko plej malplaĉa, dum vi devis plenumi taskon precizan kaj facilan.»

«Ne koleru, s-ro Pipelbom, ne koleru. La afero estas simpla. Unu el ni subite konsciiĝis, ke grafino valoras multe pli ol vi proponis. Nun, kiam ni tenas ŝin kaptita, kial ni redonus ŝin kontraŭ difinita sumo, se ni povas postuli de vi la dekoblon?»

«Kion? Vi ... Vi postulas la dekoblon?»

«Jes. Bonvolu pripensi iomete. Ni havas la grafinon. Ni povas fari ion ajn el ŝi. Kial ni ne uzus tiun okazon por tiri el vi sumon, kiu por ni estos granda kaj grava, dum vi eĉ ne sentos ĝian mankon?»

«Nu ... Sed ... Vi estas aĉuloj! Mi tuj informos la policon, kaj ...»

«Ne, sinjoro, vi ne informos la policon. Vi perfekte scias, ke se vi tion farus, ni devus suferigi la grafinon, eble eĉ mortigi ŝin. Vi ne akceptus respondeci pri tia fi-ago, ĉu?»

«Sed ...»

«Aŭskultu, sinjoro. Mi sufiĉe parolis. Mi lasos vin pripensi la aferon. Nun estas malfrue. Mi revokos morgaŭ por aranĝi detale la pagon kaj la redonon de la grafino, eble ankaŭ kun vi en la rolo de savanto.»

«Klik», faris la telefono, antaŭ ol Pipelbom havis la tempon malfermi la buŝon.

Li ekstaris, kaj iris preni glason, kune kun botelo da brando. Refortigilon li nepre bezonis.

***

Johano iĝis ege pala.

«La aĉuloj!» li kolervoĉis.

«Kion ni faru?» demandis lia mastro, kun la tono de homo tute senhelpa.

Ambaŭ enpensiĝis.

«Ĉu la polico?» demandis Pipelbom.

«Ne. Tro danĝere. La sola solvo estas pagi. Finfine, via celo estas aperi al la grafino kiel savanto. Ni ne plu bezonas la enarbaran teatraĵon. Se la grafino eksciŝs, ke kiam ŝi estis kaptita, vi estas tiu, kiu proponis pagi por ŝia liberigo, vi estos efektive tiu, kiu savis ŝin. Ŝi estos kortuŝita, kaj tute certe same dankema, kiel en nia unua plano. Eble eĉ pli, ĉar ĉi-foje la afero aperos pli reala.»

«Eble vi pravas. Tamen, mi ne ŝatas la ideon jesi al tia ĉantaĝo. Mi proponas, ke ni ne decidu hodiaŭ. Dormi ĝenerale helpas trovi solvon al problemo. Ni reparolos pri tio morgaŭ matene. Sed mi postulas, Johano, ke vi havu ideojn!»

ĈAPITRO 7

La grupo ridegis.

«Kion ni faros morgaŭ, se li konsentos pagi?» junulo demandis.

Ĉiuj rigardoj turniĝis al la ĉefo.

«Ni akceptos la monon,» tiu diris post silento, «kaj tuj redonos ĝin al li. Ni ne estas malhonestuloj. Ni ŝercis, kaj tion ni diros al li. Li verŝajne koleros, krios, ke nia humuro al li ne plaĉas. Mi respondos, ke niaj humursentoj malsamas, kaj ke mi persone trovis la ŝercon plej ĝojiga. Estas fakto, ke nia komedieto tre plezurigis min. Vi havis bonegan ideon, Ĝeraldo. Estas agrable senti sian potencon super fama potenculo.»

«Sed ĉu li ne riskas fari al ni malagrablaĵojn?» demandis knabo, kiu ŝajnis ne pli ol 16-jara.

«Kian malagrablaĵon? Li povus fari nenion kontraŭ ni sen igi la aferon publika. Kaj tion li ne faros, ĉar li aspektus ridinda. Imagu! Se la ĵurnalistoj eksciuŝ pri tiel bela aventuro, kiel bele ili priskribus ĝin! Aperus en ĉiuj ĵurnaloj raportoj pri la longa atendonokto de la fama Pipelbom. Ili humure rakontus, kiel li timete atendis la momenton roli kiel savanto al grafino, kaptita, laŭ lia peto, de pseŭdo-fiuloj, kaj insistus pri la fakto, ke la tuta pseŭdo-savo estis aranĝita por havigi al li okazon tuŝi la koron de tiu virino, al kiu li enamiĝis.»

«Vi pravas,» diris knabino, «li estas inteligenta. Li ne elportus tian ridigan baton al la pipelboma nomo.»

«Tial ni havas povon superan al li,» diris barbulo, kiu estis agema en sindikataj rondoj, «kaj tio donas al mi ideon. Kiam li savos la grafinon el nia aĉa bando, ni nepre devos foti lin. Vi scias, ke la lastan peton de nia sindikato pri la labor-kondiĉoj li forĵetis malestime. Ni povus postuli, ke li akceptu ĝin, dirante: se vi ne konsentos, ni publikigos la tutan aferon, kaj nia dokumentaro enhavas fotojn, sur kiuj oni bone rekonas vin.»

«Tio estus aĉa ĉantaĝo, ĉu ne?»

«Kompreneble. Ankaŭ striko estas ĉantaĝo: se vi ne kontentigos nin, ni ne laboros. Ankaŭ la sinteno de mastro ofte estas ĉantaĝa: se vi ne akceptos tiun aŭ tiun ĉi laborkondiĉon, aŭ salajron, mi forĵetos vin el mia laboristaro. En la homa vivo, ĉant...»

Interrompis lin junulo, kiu alvenis el alia ĉambro, kaj parolis kolerete:

«Ej, Barbo, ĉu vi forgesis la horon? Jam de dek minutoj mi devus partopreni en via kunĝojado. Estas via vico gardi ŝin.»

La barbulo ekstaris, demandante:

«Kion rakontas nia kara grafino?»

«Ĉiam la samajn aferojn: ŝi diras, ke ŝi ne estas grafino Montokalva, kaj ke ŝi dezirus dormi, sed ne povas, ĉar, laŭ ŝi, ni faras tro da bruo. Memkompreneble ŝi diras, ke ŝi ne estas la grafino. Se mi estus en ŝia loko, ankaŭ mi dirus la samon, ĉu ne?»

«Klare. Ŝi ne povus diri ion alian. Ne gravas. Sidiĝu, Ĵoĵo, kaj prenu glason. Ni esperu, ke Barbo estos same bona gardisto kiel vi, kaj ne tro suferigos nian belan kaptaĵon per longaj paroladoj pri la sociala stato de la lando.»

«Ne parolu pri li malbone. Eble li estas la sola, kiu sukcesos dormigi ŝin. Ŝi nur lasu lin klarigi pri la vivo ekonomia kaj sociala. Post kvaronhoro ŝi dormos nevekeble.»

***

Barbo estis for, Ĵoĵo estis for, ĉiuj aliaj estis for. Restis nur Ĝeraldo, tiu, kiu akceptis gardi ŝin tutnokte. Sin refoje certiginte, ke la «grafino» dormas, kaj ke li estas sola, li aliris la telefonon.

«Janpaŭlo!»

«Jes.»

«Aŭskultu. Mi havas ideon. Eble tre gravan por nia Movado. Ĉi tie troviĝas sub mia gardo grafino Montokalva ... Kion? ... Mi klarigos poste. Sed diru: ĉu ne estus saĝe ...?»

Ankaŭ li ja havis sian planon.

ĈAPITRO 8

La sekvantan matenon, Adriano Pipelbom matenmanĝis en la riĉa domo, kie li loĝis, proksime al la rivero, kaj li rigardis kun miksaĵo el malĝojo kaj kolero la tuj apudan ter-zonon, kiun la socialistaj urb-aŭtoritatoj baldaŭ forprenos de li, por tie farigi laŭriveran publikan promenejon.

«Kiel maljusta estas la vivo!» li pensis, ame rigardante tiun admirindan lokon, kiu estis lia, sed kie post nelonge bandoj da stultuloj kaj fiuloj – eble eĉ kriemaj infanaĉoj, aŭ, brueme, malbelaj junuloj – ne hezitos paŝi, senigante la lokon je ĝia paca, purnatura etoso, kaj ridante pri li kun aĉa sento de supereco. (La alia vidpunkto – laŭ kiu estis maljuste, ke unu sola homo proprigu al si longan zonon de tero en la plej rigardinda parto de la regiono ĉirkaŭ-urba – tute ne trafis lian menson).

«Jes, la vivo estas maljusta», li laŭte ripetis, portante al sia buŝo la tason da kafo, kiu troviĝis antaŭ li. Kaj por forgesi pri siaj zorgoj, li direktis sian atenton al la radio, kiu funkciis, kiel ĉiumatene, kiam li matenmanĝis.

Li preskaŭ faligis la tason, tiom la novaĵo lin skuis. Ĝi tekstis jene:

«Anoj de la Movado por Vera Eŭropo alsaltis kaj kaptis grafinon Montokalva hieraŭ, dum ŝi faris sian ĉiutagan rajdan promenon. En telefon-alvoko ĵus direktita al la Tutlanda Inform-

Agentejo, ili deklaris, ke ili mortigos ŝin, se oni ne liberigos tri sambandanojn, kiujn nun tenas la polico. Temas pri Paŭlo Kravata, Sofia Melinor kaj Jano Superŝuto, kiuj estis arestitaj antaŭ unu semajno …»

«Johano! Ĉu Johano estas ĉi tie? Kie sin kaŝas mia fi-sekretario?» li kriegis furioze.

La junulo, kiu devis esti ĉiumatene je la servo de sia mastro, liahejme, tuj alvenis, trankvila.

«Ha! Jen vi estas! Vi scias, ĉu ne?, kion vi faris!»

«Mi scias, kio okazis al la grafino», reĝustigis la junulo. «Mi ĵus aŭdis la radion.»

«Jen al kia katastrofo kondukis nin via stulta plano! Kiel vi sukcesis, ke ŝi transdoniĝu al teroristoj? Ĉu vi bonvolos klarigi? Ĉu ankaŭ vi volas ĉantaĝi min? Kiun ludon vi ludas? Diru! Diru do! Ĉu vi estas kun mi aŭ kontraŭ mi?»

«Mi estas via plej sincera servanto, sinjoro», Johano respondis tiel pace, ke Pipelbom jam komencis retrovi iom da trankvilo.

«La situacio estas tre delikata,» li daŭrigis, «sed certe ni trovos solvon. Vi rimarkis, ke la radio ne parolis pri via rolo en la afero. La teroristoj do verŝajne ne scias, ke la unua kapto de la grafino rilatas al via edziĝdeziro. Tiu penso estas trankviliga, ĉu ne?»

Laŭ sia vizaĝo, Adriano Pipelbom havis aliajn ideojn ol la sekretario koncerne trankviligajn pensojn.

«Elpensu solvon», li diris postulvoĉe. «Ke ni troviĝas en la nuna situacio, tion kaŭzis vi, kaj via imagriĉa plano. Se vi ne solvos la aferon rapide kaj sen malbonaĵo por mi, vi povos serĉi alian oficon. Iru! Mi ne bezonos vin hodiaŭ. Mi bezonas esti sola.»

Pala, Johano eliris kun premata koro. Li sin demandis, kiel, diable, li povos elturni sin.

ĈAPITRO 9

«Sed kio okazis? Kiel eblas?» Barbo insiste demandis.

«Mi ne scias», la telefona voĉo respondis. «Neniu scias. Pluraj el ni provis telefoni, sed neniu respondas. Verŝajne, tiuj teroristoj rimarkis, ke ni havas la grafinon kun ni, kaj deziris profiti la okazon. Ni estis malsaĝaj lasi ŝin sub la gardo de Ĝeraldo sola, des pli, ĉar li estas tiel malforta knabo. Certe ili alsaltis lin kaj forportis la grafinon, la diablo scias, kien.»

***

Dum s-ro Pipelbom komencis matenmanĝi, je kelkaj kilometroj for, la telefono vekis la ĵus priparolitan Ĝeraldon, la maldikan knabon, kiu gardis Elzan, misprenitan por la grafino.

«Ej! Kion vi faras? Mi bezonis duonhoron por venigi vin al la telefono», sonis voĉo malkontenta. La ĉefo.

«Mi ... mi ... mi dormis», respondis Ĝeraldo, provante superi ankoraŭ fortan emon fermi la okulojn kaj lasi sian menson flugi sonĝolanden.

«Mi diris al vi hieraŭ, ke por unu nokto ni povas lasi ŝin tie, sed ke ni nepre devos transloki ŝin hodiaŭ. La afero fariĝis urĝa, ĉar Karlo miskomprenis min kaj transdonis la novajon tro frue al la Tutlanda Inform-Agentejo. Iru tuj konduki ŝin al

Punkto 3. Margarita enirigos vin.»

«Bone. Mi iros tuj.»

Ĝeraldo paŝis al la ĉambro, kie dormis Elza. Li ŝin rigardis. Ŝi estis tre bela. Ŝi dormis tiel pace, ke ŝia vizaĝo estis tute malstreĉita, kaj tio eĉ pli beligis ŝin.

Rigardante ŝin, li sentis pli precize, kaj dolore, sian malsuperecon. Li estis maldika, malforta, malsaneca, «apenaŭ duonviro», foje diris al li laborkunulo. Eble ĝuste tiu sento pri nesufiĉeco igis lin aliĝi al la Movado por Vera Eŭropo: kunagi kun tiu politika movado estis trovi fratecon ĉe homoj fortaj, kiuj agis «fortule» – sen kulposentoj – por anstataŭigi la «malfortan» demokration per ŝtato pli vireca, pli militema; kunlabori kun ili estis trovi en la grupo virecon, kiun li nur malsukcese serĉis en si mem.

Kaj nun li devis veki la kaptitan virineton kaj konduki ŝin for. Sed kion li faros, se ŝi kontraŭstaros lin? Pli ol iam ajn li sentis kun malgajo sian senmuskolecon. Li ne estis impresa. Male, ŝia beleco, ŝia evidente perfekta sano impresis lin. Li devos trovi en si kiel eble plej multe da volforto, kaj ĝin esprimi per plej firma parolmaniero – subdirante, ke ŝi riskos multegon, se ŝi ne obeos – por ke ŝi akceptu sekvi lin.

Li iom skuis ŝin, por ŝin veki. Ŝi restis trankvile dormanta. Li skuis ŝin pli forte. Ne efikis.

Elza estas unu el tiuj personoj, kiuj fojfoje malfacile endormiĝas, sed kies dormo, kiam ĝi fine ilin prenis, tenas ilin kun grandega forto. Ĉi-foje, tuta tago da aventuroj kaj duonnokto da konstanta laŭta bruado, parolado, ridado fare de ŝiaj kaptintoj, sekvata de pluraj horoj da soleca zorgado en loko nekonata, eĉ pli ol kutime malhelpis fruan endormiĝon. La mankon ŝi nun kompensis per aparte profunda dormo.

Memorante, ke disponebla aŭto, kies ŝlosilojn li havas, staras tuj antaŭ la domo, Ĝeraldo decidis porti ŝin en ĝin. Ke ŝi profunde dormis, tio estis des pli bona, ĉar tiel li ne devos timi ŝian kontraŭstaron. Sed ve! Kiom ajn li streĉis la fortojn, ŝia pezo ilin superis. Li tute ne sukcesis ŝin levi.

Malkontenta pri si, li timeme decidis telefoni al la ĉefo.

«Kompreneble vi ne povus ŝin levi», tiu diris malestime. «Veku ŝin. Uzu malvarman akvon, frapetu ŝin, kriu en orelon aŭ faligu planken bru-farajn objektojn apud ŝi. Trovu ion ajn, sed, je la nomo de l' diablo, veku ŝin, veturigu ŝin kiel eble plej frue al Punkto 3. Kaj telefonu al mi, tuj kiam vi alvenos.»

Ĝeraldo ne trovis la situacion ĝojinda. Li pli kaj pli sin demandis, ĉu li agis saĝe proponante uzi la kapton de la grafino por la celoj de la Movado. Sed la fakto, ke la respondo estis nea, tute ne helpis lin.

Kun ĝemspiro, li iris preni malvarman akvon.

La reago de Elza estis tuja kaj rekta. Ŝi ne plene vekiĝis. Duondormante, ŝi sentis, ke iu ĝenanto intervenas en ŝian plaĉan sonĝon, kaj ke tio postulas forigon de la ĝeno. Ŝi ne bezonis unu sekundon por, per unu bato tute preciza al lia orelo, boksi Ĝeraldon for. Dum li falis, la kapo de la knabo trafis la muron tiel forte, ke li svenis. Ne plu ĝenata, Elza retrovis plezure sian sonĝon.

***

La loko nomata «Punkto 3» en la sekreta lingvaĵo de la bando ne estis tre malproksima. Ne ricevinte informojn post pli ol duonhoro, la ĉefo komencis zorgi. Li mem ne povis forlasi sian laboron, sed li povis telefoni. Li do alvokis Adamon, anon de la bando, iri al la apartamento, kie la kaptita virino kaj Ĝeraldo troviĝis, vidi, kio tie okazas, kaj helpi laŭeble.

Kiam Adamo sonorigis ĉe la pordo, la sono vekis Ĝeraldon, sed tiu ne estis tre firma sur siaj kruroj, kiam li ekstaris. Li malŝlosis la pordon.

«Kio okazis? La ĉefo furiozas!» Adamo diris.

Ĝeraldo rigardis lin kun stranga esprimo. Li sentis sin nebone, kaj emis fali dekstren, verŝajne pro la bato al lia orelo.

«Ĉu ŝi batis vin?» Adamo daŭrigis, rigardante la vizaĝon de Ĝeraldo, kaj konstatante, ke tiu kvazaŭ perdis la povon paroli. «Ĉu ŝi forkuris?»

«Batis? Jes. Forkuris? Nu, mi ne scias. Ŝajnas, ke … Eble …»

Adamo trakuris la apartamenton, brufermante ĉiujn pordojn, kolere maltrankvila.

«Jen ŝi estas», li kriis. «Ŝi dormas. Ni veku ŝin.»

Frapante ŝian vizaĝon kun forto, li estigis en Ĝeraldo senton de admiro. Tiu ja ne kuraĝus uzi similan forton ĉe tiel bela vizaĝo. El la vidpunkto de efikeco, la metodo estis ĝusta: Elza duone vekiĝis.

Duone dormante, ne bone sciante, kie ŝi estas, kaj kio okazas al ŝi – sed impresita de la aŭtoritata sinteno de Adamo – ŝi revestis sin, kaj eliris kun ili. Por ke ŝi ne risku liberiĝi, Ĝeraldo tenis tre forte ŝian brakon, kaj la tuŝo al ŝia korpo estigis en li sentojn, kiuj lin maltrankviligis. Ŝajnis, ke ŝi estas pli amebla kaj aminda ol grafino devus esti. Ĉu al Adamo tio evidentiĝis? Eble, ĉar li maldolĉe diraĉis al sia kunulo: «*Mi tenu ŝin, vi ne estas fidinda.*»

ĈAPITRO 10

La enketo pri la grupo terorista «Movado por Vera Eŭropo» rapide antaŭeniris. La policano, kiun ni ekkonis en la komenco de ĉi tiu rakonto, estis sekvinta la telefoninton samloke priparolitan – temis ĝuste pri tiu Superŝuto, kiun nomis la radia mesaĝo – ĝis domo, kies uzon fare de la fi-fama movado la polico jam suspektis.

Iom poste, la polico kaptis Janon Superŝuton, dum li laboris super eksplodaĵoj. Ĝi samtempe trovis tie dokumentojn kun informoj, bedaŭrinde nur partaj, pri la diversaj ejoj, kiujn la grupo uzis por sia fi-cela agado. En la tago, kiam disvolviĝis la ĵus raportitaj okazaĵoj, ĝi decidis aranĝi kaptilon ĉe la punktoj 2 kaj 3. Ĝi do submetis la du koncernajn domojn al konstanta gardado. Oni povas bedaŭri, ke ĝi tiucele uzis virojn tuj rekoneblajn kiel policanojn, sed kion fari? Ĝi ne disponis aliajn por tia tasko.

ĈAPITRO 11

Tiun saman matenon, Cipriano kaj Elvira trankvile fordonis sin al sia tagkomenca manĝo, kiu simple konsistis el pano kaj kafo. Ili estis trankvilaj, ĉar ili sukcesis kuraĝigi kaj esperigi sin reciproke. Ekde kiam ili havis la ideon edzinigi la grafinon al Pipelbom, ili konstante transiris de unu mensa stato al alia: sinsekve venis espero, paco, dubemo, dubo, timo, malespero, reespero, ktp senfine. Nun ili troviĝis en trankvila momento.

Ke, la antaŭan matenon, ilia filino Elza, misprenita por la grafino, estis kaptita de bando da teatraj amatoroj, kaj poste, dumnokte, de la Movado por Vera Eŭropo, ili tute ne suspektis. Elza ja estis tre sendependa persono, kaj ŝi vivis memstaran vivon. Ŝi laboris hejme, en la unuĉambra apartamento, kie ŝi loĝis en la urbo, kaj se ŝi ofte vizitis la gepatrojn, ŝi ĝenerale ne diskutis siajn planojn kun ili. Ili kutimis vidi ŝin alveni por pasigi kun ili la vesperon, kaj foriri tre frue la sekvantan matenon sen ilin veki por diri «ĝis revido». Tiu agmaniero ne vere plaĉis al ŝia patrino, sed tiu iom post iom kutimiĝis al ĝi. Elza ja estis, alirilate, plej agrabla filino.

Kiam, la hieraŭan matenon, Cipriano rimarkis, ke la ĉevalo promenas sola sur proksima herbejo, li ne speciale miris. Plurfoje jam okazis antaŭe, ke la pordo de ĝia ejo mem malfermiĝis: la ŝlosa sistemo estis malmoderna kaj ne bone funkciis, kaj ne al ĝia riparo oni dediĉos monon en la nunaj cirkonstancoj.

Ili sciis, ke la grafino estis iom malsana tiun hieraŭan matenon, kaj ke ŝi pro tio ne povis fari sian kutiman promenon surĉevale, sed ĉar ili ne aŭskultis la radion, ili sciis nenion pri la forkapto de l' «grafino». Cetere, ankaŭ s-ino Montokalva nenion sciis: ŝi travivis unu el siaj zorgotempoj, kiam ŝi forŝlosis sin for de la ekstera mondo, sen ia ajn emo interesiĝi pri la tagnovaĵoj, egale ĉu skribaj aŭ parolaj. La alveno de policano do ege mirigis Ciprianon kaj Elviran.

Policano Petro Molnja estis suspektema. En tia afero, oni emas suspekti la servistojn: ja estas facile, al fiulo, ilin subaĉeti. Kaj nun, tiuj du diris, ke ili scias nenion pri la fakto, ke la Movado por Vera Eŭropo alsaltis kaj perforte forkondukis grafinon Montokalva. Ĉu tio estis verŝajna?

Al la policano la afero estis tiel plene konata, ke li eĉ ne rimarkis la miskomprenon: dum li parolis pri la antaŭa tago, Cipriano kaj Elvira fuŝkomprenis kaj parolis pri la hodiaŭa. Iliajn respondojn li trovis pli kaj pli nekredindaj.

«Konduku min al la dormĉambro de la grafino», li fine diris.

Pezpaŝe, Cipriano, montrante la vojon, tien kuniris kun li. La ĉambro estis senhoma, kiel ĉiumatene tiuhore.

Ili ne estis de tre longe en ĝi, kiam aŭdiĝis la voĉo de Elvira:

«Cipriano! Telefono!»

La ĉefservisto pardonpetis kaj foriris. Petro Molnja ne sentis sin tre bone. La interparolo kun Cipriano kaj ties edzino rezultigis nenion utilan. Ankaŭ la ideo viziti la dormĉambron de la grafino ne aperis tre fruktodona. Kaj li krome malbonhumoris pro tio, ke, vekiĝinte tro malfrue, li ne havis la tempon matenmanĝi.

Sur tableto troviĝis karafo enhavanta ruĝecan trinkaĵon. Li proksimigis la nazon al ĝi. «Vino kun fruktosuko, aŭ io simila», li pensis. Kiel homo malbonhumora pri sia laboro, soifa pro nematenmanĝo, povus subpremi la deziron provi trinkaĵon laŭvide ŝatindan? Li trinkis iom da ĝi. Ĝi estis bona. Rifuzi al si duan glason estus nehome. Li decidis home agi.

Stranga gajeco lin envenis. Komforta brakseĝo invitis lin al si. Estis saĝe sidi por pripensi diversajn aspektojn de la mistera malapero, pri kiu li enketis. Li eksidis, kaj lasis la pensojn disflugi diversdirekte. Li sentis fortan emon ridi, kiun li tute ne komprenis. Estas agrable senti, ke bona humoro revenas. Li servis sin je tria glaso.

Cipriano apenaŭ finis sian telefonadon, kiam nova vizitanto prezentiĝis: ĵurnalisto, kiun la novaĵo pri la forkonduko de la grafino venigis kastelen.

«Mi ne scias, ĉu mi rajtas respondi al viaj demandoj», deklaris Cipriano. «Policano estas ĉi tie, serĉas postsignojn, esploras. Li ne diris al mi, ĉu mi rajtas doni informojn al ĵurnalisto. Mi iros demandi lin.»

«Mi iras kun vi», diris la ĵurnalisto, kaj, post kiam Cipriano sciigis, ke la policano troviĝas supre, en la dormĉambro de la grafino, li preparis sian fotoaparaton. Oni neniam tro fotas en similaj cirkonstancoj.

Kiam li eniris la ĉambron, li tiel miris, ke li ne fotis tuj. En brakseĝo falsidis viro, kiu videble dormis, kaj kies dormon, ne malpli videble, ĝojigis sonĝo evidente plaĉa. Dormante, la viro ja ridis kelksekundan ridon, kiu subite haltis kaj post momento rekomenciĝis, kaj tiel ripete, kun plej miriga aspekto.

«Ĉu tiu ...?»

«... estas la policano, jes, sinjoro», respondis Cipriano. «Mi tute ne komprenas, kio okazis al li.»

La ĵurnalisto fotis.

«Kion vi scias pri la malapero de la grafino?» li demandis.

«Nenion, sinjoro. Ŝi foriris kiel kutime sur sia ĉevalo. Mi scias nenion pli.»

«Ĉu via edzino ion scias?»

«Tute certe ne.»

«Kiel vi reagis al la informo, ke la Movado por Vera Eŭropo planas mortigi la grafinon, se oni ne liberigos kelkajn membrojn de tiu bando, kiujn la polico arestis?»

«Mi tute ne scias pri tio, sinjoro. Pardonu min, sed mi ne aŭskultis la radion ĉi-matene.»

«Nu, bone, mi vidas, ke el vi mi tiros nenion sciindan. Mi tion raportos en mia papero, kiel ĉiujn aliajn detalojn, kiujn mi ĉi tic notis. Ne valorus la tempoperdon, ke mi restu plu ĉi tie. Mi rapidas for, kun tiu mirinda foto pri la maniero, laŭ kiu nia polico laboras. Ĝi certe alportos ĝojon kaj gajecon al multaj familioj. Ĝis revido, amiko mia, ĝis revido, kaj dankon pro viaj informplenaj respondoj!»

Post apenaŭ minuto li jam sidis en sia aŭto kaj veturis for. Tra la fenestro de la grafina dormĉambro, Cipriano, skuante nekomprene la kapon, rigardis lin foriri.

***

«Cipriano! Kion vi faras en mia dormĉambro ĉi-hore?»

La grafino ĵus eniris.

«Ho! Sed ... sed ... kiu estas tiu rolulo?»

«Policano, via grafina moŝto. Mi estis ĉi tie, ĉar li petis min konduki lin al via dormĉambro.»

«Policano, ĉu? Kial policano volas viziti mian dormĉambron?»

«Mi ne scias precize, via grafina moŝto. Li enketas.»

«Li enketas, ĉu vere? Pri kio do?»

«Pri via malapero, via grafina moŝto.»

«Mia malapero! Cipriano, ĉu vi perdis la kapon? Kiel vi povas paroli pri mia malapero, dum mi staras antaŭ vi?»

La dormantan policanon ekskuis kelksekunda rido. Apenaŭ Cipriano malfermis la buŝon por respondi al sia mastrino, jam ŝi interrompis lin:

«Li ridas dormante, via enketisto. Li ridas dormante. Strange! Antaŭ-hieraŭ vespere, mi endormiĝis tre rapide kaj dum la tuta nokto havis tre ridigajn sonĝojn. Krome, mi ankoraŭ dormis la sekvantan matenon, kiam mi devus rajdi. Rigardu, Cipriano, rigardu la karafon!»

«Jes, via grafina moŝto, kion pri la karafo?»

«Ĝi estis multe pli plena. Tiu ulo trinkis el ĝi. Ĉu vi scias, kial mi eĉ ne buŝtuŝis vian trinkan specialaĵon hieraŭ vespere, kontraŭe al mia ege longa kutimo, kaj malgraŭ ĝia superboneco?»

«Ne, via grafina moŝto.»

«Ĉar mi suspektis, ke pro ĝi mi havis tiun strangan ridoplenan dormon, kiu faris, ke hieraŭ matene mi ne rajdis surĉevale. Cipriano, strangaj aferoj okazas en mia kastelo. Mi ... Nu, kio estas tiu bruo?»

Ambaŭ iris al la fenestro por rigardi eksteren. Pluraj aŭtoj alvenis sinsekve, kun brua rapidego.

«Strange! Plu strangaĵoj! Rigardu ilin! Kion diable ili venas serĉi ĉi tie? Nu, vi konas vian devon, Cipriano, iru demandi, kion ili deziras.»

«Jes, via grafina moŝto.»

Peze, malrapide, kiel ĉiam, la ĉefservisto direktis siajn paŝojn al la nov-alvenintoj.

Post kelkaj minutoj, li frapis al la dormĉambra pordo, kaj, aŭdinte la jeson de l' mastrino, respekte eniris.

«Estas ĵurnalistoj, via grafina moŝto.»

«Ĵurnalistoj, ĉu? Kion ili deziras?»

«Ili petas informojn pri via malapero.»

«Ankaŭ ili! Kio estas tiu ŝerco? Ĉu vi scias?»

«Nenion, via grafina moŝto. Ĉu vi akceptos ilin?»

«Jes. Mi tuj iros. Ili deziras informiĝi, ĉu ne? Nun informiĝos mi. Atendigu ilin en la sidĉambro kun la blua murpapero. Dume, mi forprenos ĉi tiujn rajdovestojn kaj surmetos ion taŭgan.»

***

Kiam la grafino eniris en la sidĉambron, da ĵurnalistoj estis almenaŭ dudek.

«Silenton, gesinjoroj, mi petas», laŭtis Cipriano. «Ŝia moŝto grafino Montokalva konsentas alparoli vin.»

Anstataŭ silento venis dekoj da demandoj:

«Ĉu vi sukcesis liberigi vin mem?»

«Ĉu la polico ...»

«Kiel ili vin suferigis?»

«Gesinjoroj, gesinjoroj, bonvolu silenti», ripetis Cipriano.

«Mi ...» komencis la grafino, sed ŝi ne povis daŭrigi pro la bruo.

Tamen, post momento, sentante, ke la grafino ne restos, se ili ne sin tenas pli ĝentile, la ĵurnalistoj eksilentis.

«Gesinjoroj», reparolis la grafino. Ŝi uzis por ili la tonon, per kiu ŝi siatempe komunikis kun ĉevalo aparte malobeema. «Bonvolu diri al mi, kio okazis. Vi estas ĵurnalistoj, vi do estas la fakuloj pri informado, la homoj, kiuj scias ĉion pri ĉio. Mi bezonas scii. De kie venas la granda ŝerco, ke mi malaperis? Kiam diable mi malaperis, ne sciante tion mem?»

Dek voĉoj samtempe aŭdigis sin, sed nelonge.

«Silenton!» kriis la grafino, kun tono tiel obeiga, ke la multvoĉa, miksparola aro submetiĝis: post unu sekundo, aŭdiĝis nur la falo de notlibro, kaj ĉiuj sentis, kvazaŭ eĉ tiu pardonpetus.

«Nur unu respondu al unu demando», ŝi aldonis, pli mallaŭte. «Vi, sinjoro, diru al mi: de kie venis la ideo, ke mi malaperis?» Kvazaŭ pistolo, ŝia montrofingro direktiĝis al senhara longnazulo, kiu sidis en la unua vico.

«Nu, sinjorino ... eee ... sinjorino grafino ... eee ... sinjorino la grafino, mi ... mi eksciis per komunikaĵo el la Tutlanda Inform-Agentejo, kiel verŝajne ĉiuj, kiuj ĉi tie sidas.»

«Dankon. Ĉu vi eksciis sammaniere?» ŝi ĉi-foje demandis brunharan virineton.

«Jes, sinjorino.»

«Kion enhavis tiu komunikaĵo?» ŝi demandis tre junan viron, kiu aspektis kiel studento.

Lia voĉo estis neatendite malalta.

«Ke la Movado por Vera Eŭropo – t.e. unu el tiuj terorist-grupoj, ĉu vi konas? – kaptis vin kaj liberigos vin nur, se oni ellasos el la polica gardo tri anojn de la movado, kiuj estis antaŭ nelonge arestitaj.»

Dum trafis la ĉambron silento tiel «dika», ke oni preskaŭ povis tuŝi ĝin, la grafino ĉirkaŭrigardis la grupon per okuloj plenaj je malvarma fajro.

«Kaj neniu havis la ideon telefoni ĉi tien por kontroli, ĉu tiu informo estas ĝusta!» ŝi koleris. «Nek la Inform-Agentejo, nek la polico, nek la ĵurnalistoj mem!»

Ĉiuj ĵurnalistoj kaj fotistoj mallevis la kapon. Ili konsciis, tro malfrue, ke ĉiu mesaĝo venanta el la Movado por Vera Eŭropo tiom impresas – ĉar ĉiuj ĝis nun estis plej timinde seriozaj – ke la ideo, ke io ĉi-foje fuŝiĝis, fakte trafis neniun, antaŭ ol la grafino parolis.

«Nu, gesinjoroj, ĉi tio sufiĉos. Vi povas raporti, ke mi estas same libera hodiaŭ, kiel mi hieraŭ estis, ke neniu min alsaltis aŭ kaptis, kaj ke mi konsilas al la informaj rondoj, same kiel al la polico, alifoje interesiĝi pri la ĝusteco de ricevataj mesaĝoj. Vi povas foriri, gesinjoroj.»

Eklumis dekoj da fulmoj. Ili signis, kiom gravas al ĉiu reveni al la ĵurnal-oficejo kun foto de tiu malbela, sed efike aŭtoritata persono. Tiumomente, ŝia digneco, ŝia volo esti obeata imprese elstaris. Ŝi estis admirinda, kaj la fotoj tion montros al la admirema publiko.

Obeeme, raportistoj kaj fotistoj eliris el la kastelo, kaj disveturis for.

***

«Nu, Cipriano, kion mi povus fari koncerne tiun trinkaĵon? Iu drogo troviĝas en ĝi, ĉu ne?»

«Mi havas ideon, via grafina moŝto, se vi permesos. Mia filino Elza, kiel vi eble scias, havas amikon, tre proksiman amikon, kiu estas kemiisto. Eble mi povus peti lin analizi la trinkaĵon kaj komuniki siajn trovaĵojn al vi.»

«Tre bona ideo, Cipriano. Mi plene konsentas. Kaj nun, bonvolu peti Elviran veni ĉi tien. Ŝi helpu vin porti ĉi tiun policanon al alia ĉambro, mi diru: al la roza. Kiam mi ŝanĝis miajn vestojn antaŭ ol iri malsupren al tiu stranga ĵurnalista kunsido, ĉi ties ĉeesto min ĝenis. Mi sentos min pli bone, se la dormĉambro denove estos nur mia.»

ĈAPITRO 12

Kio malfaciligas la taskon de rakontisto, tio estas la fakto, ke tiom da okazaĵoj disvolviĝas samtempe. Pardonpete, via raportisto, kara leganto, invitas vin nun reveni pli fruen, al tiu momento, kiam la grafino, nescia pri la strangaj informoj, kiuj rondiris pri ŝi, plezure rajdis en la bon-odora naturo matena, aŭ – se vi preferas – al tiu tempo, kiam policano Petro Molnja mirigis Ciprianon kaj Elviran per siaj neatenditaj deklaroj. Kaj ni vidu, kion faras tiumomente la sekretario de s-ro Pipelbom. Certe vi ne dubas, ke tiu ide-riĉa junulo ne restis sen-aga. Vi pravas. Lia menso laboris, fakte, kun ega rapideco. Lia penso-irado disvolviĝis proksimume jene:

«La grafino estis kaptita de amatora teatra grupo, al kiu mi mem proponis tiun taskon, post diskuto kun Diana Belpar, el la edziĝ-agentejo. Se el tiu grupo ŝi transiris al la teroristoj de la Movado por Vera Eŭropo, tio indikas, ke unu el la membroj de tiu movado troviĝas ankaŭ en la grupo teatra.

«Kiu tiu povas esti? Nur tiu, sub kies gardo la grafino restis dumnokte. Kaj nur unu persono povas helpi min trovi, kiu li estas: Diana Belpar.»

Tiel okazis, ke Johano refoje vizitis Dianan. Je la dua vizito, ŝi aperis al li eĉ pli bela.

«Jes», ŝi diris, post kiam li raportis pri sia pripensado. «Vi pravas. Estas simple. Ni lasis ŝin ĉe Ĝeraldo, kiu ekde la unuaj planoj proponis al ni sian apartamenton, aŭ, pli ĝuste, la tre grandan apartamenton, kiun li portempe disponas, neniu komprenis, pro kiaj cirkonstancoj. Ĝeraldo estas tiu negranda malfortulo, kun aspekto ne tre sana, kiun vi vidis, kiam vi renkontis kelkajn el la grupo por klarigi niajn rolojn, ĉu vi memoras? Li havas strangajn ideojn pri politiko kaj socio. Nun, aŭdinte viajn klarigojn, mi ne dubas, ke povas esti nur li.»

Johano do, bedaŭre sed necese, forlasis Dianan, kaj aŭtis al la ĝeralda adreso. Li havis radion en sia aŭto kaj la senmira voĉo de la parolisto subite ĵetis al liaj oreloj plej saltigan informon: la grafino estas tute libera kaj bonfarta, kaj ŝajnas, ke la teroristoj mispaŝis, kaj erare kaptis iun alian. Kvankam la afero ankoraŭ ne estas tute certa, la rondoj ĝenerale bone informataj emas opinii, ke la persono, kaptita pro fuŝo, estas iu Elza Najtingál, filino de ges-roj Cipriano kaj Elvira Najtingál, servistoj ĉe grafino Montokalva.

«Nu, nu, nu, nu,» Johano laŭte diris al si, kun tiu admirinda mensa potenco, kiun li elmontris en ĉiaj cirkonstancoj, eĉ plej streĉaj, «nu, nu, nu, nu.»

Alveninte antaŭ la pordo de la apartamento, kies adreson Diana donis al li, li sonorigis, kun koro forte batanta. Ĉar neniu responde venis, li – ĉiam praktikema – simple provis, ĉu la pordo estas ŝlosita. Mire, li konstatis, ke ne.

Kompreneble, li miris. Kiel li povus scii, ke, elirante el la apartamento, Ĝeraldo, dolore tuŝita de la malestimaj vortoj de Adamo, kaj ankaŭ sub la efiko de la bato, kiun li ricevis, paŝis duonsvene, kaj tute forgesis ŝlosi la elirpordon?

Johano do eniris, vizitis la apartamenton, sed trovis nenion, kio ebligus scii ion ajn pri la mistero. Li serĉis kaj serĉis senrezulte.

Senkuraĝigita, li staris ĉe la fenestro, rigardante eksteren, kaj sin demandis, kion fari plue, kiam aŭto alvenis kaj lokis sin ĉe libera loko ĉe-trotuara ne malproksime de la domo, sed ĉe la kontraŭa flanko de la strato.

Li rigardis ĝin senpense dum sekundo, sed baldaŭ lia atento streĉiĝis. Du junaj viroj eliris el la aŭto kaj ilia sinteno estis observinda. Dum la unua ŝlosis la antaŭan pordon maldekstran, la dua tiris el la veturilo junulinon, al kiu, videble, tiu perforto ne plaĉis. La unua knabo baldaŭ alvenis apud sian kunulon, kaj per io, kio, kvankam kaŝita, certe estis pistolo, devigis la junan virinon eliri. Kun streĉita intereso, Johano rekonis unu el la du viroj: estis tiu Ĝeraldo, pri kiu li ĵus parolis kun Diana Belpar, kaj kiun li renkontis, kiam li klarigis al la teatra grupo la planitan grafin-kapton.

Lia intereso iĝis eĉ pli granda, kiam la knabino hazarde levis la vizaĝon. Li tuj rekonis ĝin: ŝian foton li vidis ĉe Cipriano Najtingál, kiam li tiun vizitis, por scii kiel eble plej multe pri la grafino kaj aranĝi la ludotan savon fare de s-ro Pipelbom. Sen ia dubo, ŝi estis tiu Elza, pri kiu la radio ĵus informis.

ĈAPITRO 13

En tiu sama minuto, Elvira, la patrino de Elza, aŭskultis la radion, dum ŝi riparis vestojn por la grafino. Terurate ŝi aŭdis ĝin diri:

«La ĉefo de la Movado por Vera Eŭropo ĵus telefonis al la Tutlanda Inform-Agentejo novan komunikaĵon, el kiu rezultas, ke la fakto, ke ne grafinon tiu grupo kaptis, sed simplan laborulinon, neniel ŝanĝas la decidojn pli frue alprenitajn. Por tiu movado, la vivo de simpla knabino ne valoras malpli ol la vivo de grafino. Se la polico rifuzos liberigi Paŭlon Kravatan, Sofian Molinor kaj Janon Superŝuton, Elza Najtingál mortos, kaj pri tio respondecos la aŭtoritatoj de la lando.»

Unu el la karakterizoj de la Movado por Vera Eŭropo – bona aŭ malbona laŭ la vidpunkto – estis ĝia kapablo agi tre rapide. Apenaŭ la informo pri la eraro rilate la kaptitan virinon diskoniĝis, jam la Movado faris decidon, kaj sciigis ĝin al la tuta publik-opinio.

Por Elvira, la bato estis preskaŭ mortiga. Ŝi neniam imagis antaŭe, ke simila aventuro povus okazi en simpla vivo, kiel la ŝia. Ne mankis multo, ĝis ŝi svenus.

ĈAPITRO 14

Dume, en la urbo, Johano trafenestre plu rigardis la du junulojn. Perforte kondukante Elzan kun si, ili direktis siajn paŝojn al la domo, en kiu li troviĝis. Li sin demandis, kial ili revenas kun ŝi al tiu apartamento.

La kialo, kiun komprenebie li ne povis koni, estis plej simpla. La policaj esploroj koncerne la Movadon por Vera Eŭropo pli kaj pli fruktis. Al la dokumentoj trovitaj en la hejmo de Jano Superŝuto aldoniĝis la tro-parolemo de Sofia Molinor, kaj tiel koniĝis pluraj el la kaŝejoj kaj kunvenejoj de la bando. Kiam Adamo kaj Ĝeraldo alvenis al la t.n. Punkto 3, kie ili devis kaŝi kaj gardi Elzan, ili vidis policanon stari sur la trotuaro kaj prave konkludis, ke la sekreto pri tiu loko estas malkovrita.

Ili tiam veturis al Punkto 2, sed refoje konstatis, ke la domon gardas viro suspektinde polic-aspekta. Demandate per telefono, la ĉefo respondis, ke ili reiru portempe al la apartamento de Ĝeraldo, ĝis li aranĝos pli bonan solvon al la problemo. Kvankam tiu apartamento estis rigardata plej riska – ĉar konata de la teatra grupo, kiun la polico certe pridemandos – ĝi estis nun pli bona ol nenio. Estis ja dube, ĉu la polico baldaŭ scios pri la rolo de la teatranoj: eĉ teatra, la kapto tamen estis neleĝa, kaj, plej certe, nek Pipelbom, nek lia sekretario, nek la anoj de la teatra grupo emos rapidi al la polico por rakonti pri si tiurilate. Krome, la ĉefo opiniis, ke post unu horo jam li povos telefoni al la du gardantoj, kien ili konduku Elzan, por ŝin teni plej sekrete.

Pri ĉio ĉi Johano evidente nenion sciis, sed tio ne ĝenis lian pensadon. La urĝa afero nun estis, ne starigi al si nerespondeblajn demandojn, sed agi kaj profiti la kelkajn sekundojn, dum la aliaj atendas trans la strato, ĝis okazos interrompo en la sinsekvo de aŭtoj, kaj ili povos trairi ĉiflanken.

Ricevinte de la naturo rimarkindan kapablon problemsolvi, kiun li konstante pligrandigis uzadante ĝin ekde la infanaj jaroj, Johano tuj ekhavis agplanon en la menso. Li eliris el la apartamento, venigis al si la lift>n, iris al la tuj supra etaĝo en tiu suprenportilo, kaj lasis ties pordon tute malfermita, tiel ke ĝi – la lifto – ne plu povis funkcii. Li tiam malsupreniris sur la ŝtuparo ĝis loko, de kie li povis rigardi la pordon de la apartamento kun minimuma risko esti vidata.

Li aŭdis la tri alveni ŝtupare, esprimante sian malkontentecon pri la liftopaneo.

Dum Ĝeraldo tiris el sia poŝo ringon kun ŝlosiloj, prenis la ĝustan kaj metis ĝin en la seruron, Adamo tenis Elzan firme ĉe la brako. La pistolo, kiun Johano antaŭe observis de la apartamenta fenestro, ne plu videblis. Verŝajne la bandanoj opiniis tro danĝera teni videblan armilon en normala apartamenta domo, kie iu ajn, irante al unu el la najbaraj loĝejoj, povus pasi kun des pli da tempo por rigardi, ĉar la lifto paneis kaj laŭŝtupara iro ĝenerale ne estas fulmrapida.

Preskaŭ kure, Johano desupris ĝis la interŝtuparo, kie la tri staris, kvazaŭ li ĵus eliris el la supra loĝejo.

«Elza! Vi ĉi tie! Kia bonŝanco!» li kriis. Kaj, sammomente, profitante la ekmiron de la aliaj, li hakbatis kun grandegaj forto kaj rapideco la manradikon de Adamo, kiu nur povis ellasi la brakon de Elza.

Ĝeraldo staris kun malfermita buŝo, kvazaŭ stultigita. Per du fulmrapidaj batoj, Johano igis ambaŭ junulojn perdi sian egalpezon.

«Venu, ni kuru», li flustris al la knabino, kaptante ties manon kaj tirante ŝin al la ŝtuparo. Ambaŭ kuris malsupren.

La du aliaj ekrapidis post ili, sed la kelkaj sekundoj, kiujn ili perdis, estis decidaj. Jam Johano kaj Elza troviĝis sur la trotuaro, kaj la multaj homoj, kiuj pasis tie, malhelpus al la du bandanoj agaĉi.

Johano kaj Elza eniris kafejon tiel plenan je homoj, ke la loko estis tute sendanĝera. Ŝi ja bezonis tuj refortigilon.

Bedaŭrinde, Johano eraris pri unu punkto. Li estis certa, ke liaj du malamikoj ne povis vidi, kien Elza kaj li iris. Li opiniis ilin tro malproksimaj. Fakte, Ĝeraldo sukcesis rapidi pli ol Johano imagis, kaj li observis, kiun trinkejon la paro eniras. Tiu interesa scio estis por li nepre uzinda. Li taksis pli saĝa ne komuniki ĝin al sia kunulo, kiu troviĝis post li, kaj vidis nenion.

* * *

«Mi ne scias, kiel danki vin. Mi vere timis! Ili absolute ne volis kredi, ke mi ne estas la grafino, almenaŭ komence.»

«Tamen, via aĝo ...»

«Ili ne sciis pri la aĝo de la grafino. Ili sciis, ke ŝi pasos surĉevale en iu tre preciza loko, kie ili ŝin atendis, je tre preciza horo, ĉar la grafino havas tre firmajn kutimojn tiurilate. Ili sciis pli malpli, kiel ŝi estos vestita. Kaj tio sufiĉis. Kiam ili vidis, ke mi estas tre juna, ili okulumis unu al la alia kaj ridis inter si, kvazaŭ la afero estus eĉ pli komprenebla. Sed ili rifuzis diri al mi, pri kio temas.»

Johano nenion diris, sed komprenis. La teatraj amatoroj, kiuj konsentis ludi la rolon de teroristoj, sciante, ke la celo estas doni al s-ro Pipelbom okazon aperi kiel savanto, opiniis tute verŝajna, ke la industriisto enamiĝis al tre juna kaj tre bela knabino.

«Sed kiel vi konis mian nomon? Kiel okazis, ke vi ĉeestis tiel ĝustatempe?» ŝi plu demandis.

«Nu, mi rekonis vin laŭ foto, kiun mi vidis ĉe viaj gepatroj, kiam mi informiĝis pri la kutimoj de s-ino Montokalva, por aranĝi la kapton.»

«La kapton! Ĉu vi respondecas pri la afero?»

Miroplenaj okuloj rigardis lin, samtempe time kaj netime. Tuj Johano trankviligis ŝin. Li klarigis pri la edziĝ-plano, pri la fakto, ke la grafino volas, ke oni ne sciu, ke ŝi turnis sin al edziĝ-agentejo, kaj pri la neceso aranĝi savan intervenon fare de s-ro Pipelbom. Ial, li opiniis, ke ŝia patro raportis nenion al ŝi pri la ideo edzigi la industriiston al grafino Montokalva.

Kiam Elza ekridegis, estis lia vico rigardi ŝin mire. Kaj kiam ŝi ekparolis, li miris eĉ pli.

«Hahahaha! Ŝi neniam turnis sin al edziĝ-agentejo. Haha! Ŝi eĉ ne suspektas, ke ŝi – hahahahaha! – ke ŝi ‹deziras› edziniĝi! Tio estas mia plano, mia ideo!»

«Via, ĉu vere? Kiel eblas? Kiel vi partoprenis en ĉi tiuj aranĝoj?»

Siavice, nun, rakontis ŝi. Ŝi klarigis, kiel ŝi sugestis al sia patro agi por konduki la grafinon al edzineco.

Tiel agrable babilante, ili plenigis la mankojn en sia respektiva kompreno pri la aventuro. Ju pli ili parolis, des pli Johano sentis sin kortuŝita. Kiel erare li opiniis, ke Diana Belpar estas bela. Kompare kun Elza, ŝi apenaŭ vivetas. Eble la fakto, ke li tuŝis ŝian manon ekde la unua renkonto, ke li savis ŝin, ke ili travivis kune veran aventuron, al kiu ne mankis risko, eble ĉio ĉi efikis por rapidigi la movojn de lia koro.

Ĉiaokaze, ju pli li rigardis ŝin, ju pli li lasis la muzikon de ŝia voĉo trafi lian menson, des pli lin tenis sento nemiskomprenebla: se ĉi tio ne estas amo, amo simple ne ekzistas.

Strange: al Elza okazis io simila. Liaj longaj kruroj, kiujn ŝi apenaŭ povis sekvi dum la ĵusa forkuro, lia inteligenta vizaĝo, liaj fortulaj ŝultroj kaj la pli profundaj ecoj, kiujn malkaŝis la efektivigo de ŝajne facila, sed nekredeble efika savplano, estigis en ŝi tiun admiran amon, kiu plej kontentigas la nekonsciajn dezirojn de koro virina. Nikolao la kemiisto estis ŝiamense nun nur pala, senrealeca fantomo, pri kiu ŝi emis forgesi.

***

La Kafejo de la Nova Epoko, kie ili sidis, troviĝas ĉe stratangulo. Pro tio ĝi havas plurajn enirejojn, el kiuj unu troviĝas en mallarĝa flanka strato. Tiun Ĝeraldo bone konis. Li sciis, ke pasante tra ĝi, li povos diskrete ĉirkaŭrigardi antaŭ ol fari decidon.

Efektive, enirante tra la flankstrata pasejo, li tuj vidis, kie sidas la paro. Bedaŭrinde, estis tiom da homoj en la kafejo, ke li ne povis alproksimiĝi sufiĉe, por aŭdi, kion tiuj du diras. Li sidis ĉe iom fora tablo, kaj petis kafon. Trinkante, li observis ilin. Kun granda intereso li rimarkis, ke ambaŭ gejunuloj pli kaj pli atentas unu la alian, kaj elmontras ĉiujn signojn de tiu malsano – amo – kiun li ege malestimis. Li ridetis al si.

Kial li venis ĉi tien? Nu, en la antaŭaj horoj, li fuŝis multajn aferojn: li lasis la «grafinon» bati lin svenige; en sia miskonscia stato, li forgesis ŝlosi la apartamenton; li lasis miron superi la reagon de vera militanto kaj tiel ebligis la liberigon de la kaptita knabino.

Post ĉiuj ĉi fuŝoj, li serĉis rimedon kompensi la fian impreson, kiun li faros al la ĉefo, kiam tiu eksciĝos. Kaj por trovi ideojn tiucele, certe estos utile spioni, kaj ekkapti kiel eble plej multe el la planoj de la «grafino».

Kompreneble, eniri la kafejon estis iom riske. Se unu el la du rekonus lin, eble ili vokus la policon. Sed, se li estos tre singarda, li certe sukcesos agi nevidate. Kaj nun, la ama sinteno de la du igis tiun opinion pli kaj pli certa.

En la Kafejo de la Nova Epoko, verdaĵoj estas taŭge lokitaj por dispartigi la ejon al pli plaĉaj, pli intimaj ejetoj. Sed la impreso de intimeco estas misa. Persono, kiu troviĝas sola kaj senbrua sur la ĝusta sidloko, kaj havas bonan aŭdon, povas plene kompreni, kio estas dirata je la alia flanko de la verdaĵa apartiga aranĝo.

Ĝoje Ĝeraldo konstatis, ke la maljuna sinjoro, kiu sidis tuj ĉi-flanke de la verdaĵoj, trans kiuj diskutas Johano kaj Elza, ekstaras kaj foriras. Senhezite li rapidis al ties loko, zorgante, ke la du gejunuloj ne rimarku lin. Li eksidis kaj turnis al la paro streĉitan orelon (fakte tiun, kiu ne suferis la boksadon fare de Elza). La interparolo estis eĉ pli interesa, ol li antaŭvidis.

***

«Mi ĝojas konstati, ke viaj interesoj estas la samaj, kiel la miaj», Elza estis diranta, kiam Ĝeraldo komencis subaŭskulti. «Ankaŭ por miaj gepatroj – kaj sekve por mi – realigi vian ideon gravegas.»

«Jes, pri la ideo, pri la celo, ni plene konsentas. Restas nur aranĝi la rimedojn. La unua plano misfalis, sed ni certe povos elpensi duan, kiu sukcesos. Ĉu, ekzemple, ŝi ne havus ion tre valoran, juvelojn, aŭ ion similan, kion ni povus ŝteli, aranĝante la cirkonstancojn tiamaniere, ke mia …»

«Jes,» ŝi interrompis, kun streĉita voĉo, «jes, jes, jes, jes. Bonega ideo. Perfekte, perfekte, perfekte. La zono! La sankta zono! La zono de Sankta Gaspardeto! Ĝi perfekte taŭgus.»

«Kiel? Kio estas la zono de Sankta Gaspardeto?»

«Estas tre larĝa zono el mi-ne-scias-kiu teksaĵo, kiun laŭdire tiu sanktulo ricevis post ia speciala bonfaro komence de la mezepoko. Ĝin ĉiam konservis la familio Montokalva. Sur ĝi estas speco de surskribo, kiu estis tro malpreciza por povi prezenti ian ajn intereson, ĝis antaŭ nelonge, dank' al novaj fotaj metodoj, historiisto sukcesis igi ĝin tute legebla. Evidentiĝis, ke ĝi estas plej-plej grava por la historio de la religio en la frua mezepoko.»

La vizaĝo de Johano esprimis dubemon.

«Mi min demandas, ĉu tio taŭgus. Ĝi ŝajnas al mi iom tro stranga por niaj celoj. Ĝi ne interesus la publik-opinion same kiel la kapto de la grafino. Ŝi do havos tute alian reagon ol …»

«Tute ne. Eble estus tiel, antaŭe. Sed nun ne plu. Pro la vizito papa.»

«Kial vi enmiksas la papon en ĉi tiun aferon?»

«Atendu, vi tuj komprenos. Kiel vi scias, la papo decidis viziti nian landon. Nu, estas aranĝite, ke li venos al la kastelo de Montokalva por admiri la zonon de Sankta Gaspardeto.»

«Ĉu vere? Kial?»

«Mi suspektas, ke la grafino aranĝis tion, por ricevi monhelpon de la ŝtato kun la celo rebeligi la disfalantan kastelon. Ŝi legis ie, ke la papo, kiam li estis juna, faris esplorojn kaj verkis studon pri Sankta Gaspardeto. Ŝi havas rilatojn kun iu en Vatikano – malnova konato de ŝia forpasinta edzo, miaopinie – kaj ŝi informis tiun pri la fakto, ke la plej grava memoraĵo pri tiu sanktulo troviĝas en la kastelo de Montokalva. La vatikanulo agis tre efike, kaj oni enskribis tiun viziton en la vojaĝplanon de la papo. Se la zono de Sankta Gaspardeto nun malaperus, estus mortiga katastrofo por ŝi.»

«Bonege, perfekte, admirinde. Ĝuste tiun zonon ni devas ŝteli. Ĉu ĝi estas facile prenebla?»

«Por iu ekstera ĝi estas absolute neprenebla. Sed miaj gepatroj laboras en tiu kastelo ekde antaŭ ol mi naskiĝis. Mi vivis preskaŭ mian tutan vivon tie. Tiu kastelo ne havas sekretojn por mi. Kaj mi konas la ĝustan metodon, por kapti la zonon sen iu ajn risko, se nur mi sukcesos dormigi la grafinon sufiĉe profunde.»

«Belege, belege. Aŭskultu, kara, necesas nun, ke mi rapidu al la oficejo. Mi kompreneble devas proponi la planon al viscias-kiu kaj diskuti pri kelkaj detaloj kun li. Mi ... Ej!»

«Kio okazas?»

«Mi ĵus pensis. Ni tamen devus iri raporti vian savon al la polico! Tiu certe rompas al si la kapon por trovi rimedon scii, kie vi troviĝas, kaj kiamaniere savi vin!»

Ambaŭ eksplodis per rido.

«Vi pravas. Mi ne emas raporti alies misfarojn al la polico, ĉefe se temas pri junuloj, kiuj agas politike, sed ĉi tiuj estas danĝeraj. Dum ili haltis ie, veturigante min de unu loko al alia, la plej aĝa el ili iris telefoni al sia ĉefo kaj tiel eksciis, ke estas nun konate, ke mi ne estas la grafino. Sed ili tamen decidis uzi min kiel altvaloran garantiaĵon, kiun ili redonos nur, se kompense liberiĝos iliaj arestitaj amikoj. Ili ne hezitis paroli pri tio, ke ili mortigos min, se la aŭtoritatoj ne akceptos. Ĉu vi imagas, kiel terure estis aŭdi ilin paroli trankvile pri mia baldaŭa morto, kvazaŭ mi ne ekzistus?»

«Kompatinda!» Johano estis videble plej kortuŝita. «Sed ne nur tio. Tiuj uloj respondecas pri multaj mortoj de homoj tute senkulpaj. Estas tiu movado, kiu eksplodigis bombon ĉe la sinagogo de Strato Kaloĉaja, kaj tiel mortigis multajn. Ni nepre devas raporti pri ili. Venu, ni iru policejen. Diable! Kie estas la kelnero? Tiuj ĉiam forestas, kiam oni deziras pagi kaj rapidi for. Dume, eble ni rapide decidu, kiel mi konigos al vi la lastajn aranĝojn pri la ŝtelo.»

«Kial vi ne simple telefonus al mi?»

«Ni ne uzu telefonon. Estas suspektate, ke tiu movado havas anojn en la ĉefaj telefonaj oficejoj. Ni ne povas allasi, ke nia plano iĝu konata. Ili jam sufiĉe fuŝis la unuan kaptante de ni nian kaptitan grafineton.»

«Kion do vi proponas? Kiam vi povos komuniki al mi la akcepton fare de via ulo, kaj la aliajn detalojn?»

«Postmorgaŭ tagmeze. Ĉu vi konas la restoracion, kiu staras apud la prahistoria muzeo? La Prapatroj, ĝi nomiĝas.»

«Jes, mi scias, pri kiu vi parolas. Mi tie neniam estis, sed …»

«Nu, mi invitas vin tagmanĝi tie kun mi. Je la dekdua. Tiuhore, ne estas multaj personoj, kaj ni povas trovi agrablan lokon. Ĉu taŭgos?»

«Tute bone.»

Kiam la kelnero fine montriĝis kaj malrapide proksimiĝis al ilia tablo, Ĝeraldo diskrete forpaŝis. Li sciis pli ol sufiĉe, por taŭge agi, tiel ke la ĉefo rehavu estimon al li.

ĈAPITRO 15

«Ho, Elza! Estas vi!» la juna kemiisto krietis. Ia ĝeno legiĝis sur lia vizaĝo.

«Jes. Bonan tagon, Nikolao. Estas mi», ŝi diris per nesekura voĉeto. Ankaŭ ŝi sentis embarason.

«Eniru, eniru do, mi petas», li diris kun la tono de persono, kiu esperas, ke la petato rifuzos la proponon.

«Jes.»

Subite ŝi komprenis, kial ŝin ektenis sento iom stranga. Kompare kun Johano, Nikolao refariĝis nur amiko, bona amiko, eble, sed nenio pli. Ne estis dubo en ŝi, ke la amata estas Johano, kaj nur Johano. Ŝin ĝenis la penso, ke ŝi venas peti servon de viro, al kiu ŝi ne povos rilati honeste.

Enirante, ŝia rigardo senvole trafis ŝuojn. Plej neatendite, tie, sur la planko de la apartamenta enirejo, paro da ŝuoj kuŝis. Ŝuoj virinaj.

«Mi ... mi ...» provis paroli Nikolao.

«Vi ne estas sola, ĉu?» ŝi diris, scivoleme malfermante la sekvantan pordon.

Li aspektis, kvazaŭ ŝtelisto kaptita ĉe la freŝa faro.

«La ŝuoj ...» li komencis singêne, preskaŭ ĝeme.

«Doloris al mi la piedoj, kaj la ŝuojn mi demetis envenante», sonis agrabla ina voĉo.

«Vi!» Elza kriis.

Ja ridetis al ŝi Lucia, flegistino, kiun ŝi plurfoje renkontis, kiam Nikolao estis en la hospitalo, kaj ŝi vizitis lin.

«Mi ne imagis, ke vi venos. Sed eble estas pli bone. Nikolao kaj mi decidis paroli kun vi. Mi flegis lin dum unu monato kaj duono, kiam la aĉa kemiaĵo, pri kiu vi scias, malsanigis lian haŭton. Mi enamiĝis al li, kaj li al mi. Pardonu, se mi sovaĝe, maldelikate agas, vin suferigante tiel subite, senprepare, sed ... sed ... Mi ne kuraĝus atendi pli, kaj ... Sed kial diable vi ridas?»

«Ho, Lucia!» ŝi ekkriis, kaj kisis ŝin. «Kia feliĉo!»

«Kio okazas? Mi ne komprenas. Mi perfidas vin, kaj vi nomas tion feliĉo?» Nikolao demandis.

«Mi ne sciis, kiel diri la aferon. Mi ... Ho Nikolao, mi tiom ĝojas, permesu, ke mi kisu ankaŭ vin.» Ŝi lin kisis. Fratine.

«Ankaŭ mi miras», Lucia interrompis. «Ĉu vi bonvolus klarigi?»

«Vi scias, ke mi ĵus travivis teruran aventuron. Min savis junulo, la sekretario de s-ro Pipelbom, Johano. Li savis min. Mi ... Kiel diri? Mi lin amas. Mi lin amas tre forte. Kaj mi sentis min tiel kulpa rilate al vi, Nikolao!»

«Johano, la sekretario de s-ro Pipelbom, ĉu? Mi bone konas lin», Lucia voĉis. «Li havis strangan haŭtan reagon al kuracilo, kiun iu fuŝdoktoro donis al li, kaj mi flegis lin dum tuta semajno. Ŝajnis, ke li ekamis min.»

«Iomete, eble, sed tio ne estis tre serioza», Elza respondis, kvazaŭ sindefende.

«Vi ne povus imagi, kiom viaj klarigoj min senpezigas», Nikolao diris.

«Ho jes», Elza respondis. «Ho jes, mi povas imagi. Mi sentas la samon. Mi tre ĝojas pri ĉio ĉi. Sed fakte, se diri la veron, Nikolao, mi venis submeti al vi fakan problemon.»

«Ĉu vere?»

«Jes. Mi bezonus iom pli da tiu substanco, kiun vi havigis al mi, kaj kies efikon mi provis, tute sukcese, metante ĝin en la ŝatatan trinkaĵon de la grafino.»

«Kial vi bezonas ĝin?»

«Ĉar mi bezonas refoje dormigi la grafinon.»

Nikolao elmontris malĝojan vizaĝon.

«Finite», li simple diris.

«Finite, ĉu? Kion vi volas diri?»

«Ke estas finite. La afero ne plu funkcios. La grafino scias.»

«Scias kion?»

«Ke ŝia trinkaĵo estis ... kiel mi diru? ... prizorgita.»

«Kion! Kiel ŝi povus ...?»

«Jes. Ŝi petis min analizi eltiraĵon de tiu trinkaĵo, kaj kompreneble ...»

«Vi retrovis en ĝi vian specialan dormigilon!»

«Jes, tiun, kiu samtempe dormigas kaj ridigas.»

«Kiel ŝi suspektis?»

«Mi ne scias. Via patro venis al mi, kaj diris, ke la grafino petas min analizi la trinkaĵon. Li diris, ke ĝis ŝi estos ricevinta la konkludojn de la analizo, ŝi ne plu trinkos ion similan.»

«Kion vi diros pri viaj rezultoj?»

«Nu, mi rimarkis, ke estas ananasa suko en tiu trinkaĵo. Mi diros, ke tiu preciza ananaso ne estis pura, ne estis saneca, enhavis ian drog-efikan substancon, kiu agas dormige. Kion mi diru? Vi tamen ne volus, ke mi diru la veron, ĉu?»

«Ne, certe ne. Ĉu vi opinias, ke ŝi de nun rifuzos tion trinki?»

«Kiel scii? Verŝajne jes. Ŝi estis tre suspektema. Se ŝi tre ŝatas tiun fruktovinaĵon, eble ŝi rekomencos trinki ĝin, sed ne tuj, nur post kiam ŝia nuna impreso estos forsveninta.»

«Vi pravas. Kaj tio devigas min ŝanĝi miajn planojn.»

«Pri kio temas?»

Elza plene fidis Nikolaon. Eĉ se iliaj rilatoj aliiĝis, kaj li transiris de la loko de plej-amato al tiu de amiko, tamen tio nenion ŝanĝis koncerne lian homan valoron.

Ankaŭ Lucian ŝi fidis. Ŝi sentis ŝin bonkora, aminda, homo, kiu prenas serioze siajn respondecojn kaj amikecojn, homo, kun kiu estas facile rilati. Ŝi ne dubis pri ties profunda sincereco, kaj honesteco.

Sekve, ŝi decidis rakonti la tutan aferon pri la espero edzigi Adrianon Pipelbom al la grafino kaj la planoj ellaboritaj tiucele. Kiom tio dezirindus por ŝiaj gepatroj, ankaŭ pri tio ŝi insistis.

«Sed kial vi volas dormigi la grafinon?» Nikolao demandis.

«Ĉar estas absolute necese por ŝteli la zonon de Sankta Gaspardeto.»

«Kial?»

«Ĉar tiu zono troviĝas en ĉambro tuj apud tiu, kie ŝi dormas.»

«Ĉu ĝi estas facile prenebla?»

«Jes kaj ne. La grafino tute ne fidas je t.n. sekursistemoj, sed ŝi estas tre inteligenta. La zono de Sankta Gaspardeto pendas sur muro; ĉiu, kiu tien eniras, tuj staras rekte antaŭ ĝi, sed ĝin ne rimarkas, ĉar la tuta aranĝo de la ĉambro estas tia, ke ĝi aperas kiel nur unu el multaj ornamaj teksaĵoj.»

«Certe ĝi ne prezentiĝos tiel, kiam la papo venos ĝin admiri, ĉu?» diris Lucia, iom stulte.

«Kompreneble ne. Tiam ŝi certe aranĝos taŭgan elmontron.

Sed nun ĝi troviĝas sur tiu muro. Eble mi estas la sola persono, kiu konas tiun sekreton.»

«Kiel tio eblas?»

«Kiam la historiisto venis, kiu faris la fotojn kaj tiel igis la surskribon legebla, mi troviĝis en la apuda ĉambro, nevidata. Mi kaŝe vidis la grafinon ĝin depreni. Mi neniam suspektis antaŭe, ke tiu peco de teksaĵo estas io speciala.»

«Mi tamen ne komprenas, kial vi bezonas dormigi la grafinon», Nikolao diris.

«Estas nature, ke vi ne komprenas: mi ne klarigis ĉion. Se ni ŝtelus ĝin dumtage, aŭ vespere, aŭ dum la grafino forestas – ekzemple kiam ŝi rajdas matene – ni ne sukcesus aranĝi la savon fare de s-ro Pipelbom en plej efikaj kondiĉoj. Ni devas agi nokte. Johano opinias tion necesa, kaj mi taksas lin prava.»

«Ankaŭ mi tion pensas», Nikolao jesis. «La ŝtelo devas okazi tiamaniere, ke ŝi, repensante al ĝi poste, ricevu impreson de danĝero, forte sentu, ke ŝtelisto, verŝajne armita kaj preta mortigi, ĉeestis tuj apud ŝi, dum ŝi dormis.»

«Prave. Tio povas okazi nur nokte. Kaj dumnokte ŝi dormas en la apuda ĉambro sian malprofundan dormon.»

«Malprofundan?»

«Jes. Plej mallaŭta bruo ŝin vekas. Kaj ĝuste la afero estas aranĝita tiamaniere, ke se oni provos movi la sanktulan zonon, tio tuj estigos bruon, kiun ŝi aŭdos. Ŝi klarigis tion al la historiisto, dum mi aŭskultis. Ŝi konfirmis al li, ke ŝi havas tre malprofundan dormon, kaj tuj vekiĝus, se iu provus forŝteli la artaĵon.»

«Jes. Mi komprenas. Vi bezonas, ke ŝi dormu profunde. Nu, vi venis al la ĝusta persono. Mi povos helpi vin.»

«Nikolao! Mi sciis! Vi estas la plej bona kemiisto el la tuta mondo.» Ŝi kisis lin.

«Atendu momenteton.» Li forlasis la ĉambron.

«Jen», li diris revenante. «Ĉu vi opinias, ke vi povos enŝteliĝi en la ĉambron de la grafino du horojn antaŭ ol ŝi enlitiĝos?»

«Facile. Ŝi havas tre regulajn kutimojn. Estos neniu problemo.»

«Bone. Simple metu ĉi tion ien sub ŝia lito. Vi devos trui la supran parton tuj antaŭ ol meti ĝin. Tiel, iom post iom, ellasiĝos senodora gaso, kiu igos ŝin dormi tiel profunde, ke ŝi aŭdos neniun bruon. Eble de tempo al tempo ŝi ridos, ĉar estas substanco simila al la unua, kiun ni provis ĉe ŝi.»

«Nikolao, vi estas karulo! Mi ne scias, kiel danki vin.»

«Vi povas danki tre simple. Klarigu al mi la tutan planon. Kiel vi aranĝos la savon fare de Pipelbom?»

Elza klarigis, sed Nikolao tuj rimarkis punkton danĝeran:

«Jes, mi komprenas, ke vi bezonas policanon por kapti la ‹ŝteliston›, ĉar se neniu arestus lin, la grafino suspektus, ke la tuta afero estas nur komedio. Sed ĉu vi povas fidi tiujn amatorojn, kiuj elturniĝis tiel admirinde, ke vi riskis vian vivon? Tio maltrankviligas min.»

«Nu, bone, jes, mi komprenas vian vidpunkton, sed kion alian ni povus fari? Ĉu vi havas ideon?»

«Oni povas uzi la servojn de alia persono por la rolo de policano.»

«Kiu?»

«Mi, ekzemple.»

«Nikolao! Ĉu vi tion farus? Kvankam mi ...» Kiom ajn kontentige la rompo de ilia amrilato efektiviĝis, ŝi tamen sentis sin kulpa.

«Kaj kvankam ankaŭ mi ... Kompreneble mi tion farus.

Plezure. Mi ŝatas viajn gepatrojn kaj taksas ilian situacion ege malkomforta. Devi ŝanĝi la tutan vivmanieron tiuaĝe! Ne. Mi farus ion ajn por ilin helpi. Kaj ankaŭ mi siatempe ludis en amatora teatra grupo. Mi scias, kie lui la necesajn vestojn. Mi ludos tiun rolon kun plej granda ĝojo.»

«Kaj ĉar policanoj ĝenerale agas duope, vi bezonos helpanton. Mi estos tiu helpanto», proponis Lucia.

«Sed ... ĉu virino ...?»

«Kial ne? Nun estas virinoj en la polico kaj ili faras la saman laboron, kiel la viroj. Ne estus nenormale, se unu el la du estus ina.»

«Aŭskultu. Ne mi estas tiu, kiu direktas la realigon de la plano. Tion faras Johano. Mi transdonos viajn ideojn al li. Verŝajne li akceptos.»

ĈAPITRO 16

Li akceptis. Ankaŭ s-ro Pipelbom (al kiu Johano opiniis pli saĝa ne paroli pri la fina ĉeesto de policano en la plano) estis akceptinta la ideon savi la zonon de Sankta Gaspardeto. Tiu ideo, konsidere al la papa vizito, aperis al li aparte gratulinda. El lia kolero kontraŭ Johano neniom plu restis.

Ĉion ĉi, kaj la lastajn detalojn de la plano, Johano senzorge klarigis al Elza, dum ili kune tagmanĝis ĉe «La Prapatroj».

Ankaŭ Ĝeraldo sidis proksime, streĉante la orelojn. Ne ĉion li aŭdis, sed la grandan plimulton. Li ne dubis, ke lia ĉefo treege kontentos.

***

Johano apenaŭ revenis de la manĝo kun Elza, kiam Nikolao vizitis lin. Ili havis longan kunparoladon, mallaŭtan, pezan je sekretoj.

ĈAPITRO 17

S-ro Pipelbom estis alta, dika, peza kaj larĝaŝultra. Tio sendube donis al li havindan korpoforton, kaj lia grandula aspekto ludis ne etan rolon en la fakto, ke la plimulto el la homoj emis, se ne lin timi, certe lin respekti, kaj almenaŭ hezitis antaŭ ol riski malkontentigi lin.

Sed tio, kio estas ofte utila dumtage, prezentas per si malplaĉan ĝenon dumnokte en loko arboplena. Ĉefe kiam oni devojiĝis kaj ekstervoje iraĉas en nehoma sovaĝejo.

La dika, peza, alta, larĝa korpo ne sukcesis pasi sanbrue inter la arbetoj; krome, tuŝi la naturaĵojn, ĝenerale malsekajn, meze de kiuj li malfacile paŝis, estis travivaĵo ne malofte doloriga, kaj konstante malagrabla. Ju pli li antaŭeniris en la vivo – kaj ju pli li antaŭeniris en la ĉe-kastela arbaro – des pli Adriano Pipelbom malŝatis la noktan naturon.

Viro, kies okuloj kapablis bone vidi en la mallumo, rigardis la malfacilan iron de nia industriisto. Li ridetis.

Apud tiu viro, vestita kiel policano, staris alia persono, simile vestita. Ĉi-lasta estis virino.

«Ni iru», la viro flustris en la orelon de sia kunulino. «Nun estas la ĝusta momento.»

Ambaŭ ekmarŝis direkte al la alta, larĝa, peza, dika paŝanto. Ili zorgis fari kiel eble plej malmulte da bruo. Junaj, facilmovaj, ili preskaŭ plene sukcesis.

En ĉi tiu aĉa etoso, kie arboj sovaĝe ĵetis siajn malsekajn branĉojn rekte en la vizaĝon de honesta industriisto, kie multpiedaj bestetoj prenis liajn krurojn por promenejo, kie naturo frapigis lian piedon al perfide metita ŝtonego, plej dolorige, aŭ ĝin faligis, sen antaŭpreparo, en kavon plenan je akvo aĉ-odora, Adriano Pipelbom rapide alvenis al la konkludo, ke oni devas ĉi tie esti preta por iu ajn malplaĉa renkonto. Ion ajn li efektive atendis, krom homa voĉo. Kiam do voĉo aŭdiĝis tuj proksime, li faris, ekmire, belan surlokan salton, kiu skuis lian koron, ŝajne, supren ĝis la buŝo.

«Kio?» li diris, provante sensukcese rekapti iom da trankvilo.

Sed la lumo de poŝlampo, direktita rekte al liaj okuloj, malhelpis mensan repaciĝon. Krome, ŝajnis al li, ke la homformo tenanta la lampon surhavas vestojn policajn.

«Kion vi faras ĉi tie?» sonis la aŭtoritata voĉo.

«Mi ... mi ... nuuuuu ... eee ...» fuŝparolis Pipelbom.

«Bonvolu paroli iom pli klare», la alia diris eĉ pli gravtone.

«Mi ... mi ... mi promenas.»

«Haha! Vi promenas en la bieno de grafino Montokalva, meze de la nokto. Ĉu la grafino vin invitis? Ĉu ŝi scias pri via ĉeesto ĉi tie?»

«N... nu ... N... ne. Mi ...»

«Mi do devas peti vin min sekvi.» Kaj li klarigis, ke ekde la fuŝa provo kapti la grafinon, fare de teroristoj, la polico kontrolas atente, kio okazas en la najbaraĵo de la kastelo.

Al la industriisto ŝajnis, ke lia koro, reveninta malalten, ĉi-foje falis ĝis liaj piedoj. Li sciis, ke nur malfacile li povos trovi akcepteblan klarigon pri sia ĉeesto, kaj la ideo, ke la grafino ĉion scios, perdigis al li la malmulton da espero, kiu restis post la unuaj vortoj de la policano.

ĈAPITRO 18

La unua afero, kiun Albertina Montokalva ĉiam faris, kiam ŝi eniris sian dormoĉambron por enlitiĝi, estis malfermi la fenestron. Ĉe fermita fenestro ŝi tute ne povis dormi.

La dua afero estis trinki la ciprianan specialaĵon el vino kaj fruktosukoj. Sed, de kelkaj tagoj, ŝi hezitis sekvi tiun malnovan kutimon. Ree, ĉi-foje, ŝi malhavis ĝin.

La tria afero estis demeti siajn vestojn kaj ilin tre zorgeme aranĝi sur seĝon.

La kvara, kaj plej plaĉa, estis kuŝiĝi tute nuda en la larĝan, komfortan liton, kun plezuriga malstreĉo de ĉiuj muskoloj.

Kvankam zorgoj ŝin maltrankviligis – laŭ la ĵus ricevitaj informoj, la riparoj ĉe la maldekstra flanko de la kastelo kostos eĉ pli multe ol oni komence diris – ŝi baldaŭ sentis strangan bonhumoron, eĉ nekompreneblan emon ridi senkaŭze. Kaj ŝi rapide endormiĝis.

Bruo vekis ŝin. Bruo en la apuda ĉambro. Ne iu ajn bruo. Bruo tute difinita. La speciala bruo, kiun oni faras, kiam oni forprenas de sur ĝia muro la zonon de Sankta Gaspardeto.

Ne tuj ŝi ellitiĝis. Ŝi ne sentis veran dormemon, sed ŝi

ankaŭ ne estis plene vekita. Nur kiam ŝi aŭdis, ke la ulo en la apuda ĉambro foriras kaj diskrete fermas la pordon post si, nur tiam ŝi trovis la forton ellitiĝi. Ŝi surmetis negliĝon kaj eliris el sia dormĉambro. Necesis vidi, kio okazas.

Homo eĉ inteligenta kelkfoje fuŝas siajn planojn pro troa memcentreco. Nikolao ĉiam dormas kun fermita fenestro, kaj la ideo ne venis al li, ke aliaj homoj vivas alimaniere. Tial li ne demandis al Elza, ĉu la grafino enlasas tutnokte freŝan aeron en sian dormĉambron, kaj li forgesis diri, ke lia gasa dormigilo funkcias plene nur ĉe fermitaj fenestroj. Ĉe nia aerŝata grafino, la dormiga efiko estis nur parta. Pro tio la bruoj vekis ŝin.

Ne necesas diri, ke ŝia unua ago, kiam ŝi troviĝis en la apuda ĉambro, estis fari lumon por kontroli, ĉu la timata ŝtelo okazis. La respondo estis bedaŭrinde jesa: sur la muro mankis la zono de Sankta Gaspardeto. Ŝi preskaŭ ekploris.

Sed nia grafino estas agema homo, kaj kuraĝa. Ŝi malsupreniris al la ter-etaĝo, rigardis eksteren, kaj vidis ombron paŝantan; ne al la apuda elirejo, de kie oni plej rapide trafas la vojon al la urbo, sed al la herbejo, trans kiu komenciĝas la arbareto, kie ŝi rajdas ĉiumatene. Rapidege ŝi surmetis mantelon kaj botojn, prenis poŝlampon, kaj la ombran formon eksekvis.

ĈAPITRO 19

Adriano Pipelbom time pensis pri la horo. Li ne povis informi siajn kunplanintojn, kaj sekve li verŝajne ne ĉeestos je la ĝusta momento, kiam li devos interveni por savi la altvaloraĵon, kaj tiel havigi al si la admiron de la grafino.

Liaj gekaptintoj – Nikolao kaj Lucia – kondukis lin al malnova kabano, kiu staris ne malproksime. Komence, Nikolao pridemandis la industriiston plej serioze, provante imagi, kion dirus vera policano en similaj cirkonstancoj.

Sed kiam s-ro Pipelbom komencis rigardi pli kaj pli ofte sian brakhorloĝon kaj petegis siajn kaptintojn liberigi lin tuj, proponante altan monsumon garantie, Nikolao ŝanĝis sian tonon, kaj ankaŭ la enhavon de la interparolo.

«S-ro Pipelbom,» li diris solene, kaj malvere, «mi fariĝis policano, ĉar tio estis la sola eblo, kiu prezentiĝis al mi, kompatinda senlaborulo. Sed mi fakte estas kemiisto, kaj vi konas min.» Unuafoje li montris sian vizaĝon sub plena lumo.

«Ĉu vere?» respondis la alia. Jes, li rekonis la junulon.

«Vi fariĝis tre riĉa, sinjoro, dank' al multaj bonegaj ideoj, kiujn vi havis, tute certe. Sed dum la lastaj kvin jaroj, kio plej riĉigis vin, tio estas la nun tutmonde vendata tabako sen tabako, kiu vin famigis.»

«Ĝuste.»

«Vi rekonas min, ĉu ne? Mi estas la kemiisto, kiu eltrovis tiun substancon. Mi estis tre juna, ne sciis, kiel protekti miajn interesojn, kaj ĉar mi nepre bezonis monon, mi malsaĝe vendis al vi mian formulon por sumo ridinda.»

«Mi faris nenion neleĝan.»

«Prave. Sed vi riĉiĝis per mia eltrovo, kaj mi restis sensukcesa kaj malriĉa.»

«Mi ne respondecas pri via malsaĝo. Oni ĉiam devas porti la sekvojn de siaj decidoj en la vivo, ankaŭ se ili estas fuŝaj.»

«Jes. Vi perfekte pravas. Kaj mi proponas al vi elporti la

sekvojn de via decido veni ĉi tien ĉi-nokte en plej suspektindaj cirkonstancoj. Mia polica menso sciigas al mi, ke post dudek minutoj, vi devus stari en difinita loko, kie via ĉeesto estas nepre necesa por la sukceso de viaj planoj, kaj kie vi ne troviĝos, se mi ne ellasos vin.»

«Kiel diable vi tion scias?»

Nikolao ridetis superece.

«Mi havas miajn metodojn. Modernajn policajn metodojn.»

Lucia rigardis sian amaton admire. Neniam ŝi vidis homon malveri kun tiom da ŝajna sincereco. Pipelbom estis plej impresita.

«Kion vi volas? Kiom?» li demandis, kaj lia tono esprimis teruran lacecon.

«Neniom. Mi nur havas proponon al vi.»

«Kiun?»

«Kiel mi ĵus diris, mi preferus labori kiel kemiisto ol en la polico. Sed la nuna ekonomia situacio, kiel vi scias, estas tre malbona por kemiistoj. Ne estas facile trovi laboron. Mi vin ellasos, kaj eĉ helpos vin efektivigi vian planon, se vi akceptos havigi al mi duonan parton en la rajto super la patento rilata al mia eltrovo de tabako sentabaka. Tiel ni ambaŭ rejustigos maljustaĵon.»

Pipelbom diris nenion. Videble okazis en li terura enmensa batalo: disaj emoj ŝiris lin.

«Sed mi proponas al vi ion ankoraŭ pli belan. Mi nun laboras super vino senvina kaj ...»

«Kion?» Pipelbom saltetis, kvazaŭ bombo ĵus eltiris lin el songo. «Ĉu vi parolis pri vino senvina? Mia revo! Mia lastatempa ideo!» Li ekkriis kun streĉa esprimo survizaĝe.

«Nu,» daŭrigis Nikolao, «mi preskaŭ sukcesis. La ideo

estas la sama, kiel pri la tabako sentabaka. Ni eltrovu trinkaĵon, kiu havu ĉiujn karakterizojn de vino, krom la enhavo alkohola, kvankam al trinkanto ĝi sentiĝu kvazaŭ alkoholhava. Tiel homoj, kiuj ŝatas vinon, sed ne ĝiajn efikojn sur la sano aŭ sur la mensa klareco, povos trankvile sensoifiĝi plezure, sen timi la sekvojn de troa trinkado. Nun aĉeteblas fruktosukoj, kiuj provas realigi tiun ideon, sed sensukcese. Ĉiuj ekzistantaj produktoj estas tro dolĉaj, ne redonas la impreson de alkoholo, kaj tial ne taŭgas por la homoj, kiujn ni celas.»

«Jes, jes, ne necesas, ke vi disvolvu plu la ideon. Mi konas jam perfekte ĉiujn manierojn defendi ĝin. Sed kion pri ĝia realigo?»

«Ĝuste, sinjoro. Se vi akceptos min je via servo – kontraŭ akceptebla salajro, komprenebla – mi povos finaranĝi la aferon. Mi jam preskaŭ sukcesis, kaj mia sukceso pri sentabaka tabako indikas al vi, ke mi ne estas revulo. Por konduki miajn esplorojn al plene sukcesa fino, mi bezonas laborkondiĉojn, kiajn nur vi povus havigi al mi. Sed la tempo pasas rapide. Estus bedaŭrinde perdi multvalorajn minutojn. Se vi bonvolos subskribi ĉi tiun dokumenton, la afero estos interkonsentita, kaj mi tuj lasos vin kuri al via tasko, samtempe urĝa kaj grava.»

Adriano Pipelbom ne estis unu el tiuj homoj, kiuj subskribas dokumenton sen legi ĝin. Li legis atente. Ĉar la dokumento estis preparita de Johano, laŭ peto de Nikolao, ĉiuj necesaj punktoj estis antaŭviditaj kun granda precizeco. Ĉi-foje, Nikolao ne riskis, ke la industriisto profitu de lia manko de sperto.

«Tiu, kiu preparis ĉi tiun dokumenton, ne lasas multon al hazardo, kaj scias, kie miskomprenoj povus okazi. Ŝajnas al mi, ke vi multe serioziĝis, amiko, ekde kiam vi unue rilatis kun mi.

Nu, bone, mi subskribos. Realisto scias, kiam oni superfortas lin. Kaj eble mi tamen profitos de la aranĝo. Senvina vino estis unu el miaj karaj ideoj ...»

Tiel s-ro Pipelbom fine eliris el sia ĝena situacio. Kaj ankaŭ Nikolao. Kiu situacio ja estas pli ĝena ol tiu de senlaborulo?

ĈAPITRO 20

Ĝeraldo sciis precize, kie pasos la ŝtelinto irante al la aŭto, kie la kunplaninto lin atendas. Pri la resto de la aranĝo multo estis al li neklara, ĉar Johano kaj Elza, en la restoracio, kie li ilin subaŭskultis, parolis pri tiuj punktoj subkomprenante multon jam konatan al ambaŭ. Feliĉe por Ĝeraldo, pri la ĝustaj tempo kaj loko de la transdono ili ne povis paroli alimaniere ol tute precize, ĉar neniu el tiuj detaloj estis antaŭe planitaj.

Irante tien, li estis singarda, aŭ pli ĝuste, li volis esti singarda, kaj li opiniis, ke singarda li estas. Li ja ne povis allasi al si plian fuŝon. Esplorante la ĉirkaŭaĵon, li ĝoje konstatis, ke neniu troviĝas tie. Li iom timis la ĉeeston de policanoj, kiu estus verŝajna, se konsideri, unuflanke, ke oni antaŭ nelonge alsaltis personon ĉi tie, kaj, aliflanke, ke en tiu kastelo troviĝas multvalora objekto, kiun la papo deziras propraokule vidi.

Sed ne sufiĉas imagi, ke oni estas singarda, por sin gardi efike. Homo fuŝema restas fuŝema, eĉ kiam li zorgas atente, ĉar la mensaj kaŭzoj, kiuj igas fuŝema, ne malaperas pro simpla kunstreĉo de la volo sukcesi.

La enkabanaj okazaĵoj, kiujn ni ĵus priskribis, okazis, dum

Ĝeraldo faris tiun kontrolon, sed ĉar – fuŝemule – li ne iris ĝis tiu punkto, li kontente deklaris al si, ke lia ĉeesto estas senriska. Kaj li komencis atendi.

ĈAPITRO 21

La grafino estis impresita. Ŝi ne komprenis, kiel la viro, kiu paŝas antaŭ ŝi, sciis ĝuste, kie troviĝas la zono de Sankta Gaspardeto, kaj kiamaniere rapide depreni ĝin.

Ŝi estis ankaŭ scivolema. Kial li ekiris, strange, en tiu direkto, dum la normala elirejo estis tute proksima kaj estus saĝe havi tie kunkulpulon, kiu atendus lin kun aŭto kaj ebligus al li rapidi for sendanĝere?

Fine, ŝi estis timoplena. Ŝi ne vidis bone la ulon, kiun ŝi sekvis, sed ŝi duonvidis sufiĉe por rimarki, ke li estas alta kun fortula korpo, kaj kun la facilmoveco de homo ankoraŭ juna. Se ŝi sin montrus kaj li decidus ŝin bati, ŝi havus neniun ŝancon elsavi sin.

Bedaŭrinde, ŝi ne povis iri al Cipriano, ĉu por ricevi lian helpon, ĉu por peti lin telefoni al la polico, sen forlasi el sia vido la junan ŝteliston. Kion fari do, se ne sekvi ĉi-lastan kiel eble plej diskrete? Feliĉe, ŝi konis la lokon perfekte, kaj la luno, kiu ĵus montriĝis, estis plej bonvena: ŝi ne bezonos la poŝlampon, kiu tro riskus perfidi ŝin.

Li eniris la arbareton. Kaj ŝi post li.

***

Enirante la arbareton, la sekretario de s-ro Pipelbom tute ne imagis, ke iu tie atendas lin: Ĝeraldo. Ĉi-lasta aŭdis Johanon, antaŭ ol vidi lin, sed ju pli ties ombra, malpreciza formo iĝis videbla, des pli li sin demandis, ĉu li ne agis malsaĝe venante sola. Lia decido agi memstare havis plurajn motivojn: Adamo parolis al li malestime; li timis similan reagon de ĉiuj aliaj en la bando; li volis agi sen informi la ĉefon, por ke la sukceso estu nur lia, tiel ke nur al li iru ĝenerala admiro; gratulado fare de ĉiuj, sed speciale de la ĉefo, estis necesa por forgesigi la multajn antaŭajn fuŝojn.

Sed nun, vidante la impresan korpoaspekton de Johano, li pli kaj pli dubis pri si. Laŭ lia kompreno, Elza estis tiu, kiu devis ŝteli la zonon, kaj ŝi devis pasi sur ĉi tiu vojeto por ĝin transdoni al Johano, kiu troviĝos en aŭto trans-arbare.

Certa, ke li rilatos nur kun Elza, li opiniis, ke elmontri pistolon sufiĉos, por ke ŝi time obeu. Lia plano estis jena: li pruntos de amiko-ŝtelisto veturilon; iros per ĝi al la ĉe-kastela arbaro kaj lasos sian aŭton en alia loko ol tiu, kie Johano lasis sian; kiam la knabino alvenos, li devigos ŝin, per la pistolo, doni al li la ŝtelaĵon kaj iri kun li al lia veturilo; li igos ŝin ŝofori ĝis soleca loko kampara, tie igos ŝin elaŭtiĝi kaj li mem revenos hejmen kun la multvalora objekto. Ŝi povus nenion fari: ŝtelisto ne povas informi la policon, ke iu alia siavice forprenis perforte la ŝtelaĵon.

Sed nun montriĝis, ke li miskomprenis, aŭ ke la du lastminute ŝanĝis sian planon. Ĉu Johano lasos Ĝeraldon direkti liajn movojn tiel facile? Memorante la manieron, laŭ kiu tiu fortulo hakbatis la manon de Adamo, kiam li liberigis Elzan, Ĝeraldo ne emis rideti.

Sed jen li alvenas. Kion fari? Se li ne intervenos tuj, ili

estos du kontraŭ li. Kunstreĉante sian tutan kuraĝon, li ekagis.

«Halt!» li kriis. «Ne faru unu plian paŝon. Ni celas vin per niaj pistoloj. La manojn alten!»

Johano haltis, levis la manojn. En unu el ili li tenis la zonon de Sankta Gaspardeto. Lia menso funkciis fulmrapide. Kiel eblis? Kiu estus povinta perfidi ĉi tiun parton de la plano, kiun nur li, Elza kaj Pipelbom konis? Tiu, kiu ĵus parolis, ja ne estis lia mastro, kvankam ili troviĝis proksime al la loko, kie ĉi-lasta devis ekaperi.

«Ĵetu teren la ŝtelaĵon!» Ĝeraldo kriis. «Kaj paŝu kvin paŝojn malantaŭen!» li aldonis per ankoraŭ pli forta voĉo. Eble li kriis por redoni al si kuraĝon.

Johano obeis.

Nur tiumomente, Ĝeraldo eliris de malantaŭ arbo sur la piedvojeton, kun pistolo direktita al Johano, kiun li konstante rigardis. Li paŝis al la ĵetita zono.

«Kial vi ridetas? Ne imagu, ke vi povas aranĝi ion por vin savi. Mi tenas vin sub mia konstanta kontrolo», li diris laŭte kaj kolere, ne komprenante, kiel eblas, ke homo en la situacio de Johano kapablas elmontri gajecon. Tiu rideto de Johano ne agis sanige al liaj sentoj de malplivaloro. Pli ol iam ajn li havis la impreson, ke grandulo ridas pri lia senforteco.

Ke Johano ridetis, tion fakte kaŭzis la rekono de difinita bruo: aŭdeble, ie, ne malproksime, antaŭeniris alta, dika, peza, larĝa estaĵo. Kaj gajiga aperis al Johano la penso, ke Pipelbom devos savi pli efektive, ol savi li deziris.

Alia penso agis senpezige. La sinteno de Ĝeraldo montris, ke tiu, se li mistere eksciis nekoneblajn detalojn de ilia plano, tamen ne sciis ĉion; alie, li ne okazigus la ŝtelon de la ŝtelaĵo tiel proksime al la loko, kie Pipelbom devos interveni.

La industriisto, siaflanke, aŭdis la tro laŭtajn parolojn de Ĝeraldo. Li konis la planon de sia sekretario kaj sciis, ke haltigo fare de pistolhava ŝtelisto ne estis antaŭvidita. Proksimiĝante, li konstatis, kia eta senmuskolulo havis la strangan ideon provi timigi virecan knabon, kiel Johano. Li aŭdis la vortojn pri kunagantoj («ni celas vin per niaj pistoloj»), sed opiniis, ke se tiuj kunuloj ekzistus envere, ili montrus sin, kio multe pli impresus ol la sola ĉeesto de tiu ĉi pistoltena korpeto.

Se diri la veron, ni devas aldoni, ke alia ideo traflugis lian menson: ke tiu ĉi haltigo tamen eble estis aranĝita de Johano, por ke la savo estu eĉ pli impresa kaj realisma. Sed por ke vi bone komprenu tiun penson lian, necesas ĉi tie klarigi, kio estis, precize, la plano, kaj kion Pipelbom devis rakonti al la grafino post la savo de la zono sanktula. Johano kaj li interkonsentis pri jena – raportota – sinsekvo de la okazaĵoj:

Pipelbom promene alvenas al loko, kie la vojo laŭiras la ĉe-kastelan arbarcton. Tie li rimarkas aŭton ĵus haltintan, el kiu eliras du homoj, kiuj interŝanĝas kelkajn vortojn kun kaŝa, ŝtela sinteno. Unu el ili poste residiĝas en la aŭto, dum la alia iras en la arbaron. Trovante ilian agmanieron des pli suspektinda, ĉar la kastelo ne staras malproksime, Pipelbom decidas sekvi tiun, kiu malaperis inter la arbojn. Pro la mallumo, li iumomente ĉesas vidi la ulon, kiun li sekvas, kaj li devojiĝas, perdas multan tempon serĉante la vojon kaj rondirante en la arbaro, kaj, post kiam li fine retrovis la ĝustan piedvojeton, li vidas la ulon reveni tenante objekton, kiun tiu verŝajne ŝtelis el la kastelo. Tiam li intervenas kaj savas la faman zonon de Sankta Gaspardeto.

Tiel prezentiĝis la plano. Pipelbom ne konis la parton pri la «gepolicanoj» Nikolao kaj Lucia, en kies manojn li falis, dum, malsaĝe decidinte realismi ankaŭ pri la parto de la plano, laŭ kiu li devis perdi la vojon, li troviĝis batalanta ekstervoje kun naturo ne speciale ema bonvenigi altajn, pezajn, larĝajn, dikajn industriistojn.

Kaj nun, li sin demandis, ĉu la sekretario ne elpensis, sen informi lin, la haltigon fare de knabeca malfortulo, kun la celo igi la savon de la zono eĉ pli realeca.

Li do tute ne timis, kiam, proksimiĝante de malantaŭe, li premis siajn pezajn manojn sur la senmuskolajn ŝultrojn de la duonvireto.

La mispensinta Pipelbom tute ne antaŭvidis, ke Ĝeraldo tuj, reage, ekpremos la ellasilon de la pistolo, per kiu li konstante celis al Johano.

ĈAPITRO 22

Li premis, sed ĉar nenio okazis, li mire ekrigardis la pistolon. Tiu movo estis troa. Johano vidis ĝin, komprenis, ke io fuŝiĝis, alsaltis Ĝeraldon, kaj hakbate al la manradiko, laŭ la metodo jam uzita, kiam li liberigis Elzan, faligis la armilon.

Ke Ĝeraldo ne sukcesis pafi, tion kaŭzis tute simple la fakto, ke, fuŝema kiel kutime, li forgesis formeti la sekurbutonon.

***

Dum tiuj okazaĵoj disvolviĝis, la grafino silente, senbrue,

proksimiĝis pli kaj pli. Ŝi vidis ĉion, kvankam malprecize, ĉar ne estis sufiĉe da lumo en tiu arbareto, kien Johano ŝin senscie kondukis, por ke ŝi povu ĉion klare observi.

Ŝi subite konstatis, kun ega plezuro, ke post tiu forta, alta, dika, larĝa sinjoro, kiu ĵus admirinde superfortis la haltiginton de la ŝtelisto, aperas du policanoj. Verŝajne la polico eksciis pri la plano forŝteli la zonon de Sankta Gaspardeto fare de du malamikaj bandoj ŝtelistaj, kaj sekvis la malfortan vireton.

Sentante sin helpata de la polico, ŝi ne hezitis interveni. Ŝi direktis la lumon de sia poŝlampo al la fuŝulo, kriante:

«Kion vi imagas? Kio okazas ĉi tie? Ĉu vi opinias, ke senriske oni povas ŝteli miajn trezoraĵojn?»

Tuj Nikolao metis al Ĝeraldo la mankatenojn, kiujn li alportis por Johano, kun la ideo igi ties areston kiel eble plej realisma por la grafino. Li flustris ion al Lucia, kiu firme ektenis la knabon.

«Sed ankaŭ ĉi tiu estas ŝtelisto», la grafino kriis.

Ŝi volis prilumi per la poŝlampo la vizaĝon de Johano, sed ŝi ne sciis precize, kie li troviĝas – li ĵus diskrete movis sin al aparte malluma loko – kaj antaŭ ol ŝi sukcesis, la lumo trafis, rekte en la vizaĝon, nian karan Pipelbom, kiu nun staris inter Ĝeraldo kaj Johano.

«Ne havu zorgojn, sinjorino, mi tenas lin», diris Nikolao, kiu ĵus alvenis apud la sekretarion.

Sed la grafino nenion plu aŭdis. Ŝi eligis miran ekkrion:

«Adriano! Vi! Estas vi, ĉu ne? Vi ne ŝanĝiĝis dum tiuj longaj jaroj. Apenaŭ dikiĝis. Adriano! Kion vi faras ĉi tie? Ĉu vi estas polica funkciulo aŭ io?»

Li mire rigardis ŝin.

«Mi ... sinjorino ... mi ne ...»

Ŝi komprenis, ke pro la mallumo li ne vidas ŝin, kaj ŝi turnis la poŝlampon al si, tiel ke ŝia vizaĝo iĝu klare videbla.

«Ĉu ... ĉu ... ĉu ...»

Li hezitis. Li ne kuraĝis kredi sin prava. Post tiom da jaroj. Tamen. Ŝi estis ne-plu-juna, sed tiu misturnita nazo, tiu larĝa buŝo, tiu ĉevala vizaĝo ...

«Albertina! Vi estas Albertina, ĉu ne?»

«Adriano, karulo mia!»

Ŝi kuris al li.

«Albertina, mia birdeto!» li diris, kaj premis ŝin al sia koro.

∗ ∗ ∗

La tuta grupo direktis siajn paŝojn kastelen. Elza, kiu venis malantaŭ Nikolao kaj Lucia – estis ja planite, ke ŝi restos en la ĉirkaŭaĵo, por helpi se necese – aliĝis al ili kaj, post kiam ili alvenis, preparis trinkaĵojn por ĉiuj.

Bonkora, ŝi trinkigis Ĝeraldon, kies manoj restis kaptitaj en la mankatenoj. Li rigardis ŝin nekomprene. Tiu estis virino, kiun liaj amikoj estus mortigontaj, se oni ne respondus jese al iliaj postuloj, kaj tion ŝi perfekte sciis; tamen, ŝi agis bonkore al li.

La voĉo, en li, kiu kriis, ke bonkoreco ĉiam estas forĵetinda signo de malforteco, pli kaj pli devis silenti kaj lasi la lokon al tiu, kiu kantis, ke bonkoreco estas die agrabla por tiu, kiu ricevas ĝin. Liaj sentoj estis tiel miksitaj, ke li emis plori. Feliĉe – ĉar lia memestimo, kiom malmulte da ĝi li havis, tian baton ne elportus – li sukcesis mastri sin.

Sed la rapidajn ŝanĝojn de esprimo, kiujn montris la vizaĝo de Ĝeraldo, neniu rimarkis. Ne tio ja interesis la grupon.

Ĝi provis kompreni ion el la paroloj, kiujn Pipelbom kaj la grafino interŝanĝis inter si. Nikolao estis tiu, kiu decidis ilin interrompi, ne tre ĝentile eble, sed pro troa scivolemo.

«Pardonu, se mi estas maldiskreta, sed ŝajnas, ke s-ro Pipelbom kaj vi, grafina moŝto, konis unu la alian antaŭe. Ĉu ni povus scii iomete pri tio?»

Nek ŝi nek li sentis la demandon maldiskreta. Kiam oni feliĉas, oni deziras, ke la tuta mondo partoprenu en la feliĉo kaj parolu pri ĝi. Plej bonhumore do ŝi respondis:

«Kompreneble, sinjoro policano, kompreneble.»

«Ni vizitadis la saman lernejon», klarigis Pipelbom, kun okuloj reveme turnitaj al delonge pasinta tempo.

«Jes. Ni amis unu la alian tre forte, kiam ni estis dekkvinaŭ dekses-jaraj», ŝi aldonis.

«Ambaŭ estis malriĉaj tiutempe, el malriĉaj familioj. Ĉu vi memoras, Albertina, la straton, kie ni vivis? Ĉu vi memoras Pontostraton?»

«Kompreneble mi memoras, Adriano. Kia terura bando ni estis! Kiajn terurajn ludojn ni tie ludis! Kiom ni ridis!»

«Vi tiam ne estis grafino. Mi neniam suspektis, ke grafino Montokalva estas vi.»

«Kompreneble. Kiel vi povus scii?»

«Mi neniam edziĝis, ĉar mi neniam trovis virinon kompareblan al mia kara, kara, kara Albertina.»

«Sed mi edziniĝis. Dufoje. Lastfoje al grafo Montokalva. Kompreneble vi ne povis scii, ke tiu grafino estas mi. Kiam al mi edziĝis tiu karmemora Paŭlo-Alano, la grafo, ni decidis ne diskonigi la fakton. Ni volis vivi intiman vivon, kaj nur kelkaj tre proksimaj familianoj kaj amikoj eksciis pri nia geedziĝo. Li estis bonulo, kaj mi ŝatis lin. Ŝatis, ne amis. Mi krome havis multajn amantojn. Ilin ŝatis aŭ duonŝatis, sed neniam amis per amo. Neniam viro plaĉis al mi same forte, kiel vi, Adriano, kiam ni estis junaj.»

«Kompatinda Albertina! Estis suferige, ĉu ne?, vivi kun viroj apenaŭ amataj.»

«Nu, nu …»

«Kial vi ne provis reveni al mi, eĉ se nur kiel malnova amikino, por babili pri la tempoj pasintaj?»

«Mi ne scias. Mi aŭdis, ke vi fariĝis riĉa industriisto. Mi havis neniun rilaton kun la mondo industria, ekonomia, ktp. Mia edzo malestimis ĝin, kaj mi timas, ke ankaŭ mi. Pri tio mi nun hontas. Ĉu vi pardonos min?»

«Albertina!»

«Krome mi ne dubis pri tio, ke vi havas belan edzinon kaj aron da infanoj. Kiel mi povus enmiksiĝi en geedzan vivon, eĉ de malnova amiko! Ĉu ne ĉiuj potencaj industriistoj havas edzinon kaj gefilojn? Oni ne imagas riĉan industriiston senfamilia.»

«Jes. Mi komprenas. Ĉiaokaze, kiel diable ni estus povintaj renkonti unu la alian? Ni vivis en du apartaj mondoj, ĉu ne?»

«Prave. Ni vivis en du apartaj mondoj.»

Ambaŭ samsekunde eligis profundan, sentoplenan elspiron.

Adriano Pipelbom direktis al la grafino rigardon rektan kaj decideman.

«Albertina, ĉu vi konsentos edziniĝi al mi?»

«Adriano! Kiel mirinde! Mia revo realiĝas! Kompreneble mi konsentas.»

Sekvis silenta momento.

«Eĉ se vi ne estus savinta la zonon de Sankta Gaspardeto, mi konsentus. Mi ĉiam amis nur vin, Adriano.»

«Ĉu vere?» li demandis, pensante, ke nenecese li lasis tiom da bestetoj laŭkuri liajn krurojn, tiom da akvoplena herbo malsekigi liajn piedojn, tiom da neutila, maltrankvila atendado senigi lian koron je paco.

«Sed tamen, ege plaĉas al mi, ke vi savis tiun mian trezoron», ŝi aldonis. «Montru ĝin al mi, ĉu vi bonvolas? Ke mi ĵetu al ĝi amoplenan, admiran rigardon. De nun, ĉiam ĝi pensigos min pri vi.»

Nikolao transdonis la objekton.

La grafino rigardis ĝin, komence ame, sed kun pli kaj pli forta kunstreĉo de la atento.

«Sed ... sed ... sed ĉi tio ne estas la sankta zono! Kio okazis? Kie ĝi estas?»

Ŝi rondrigardis la grupon. Ĉiuj aspektis kvazaŭ trafite de fulmo.

ĈAPITRO 23

«Hm!»

Tiu, kiu ĵus eligis ĉi-lastan brueton, plej diskretan, staris malantaŭ la grupo, apud pordo. Neniu estis aŭdinta, kiam li envenis.

«Cipriano! Ĉu ni vekis vin?» la grafino demandis. «Kion vi faras ĉi tie je tiel malfrua horo, meze de la nokto?»

«Mi aŭdis, ke envenas pluraj personoj, via grafina moŝto, kaj mi sentas kiel mian respondecon ne enlasi homojn, kiuj ne rajtus veni ĉi tien. Mi nevole aŭdis la lastajn vortojn, kiujn vi elparolis. Kun via permeso, mi klarigos, ke, se tiu ne estas la vera sankta zono, pri tio respondecas mi.»

«Vi, ĉu vere? Kiel, diable, vi permesis al vi …»

«Pardonu min, via grafina moŝto, eĉ se mi faris ion nepardoneblan. Tio estis nur por via bono kaj la bono de la kastelo. Kiam mi aŭdis, ke lia papa moŝto venos ĉi tien por admiri la trezorajon, mi pensis, ke eble ĝia nuna lokiĝo ne estas ideala. Sed, kvankam mi maltrankvilis, mi faris nenion, ĝis oni kaptis mian filinon, misprenante ŝin por via grafina moŝto. Tiam mi opiniis, ke la vivo ĉi tie entenas riskojn kaj ke estus saĝe trovi por ĝi alian, pli sekuran lokon. Mi kaŝis ĝin en mia apartamento kaj metis alian similan teksaĵon anstataŭ ĝi. La okazaĵoj de ĉi tiu nokto, se mi bone komprenis ilin, montras, ke mi ne estis malprava.»

«Vi pravis, Cipriano, vi tute pravis, kaj mi gratulas vin. Nu, Cipriano, ĉu vi aŭdis, ke mi plej hazarde renkontis, en neforgesebla momento, la unuan amon de mia vivo? Jen s-ro Pipelbom, sub kiu vi servos post nelonge, kiam li estos mia edzo.»

«Permesu, ke mi prezentu al vi miajn plej varmajn gratulojn, via grafina moŝto, kaj ankaŭ al vi, estimata sinjoro.»

Li silentis momenton, sed estis tiel videble, ke li deziris reparoli, ke ĉiuj rigardoj restis turnitaj al li.

«Hm!»

«Jes, Cipriano?»

«Ĉu ĉampanon, via grafina moŝto?»

«Kompreneble, Cipriano. La plej bonan.»

Kaj kun la ĉiamaj solenaj, pezaj paŝoj, li malrapide eliris.

ĈAPITRO 24

Nikolao kaj Lucia geedziĝis.
Johano kaj Elza geedziĝis.
Diana – la knabino en la edziĝ-agentejo, ĉu vi memoras? – ne edziniĝis. Eksciante pri la enamiĝo de Johano al Elza, ŝi sentis grandan senpeziĝon. «Feliĉe, ke li ekamis iun alian», ŝi diris al amikino. «Mi estis preskaŭ kaptita.» Se Diana povis edziniĝi, tio povis esti nur al Libereco.

La grafino kaj Adriano Pipelbom geedziĝis. Sed ŝi – je lia grandega ĝojo – decidis konservi la nomon «grafino Montokalva».

Estis aranĝite, ke la paro loĝos en la kastelo, kiun s-ro Pipelbom, kompreneble, taŭge riparigos. Kiam tiu punkto findecidiĝis, la grafino eligis la plej profundan elspiron de senpeziĝo el sia mult-aventura vivo.

La postan tagon ŝi ekbruligis dek kandelojn antaŭ la statuo de Sankta Gaspardeto en preĝejo najbara.

Danke.

ĈAPITRO 25

Feliĉaj kiel gejunuloj, Adriano kaj ŝi foriris por longa geedziĝa vojaĝo. Amo inter nejunaj homoj fojfoje aperas ridinda. Pri tio ili ne zorgis. Ili sciis, profunde en sia koro, ke multaj gejunuloj fakte dezirus sperti reviviĝon same feliĉigan. Kaj sian bonŝancon ili plej alte taksis.

La tagon post ilia reveno, la grafino telefonis al amikino sia:

«Galina, ĉu?»

«Jes, estas mi. Ĉu vi, Albertina?»

«Jes.»

Kiam ŝia edzo mortis antaŭ kvin jaroj, Galina, la fratino de Adriano Pipelbom, ege malfeliĉis, sentante sin senhelpa, senkonsila, sencela. Por plenigi la mankon, ŝi aliĝis, laŭ konsilo de amikoj, al kultura movado por virinoj ne tute junaj, kiu nomiĝas «La Ponto».

Tie ŝi renkontis grafinon Montokalva, sed nur antaŭ ne tre longe ŝi eksciis, ke tiu impresa – se malbela – kastelulino pasigis sian infanecon ĉe la sama Pontostrato kiel ŝi, en tute malriĉa urboparto. Kaj kun simila miro Albertina eksciis, ke tiu kara, nun preskaŭ sesdekjara, Galina estas la fratino de la knabo, por kiu ŝia koro unuafoje amkantis, antaŭ multaj, multaj jaroj.

«Nu,» diris Galina, «kia estas mia frateto? Ĉu bona edzo?»

«Admirinda, Galina. Pli serveman, helpeman, ameman viron oni ne povus trovi. Kaj li kompreneble akceptis pagi ĉiujn necesajn riparojn. Kaj ni loĝos ĉi tie en la kastelo. Mi vere sentas nekredeblan dankemon al vi. Kiel mi povus esprimi al vi, kiom alte mi taksas vian ... eee ... vian partoprenon, Galina. Ĉu vi deziras ion, kion mi ...»

«Ne, ne. Estis pura amikaĵo fare de mi. Se vi donus ion al mi, mi sentus, kvazaŭ vi pagus la servon. Tio estus terura.»

«Vere, mi ne scias, kiel danki vin, Galina. Sed mi ankaŭ pli miras pri tio, kiel vi aranĝis la aferon. Kiel vi faras, por igi lin obei al vi tiel bele? Vi staras super ĉia imageblo, Galina.»

«Vi eraras, kara, mi havas nenion specialan. Mi ne obeigas lin. Tute ne. Tio simple ne eblus. Adriano estas memfarita homo, kaj plu faras mem sian vivon, sendepende, memstare, je ĉiu minuto. Miaj intervenoj devas esti treege delikataj. Mi neniam povas sukcese proponi ion al li. Mi devas trovi la vortojn, kiuj impresas lin, kaj kondukas lin al ago, kvazaŭ la ideon li mem elpensis.»

«Ĉiaokaze vi agis tre efike. Mi sentas, ke ni kune estos ege feliĉaj. Vi scias, li vere bezonis edzinon. Kaj necesis, ke tiu edzino estu mi.»

«Kompreneble. Tial mi sugestis la aferon al Elza.»

«Al Elza? Ĉu vere? Ĉu ŝi rolis en via aranĝo?»

«Ho, jes, iomete, sed estus tro malsimple ĉion rakonti al vi. Mi renkontis ŝin en la hospitalo, kie mi troviĝis vizite al tiu kara Johano, la sekretario de mia frateto ... Mi ne vere multe parolis. Ŝi estas tre inteligenta knabino. Ŝi tuj komprenis, ke geedziĝo inter mia frateto kaj vi estus la plej taŭga solvo por ŝiaj gepatroj. Kaj ŝia patro Cipriano havas tiom da imago, kaj tiel ŝatas ludi la rolon de kaŝita destin-direktisto! Ŝi sciis, ke ŝi povas fidi je liaj kapabloj.»

«Mi ĝojas, ke mi faris al vi miajn konfidencojn, Galina. Sen vi, mi devus forlasi la kastelon kaj vivi malfeliĉan vivon laborante en terura oficejo aŭ simile. Vi ne povas imagi, kiel timige estas konstati, ke onia mono iom post iom malaperas. Krome, mi vere ĉiam konservis profundan amon al Adriano, eĉ se mi perfidis ĝin dum jardekoj. Mi neniam ripetos ĝin sufiĉe: dankon, dankon, dankon, dankon, dankon, dankon, dankon kaj dankon, Galina.»

«Ne danku, danku, danku, danku, danku, danku, danku kaj danku min. Mi faris plezure mian devon. Nu, mi devas vin forlasi. Ŝajnas, ke mi aŭdas vizitanton. Estis tre agrable babili kun vi telefone. Ĝis la kunveno de ‹La Ponto›, Albertina! Vi venos, ĉu ne?»

«Kompreneble mi venos. Ĝis baldaŭ!»

Galina turnis sin al la ĵus-enirinto.

ĈAPITRO 26

«Ha, Adriano! Jen vi venas saluti la fratinon kaj rakonti al ŝi pri via tute freŝa geedza vivo! Ĉu vi feliĉas?»

«Feliĉas? Kiel malfortajn vortojn vi kelkfoje uzas, Galina! Feliĉas! Se vi nur povus imagi! Mi ... mi ... mi ... Mi ne trovas la vorton, sed, diable, aŭ pli ĝuste, die!, mi ... eee ... mi feliĉas. Mi sentas min ... Nu, ĉu vi ne rimarkis, kiom pli bela la mondo estas jam de kelkaj semajnoj? Mi flugas en la ĉielo. Min portas aero malpeza. Naturo min levas am-brake. Mi estas birdeto, kiun bela mateno kantigas. Ĉu vi ne vidas, kiel granda mia koro estas? Ne, ne. Ne timu. Mi ne malsanas. Nur tio, ke ĝi plenplenas je kantoj kaj ridoj kaj dancoj kaj muziko kaj ... kaj ... kaj tiel plu», li finis, iom bedaŭre sentante, ke lia vortoimago lin perfidas, kaj tro falas de alte surteren.

Kun vizaĝo radianta de ĝojo, li dancpaŝis al meblo, el kiu li prenis du glasojn, kiujn li plenigis per dolĉa vino antaŭmanĝa. Li transdonis unu al sia fratino. Ŝi rigardis lin mire. Lia korpo estis same alta, peza, dika kiel antaŭe, sed li paŝis malpeze kvazaŭ nova Nijinskij.

«Galina, Galina, mia fratino, mi volas danki vin. Se vi scius, de kiom longe mi rigardas admire kaj dezire al tiu kastelo, ĉiufoje, kiam mi tie pasas! Se vi scius! Nur pensi, ke nun ĝi estas mia ... Dankon, Galina, dankegon al vi!»

«Ne danku min, frateto. Mi nur faris mian devon, bonfratine.»

«Tamen, Galina, tamen ...»

Kaj ili tintigis la glasojn.

www.ingramcontent.com/pod-product-compliance
Lightning Source LLC
Chambersburg PA
CBHW062108290426
44110CB00023B/2751